风险社会的政府话语

问题与对策

刘路 著

中国国际广播出版社

图书在版编目（CIP）数据

风险社会的政府话语：问题与对策 / 刘路著. —北京：中国国际广播出版社，2017.1
ISBN 978-7-5078-3955-5

Ⅰ. ① 风… Ⅱ. ① 刘… Ⅲ. ① 国家行政机关—传播媒介—研究—中国 Ⅳ. ①D630.1②G219.2

中国版本图书馆CIP数据核字（2017）第044705号

风险社会的政府话语：问题与对策

著　　者　刘　路
责任编辑　刘　晗　祝　晔
版式设计　国广设计室
责任校对　徐秀英

出版发行　中国国际广播出版社［010-83139469　010-83139489（传真）］
社　　址　北京市西城区天宁寺前街2号北院A座一层
　　　　　邮编：100055
网　　址　www.chirp.com.cn
经　　销　新华书店
印　　刷　北京艺堂印刷有限公司

开　　本　710×1000　1/16
字　　数　300千字
印　　张　19.5
版　　次　2017 年 1 月　北京第一版
印　　次　2017 年 1 月　第一次印刷
定　　价　58.00 元

CRI 中国国际广播出版社　欢迎关注本社新浪官方微博　官方网站 www.chirp.cn

此书获教育部人文社会科学研究青年基金项目“全媒体时代政府管理者的媒介素养研究——基于四川省政府管理者的媒介素养调研”资助（项目编号：12YJC860028）

序言　风险社会：审视执政主体媒介话语的新维度

今天，传媒实力无疑已成为国力的重要组成部分，这要求新时期的媒介话语研究必须具备全球化的视野，将媒介话语置于国家交往与国际传播的战略高度。政府管理者自身角色的特殊性，使其在社会生活中尤其是在处理政府、传媒和公众的三维关系中，处于核心地位。要让政府与公众的沟通达到优化，必须考虑媒体的桥梁与纽带功能；要使政府与媒体之间的博弈实现共赢，必须不断培育和提高政府管理者的媒介话语认知及掌控能力。在今天的执政生态中，"风险社会""政府管理者""媒介话语"三个词已经深度地勾连在了一起。

乌尔里希·贝克强调的风险社会，是指人类社会进入了一个新的社会结构，而这种社会结构是与一种新的风险结构伴生在一起的。风险是个人和群体在未来遇到伤害的可能性以及对这种可能性的判断与认知，表征了现代社会所具有的某种潜在状态、社会张力乃至危机水平。现代社会的两大特点：一是全球化的影响使得任何一个地方的舆论热点都可能酿变扩散成全球性的焦点；二是新媒体的蓬勃发展使得信息封锁成为过去时态，民意发生了历史性的共振与重构。这一方面为执政者对内、对外传播提供了机遇和平台，但更多的是给执政者提出了更高的要求，带来了更严峻的考验。因此，以风险社会的研究视域为突破口，切入时下政府管理者群体的媒介话语问题，就显得特别迫切和关键。这便是本书选题的思路和研究的起点。

从自然生态环境考察，现代社会生态环境的恶化和失衡，导致灾难性事件时有发生；从社会性矛盾来考察，世界格局正在发生变化，国内社会各阶层的价值观念和利益取向不断分化，国家与国家之间利益冲突有时难以调和。在这样的背景下，社会的风险性因素剧增，公共危机事件层出不穷。这些事件最容易成为国内外媒体和公众关注的焦点，也极容易成为政府舆论空间的敏感点和脆弱点。近几年来国内外大量突发的公共危机事件，其波及面之广、影响程度之深，无一不挑战着执政者的危机应对能力和舆论引导能力。而执政者参与风险沟通与风险决策的能力，源于其科学运用大众传媒话语的能力。充分调动媒介资源和媒体优势的前提条件，是要正确认知媒体话语。对于政府管理者来说，首先必须具备与现代社会相适应的媒介素养。这对政府管理者提出了新的要求：一是要求完善对社会风险的监测和预警能力；二是就异态环境的特殊形势，对风险传播方式做出相应的制度安排和策略调整。

在现代社会，在较大范围进行引导和施加影响的执政行为已经离不开大众传播媒介。正如英国学者布赖恩·麦克奈尔所说："如果有一个组织斗胆闯入当代政治领域，却缺乏对媒介运作的深入理解以及对公共关系机器如何将这种理解转化为政治优势的认识，那么勇气可嘉之余，失败似乎命中注定。"① W. 兰斯·班尼特在《新闻：政治的幻象》一书中认为，从政治家的角度来说，在民主社会中，权利和影响力的大小，取决于对信息的掌握和策略的运用。根据乌尔里希·贝克的说法，世界风险社会从20世纪70年代开始形成，而这正是传统一般化交往传媒（并且借助新传媒，即电脑和网络技术）达到纯粹的"自我服务"的时期。此时，灾难事件与心理、社会、制度、文化交互作用的方式，会加强或消减对风险的感知并塑造风险行为，这反过来造成新的社会或经济后果，其后果远远超过了对健康或环境的直接伤害，如导致对制度丧失信心、污名化、脱离共同体事务等间接影响（"风险的社会放大与弱化"理论）。从理性主义角度看，风险社会中的传媒不仅仅是工具性、功利性的，它还促使社会的发展，并促使我们在本体论层面上建立起必然性的、由因果关系支配的世界观。可以说，风险社会中的媒介本身就是风险之源。

从风险社会的角度来看，政府管理者的媒介话语，直接影响风险传播的过程与效果。风险传播是指在一定的社会、文化、政治语境下，通过公共风

---

① ［英］布赖恩·麦克奈尔：《政治传播学引论（第2版）》，殷祺译，新华出版社2005年，第1页。

险信息、公共观点传递和意义共享而进行的社会互动。如果政府管理者的媒介素养不高，就会出现风险传播的价值悖谬效应，进而导致全社会的舆论恐慌或现实危机。作为社会公共利益代表的政府，其主要成员（政府管理者）在危机事件处置中负有不可推卸的责任。较之于常态环境，异常环境下的信息传播和社会管理面临更多的隐患和不确定性。如果说常态下政府管理者的媒介话语是有效和无效的问题，那么，异常环境下政府管理者的媒介话语就是社会稳定与动荡的问题。

目　录

摘　要

我们正处在一个全人类共同面对的“风险时代”。在这个时代，全媒体舆论的爆炸力增加了执政难度，转型期脆弱的社会结构考验着执政能力，频发的重大突发性事件挑战着执政安全。风险社会背景下的执政生态，正是政府管理者的时代焦虑。现代社会的风险是多元的，本书研究以“政府管理者”为主体、以“媒介话语”为中心的风险议题。话语自身表意的先天性缺陷制造了风险，媒介定义风险与传播风险的双重机制放大了风险，而编码、解码和二次编码的过程又再生了风险。风险社会的媒介话语主体下移、话语类型分化、话语价值多元，在一定程度上扩大了风险的影响力，加大了风险因素的复杂性。

从大众传媒与政党行为模式的演变历程看，政党与传媒的关系经历过高度依赖和相对独立的时期，现在更趋复杂。风险社会中政府管理者的媒介话语是一把双刃剑，它既积聚着风险，又蕴藏着转机。一方面，权力的失控、话语事件的焦点化，以及全景敞视的执政空间，导致政府管理者为主体的媒介话语风险巨大；另一方面，政府管理者的媒介话语又在议程设置、社会沟通、舆论引导、风险治理等方面具有积极功能。今天，政府管理者群体的媒介接触、认知情况、媒体适应、使用状况仍存在强烈反差，这与风险社会不相适配。

为了提升政府管理者媒介话语的风险认知能力，需要建构三大理念——“生活政治观”“权力话语观”“媒介生态观”。为了提升政府管理者媒介话语的情境应对能力，必须培养“情境智慧”——对话语空间、话语主体、话语文本、话语事件四大情境要素的分析和控制，决定其在不同情境下媒介话语的运用和转换。为了提升政府管理者媒介话语的技术掌控能力，更应锻造“核心技术”——从话语权力、话语对象、话语载体、话语效果四个方面来打造政府管理者的话语技术。

在政治主导型的稳态社会结构中，中国的传媒是作为社会系统中的子系统而存在的，中国的政府管理者应在政府、传媒和公众的三角结构中发挥重大功能。虽然超越风险社会的梦想，仅仅寄希望于政府管理者个体媒介话语的微观效果还不足以实现，但是只有政府管理者迈出这具有重大社会意义的第一步，才能唤起广大公众乃至全人类风险意识的觉醒，开启危机传播和风险管理机制在新时代的历史性突破。

ABSTRACT

We all human beings are facing "the risk time" together. In this time, the public opinion's explosive force with entire media has increased the ruling difficulty. The frail social structure in the transition period will test the ruling ability. The significant events which occur suddenly and frequently bring challenges to the ruling security. The government regulators's anxiety in our era is exactly the ruling ecology— "the Risk Society". The risks of modern society are diverse, but this article studies only take government regulators as the main body, and take the medium words as the central risk subject. The congenital defects of ideographic words themselves create the risk. The dual mechanism of risk definition and risk dissemination with media enlarge the risk. The process of encoding decoding and encoding once more regenerate the risk. The changes of media discourse body, the differentiation of discourse types and the multiplication of discourse values, to a certain extent, have expanded the influence of risk and increased the complexity of risk factors in Risk Society.

From the mass media and the political behaviour pattern's evolution course, we can see that the relations of political party and media have experienced a high degree of dependence and relatively independent time, now tend to be more complex. In the risk society, government regulators's media discourse is double-edged sword, it not only accumulates risk but also reserves changing opportunities. On the one hand, the power is out of control, the discourse events make society focus, and the governing space become panopticon.

All of these leads to a huge risk of media discourse for government regulators. On the other hand, government regulators's media discourse have positive functions in agenda setting, society communicate, public opinion guidance, risk government and so on. Today, there is still a strong contrast for government regulators between the media contact or cognition situation and the media adaptation or usage situation, which does not fit the risk society.

In order to promote the the government regulators's risk cognitive ability, we need to construct three ideas— "Life Politics View", "Power and Discourse View" , "Medium Ecology View". In order to improve government regulators's situational response capacity, we must develop "situational wisdom" —analysis and control of four situation essential factor: the discourse space, the discourse body, the discourse text and the discourse events. It decides usage and conversion of media discourse in different Situations. In order to enhance government regulators's media discourse technical control ability, we should build up the "core technology" —from four aspects of the discourse authority, the discourse object, the discourse carrier and the discourse effect—to make government regulators's discourse technologies.

In the steady political-oriented social structure, China's media is a subsystem of the whole social systems. As a result, Chinese government regulators should play major function in the triangular structure which is composed of government, media and the public. To achieve dreams of transcending the risk society, the micro effects of government regulators's individual media discourse is not enough. But only then the However, only government regulators to take the significant social meaning first step can arouse public awareness of risk and even the awakening of humanity. It will bring historic breakthrough in crisis communication and risk management mechanisms during the new era.

第一章　政府管理者的时代焦虑：风险社会背景下的执政生态

乌尔里希·贝克强调的“风险社会”，是指人类社会进入了一个新的社会结构，而这种社会结构是与一种新的风险结构伴生在一起的。风险是个人和群体在未来遇到伤害的可能性以及对这种可能性的判断与认知，表征了现代社会所具有的某种潜在状态、社会张力乃至危机水平。在这样的社会背景下，现代执政生态呈现出新的特点：一是全球化的影响使得任何一个地方的舆论热点都可能酿变扩散成全球性的焦点；二是新媒体的蓬勃发展使得信息封锁成为过去时态，民意发生了历史性的共振与重构。这给政府管理者提出了更高的要求，也带来了更严峻的考验。因此，以风险社会的研究视域为突破口，考察现代风险的发生、发展以及时下政府管理者所面临的极富挑战性的执政生态，就显得特别迫切和关键。

第一节　“风险社会”理论的出场

人类的共同经验中充满着风险的记忆：公元前300年至公元前250年期间繁盛至极的玛雅社会，在公元1250年左右从地球上突然消亡；1986年4月26日，苏联切尔诺贝利核电站发生严重泄露及爆炸，核辐射风险波及西欧多国，事故受害者总计达900万人；2003年，带有高度传染性的SARS病毒席卷全球；2008年，美国次贷危机引发世界性的金融海啸；近年来，各国都进入了地震、飓风、海啸、火山喷发等自然灾害的高发期……一系列的风险事件，宣告人类进入了德国社会学家乌尔里希·贝克所言的“风险社会”。佩奇惊呼："进入历史危急时刻的当代人，再也不能无视全人类所处的险境和未来的选择了!"① 现代社会的高度风险性已经成为学术界关注的焦点。无论以现实还是理论作为出发点，我们面对的是全人类风险社会的"进行时"。

一、人类风险观的萌发与风险思想探源

自有人类文明以来，风险现象就一直存在。对风险问题的直接探索肇始于近代新航路开辟时期。风险英文为"risk"，其词根为意大利语"risco"，其含意是"rips"，即含有暗礁或礁石。"风险概念的产生背景可以追溯到近代欧洲地中海一带的频繁的商船贸易往来，风险概念被创造出来主要是为了形容商船在运输货物过程中可能遭遇的触礁或海难等因素招致损失的危险。"② 早期的风险概念，不仅意味着危险与损害，也意味着勇气和智慧。这时对风险问题思考的主体范围相对狭窄，主要集中于探险家以及与探险活动相关的人们。逐渐地，风险概念进入了不同国家的语系。大约在16世纪中叶德国出现了最早的印刷形式的风险概念，17世纪"风险"一词通过法语和意大利语进入英语世界。"在中国的古汉语中，就有很多形容风险的词汇，例如，既有形容风险的偶然性和不确定性的'劫数''险象''风云'之类的词语，也有强调风险的'损失性'的'灾''难''祸''坎'之类的词语，还有强调风险的机遇含义的'险象环生''否极泰来'之类的词语。"③

可见，人类的风险观萌芽于航海活动所面临的灾难的可能性，工业社会以前的"风险"被理解为自然现象造成的客观危险。工业社会发展以来，人们对风险概念的认识在外延和内涵上都大大拓展。"风险这个概念与人类的决策和行动的后果联系更加紧密，并被视为影响个人和群体的事件的特定方式。"④ 正是在这种背景下，风险概念所包含的理性的不确定性才凸显出来。于此，现代意义上的风险概念有了比较明确的含义，成为一个面向未来的可

---

① ［意］奥尔利欧·佩奇：《世界的未来：关于未来问题一百页》，王肖萍、蔡荣生译，中国对外翻译出版公司1985年，第127页。

② Piet Strydom, *Risk, environment, and society: ongoing debates, current issues, and future prospects*, Buckingham: Open University Press, 2002, p. 75.

③ 刘岩：《风险社会理论新探》，中国社会科学出版社2008年，第15页。

④ 庄友刚：《跨越风险社会——风险社会的历史唯物主义研究》，人民出版社2008年，第38页。

能性范畴。

20世纪50年代至今，风险已经成为当代社会的重大议题：道格拉斯和威尔德韦斯率先提出了从文化视角研究的风险分类学；卢曼建构了风险社会学；贝克和吉登斯关注风险的整体转型，开创了风险社会理论。艾德里奇指出，奠定社会科学的诸位大师如何以自己的方式来思考关于风险的问题："马克思注意到资本主义的生产模式所带来的不稳定与不幸；涂尔干关心的是过于强调经济发展，引发道德规范崩溃，进而造成社会瓦解的危险；韦伯分析的则是工业化导致官僚机构增加，继而引发的风险。"①

理论立场与风险②

	理论基础	风险定义者	政策意涵	如何解释风险的出现	对此立场的批评
个别化立场	概率理论 认知心理学 精算工程学	合格的专家	须评估个别的风险，以成为体制化的机构活动	风险是独立的变数	去除社会与文化派络
文化论立场	社会人类学结构功能主义 社会结构主义	风险与危险的观念，是各个社群的文化产物	政策必须考量风险的文化认知	客观现实是通过对于风险鉴识取径之政治需求而传达的	静态结构功能主义不够注意未来的社会发展
现象学立场	现象学	个别的建构	被视为构成重大风险的现象（例如艾滋病），需要策略性的干预	认知事件会产生风险管理的方式	只能应用在分析目的上
风险社会立场	风险社会高度现代性	专家	综合公共与私人力量的第三条路国家应视需求提出风险防护以社会包容来降低风险	出现传统与后传统社会高度现代性和反身性	本质上过度强调风险

① ［英］大卫·丹尼：《面对风险社会》，吕奕欣、郑佩岚译，韦伯文化国际出版有限公司2009年，第10页。

② 同上，第17页。

续表

后现代立场	后结构主义 后现代性 治理性	专家	增加监督来管理个人与总体人口	倾向于解构主义，创造出构成风险的可计算异质要素	过于强调对现状的解构，而不够注重真正的风险
管制立场	管制 组织理论	官僚 政治人物 媒体	创造系统化的风险描绘与叙述	差异化的因果关系，包括自然的、社会的和制造的	过于强调体制去派络化

纵观风险研究的历程，大体经历了四个阶段："第一阶段主要集中于核能安全和风险评估问题；第二阶段转向风险的比较及社会承受力问题；第三阶段集中于对科技风险的分析以及从心理学层面对风险的感知机制的分析；第四阶段侧重于对风险的跨学科解析以及对风险的社会转型分析。"① 由于理论立场的不同，风险观的多元取径造就了风险理解以及风险论述的多种方式。"实在论者"把风险定义为独立于其他社会和文化行动之外的客观的危害；"弱的建构主义论者"认为风险是经由社会与文化过程而传达的客观事实；"强的建构主义论者"认为风险起源于对社会世界的"观看方式"，具有社会与政治的偶然性。

事实上，风险的后果很早就引起了思想家的关注，具有代表性的理论主要有罗马俱乐部的"生存危机论"、法兰克福学派的"社会异化论"和后现代主义的"现代性危机论"。

罗马俱乐部的"生存危机论"是人类风险观最早的理论背景。早在 20 世纪 80 年代，罗马俱乐部主席奥尔利欧·佩奇就曾预言世界的未来前景："人类已奔向灾难的道路。必须找到办法使它停止前进，改变方向。"② 1972 年，以美国麻省理工学院丹尼斯·米都斯为首的研究小组提交给罗马俱乐部一份研究报告——《增长的极限》。报告认为："由于世界人口增长、粮食生产、

---

① Piet Strydom, *Risk*, *environment*, *and society*: *ongoing debates*, *current issues*, *and future prospects*, Buckingham: Open University Press, 2002, pp. 11—13.

② ［意］奥尔利欧·佩奇：《世界的未来：关于未来问题一百页》，王肖萍、蔡荣生译，中国对外翻译出版公司 1985 年，第 10 页。

工业发展、资源消耗和环境污染这五项基本因素的运行方式是呈指数增长而非线性增长，如果目前人口和资本的快速增长模式持续下去，世界将面临一场‘灾难性的崩溃’。也就是说，地球的支撑力将会达到极限，经济增长将发生不可控制的衰退。要避免因超越地球资源极限而导致世界崩溃的最好办法是对增长加以节制，从而提出了‘零增长’方案。”① 此后，罗马俱乐部先后发表了一系列“生存危机论”的代表作，如《地球的毁灭》（1970）、《末日综合征》（1972）、《明天的死亡》（1972）、《即将到来的黑暗时代》（1973）、《人类的最后时刻》（1974）等，充满着对人类发展未来前景的忧患意识。罗马俱乐部的“生存危机论”，深刻揭示了经济无节制增长所产生的负效果与副产品，是对当代人类面临风险的第一次集中呈现。

法兰克福学派的理论旨趣在于对现代社会发展病症的诊断，在此基础上提出了“社会异化论”。法兰克福学派认为现代社会是全面异化、自我毁灭的病态社会。学派代表人物马尔库塞用“单向度”来表征发达工业社会以及生活其中的人。他说：“一个社会的基本制度和关系（它的结构）所具有的特点，使得它不能使用现有的物质手段和精神手段使人的存在（人性）充分地发挥出来，这时，这个社会就是有病的。”② 弗洛姆分析了现代社会在经济、政治、科技、文化、心理、语言等全面异化的后果，指出：“我们自己所创造的物和环境在多大程度上变成了我们的主人，这是马克思所未能预见到的，可是没有什么比下述事实更加突出地证明他的预见了：在今天，全人类都成了它自己创造出的核武器的囚犯。心惊胆战的人类正焦急地盼望知道是否它能从自己所创造的物的力量中拯救出来，从它所任命的官吏的盲目行动中拯救出来。”③ 霍克海默和阿道尔诺认为，由启蒙理性所主导的现代社会，在思想和实践上都有自我毁灭的趋势，启蒙并没有将人类引入光明，而是陷入了灾难。他们在《启蒙辩证法——哲学断片》的开篇就指出：“就进步思想的最一般意义而言，启蒙的根本目标就是要使人们摆脱恐惧，树立自主。但是，

① ［美］丹尼斯·米都斯等：《增长的极限》，李宝恒译，吉林人民出版社 1997 年。
② ［美］H. 马尔库塞等：《工业社会和新左派》，任立译，商务印书馆 1987 年，第 4 页。
③ 陆梅林、程代熙：《异化问题（下）》，文化艺术出版社 1986 年，第 35 页。

被彻底启蒙的世界却笼罩在一片因胜利而招致的灾难之中。”[①] 法兰克福学派通过充分揭示现代化进程及其后果所带来的负面影响，尤其是现代人生存的深层危机，构成了深入认识当代社会风险问题的重要理论背景。

后现代主义的“现代性危机论”在新的视域展开了对风险以及人类未来的思考。后现代主义思想家乔·霍兰德深刻剖析了现代性的悖论：“在接近20世纪末期的时候，我们以一种破坏性方式达到了现代想象的极限。现代性以试图解放人类的美好愿望开始，却以对人类造成毁灭性威胁的结局而告终。今天，我们不仅面临着生态遭受缓慢毒害的威胁，而且还面临着突然爆发核灾难的威胁。与此同时，人类进行剥削、压迫和异化的巨大能量正如洪水猛兽一样在三个‘世界’中到处肆虐横行。”[②] 后现代主义者认识到，虽然现代性在建构之初曾以解放者的姿态推进社会的现代化，但各种危机其实就隐藏在现代社会的内部结构和制度框架中，理性主义主导的现代化理想模式，并未在现代化进程中兑现，反而制造出新的矛盾、混乱和不确定性因素。哈贝马斯的“合法性危机”理论被认为对贝克创建风险社会理论具有重要影响。哈贝马斯指出，“现代曾经从中获得自我意识和自己乌托邦期待的那些增强影响力的力量，事实上却使自主性变成了依赖性，使解放变成了压迫，使合理性变成了非理性。”[③] 由于国家干预职能的增强，社会危机从经济系统转移到了政治、社会和文化领域，表现为一种全面的、普遍的危机，即合法性危机。

罗马俱乐部的“生存危机论”、法兰克福学派的“社会异化论”和后现代主义的“现代性危机论”从不同视角对现代社会的发展进行审视，对当代风险问题做出了“当头棒喝”的警醒，奠定了风险社会理论的思想基础。这些理论观点主要侧重于批判和反思，带有悲观主义的倾向。尽管与风险社会理论相比，它们还缺乏对生化、基因、恐怖主义、全球金融、极权主义、军事力量的工业化等新风险的系统关注，具有一定的历史局限性。但是，风险社

---

① ［德］马克斯·霍克海默、西奥多·阿道尔诺：《启蒙辩证法——哲学断片》，渠敬东、曹卫东译，上海人民出版社2003年，第1页。

② ［美］大卫·雷·格里芬：《后现代精神》，王成兵译，中央编译出版社1998年，第64页。

③ 汪行福：《走出时代的困境——哈贝马斯对现代性的反思》，上海社会科学院出版社2000年，第28页。

会理论家正是在与这些传统理论资源的对话和交锋中，拓展了风险问题的研究视域，开创了风险社会的理论体系，赋予了风险和风险理论以时代性的品质。

二、贝克“风险社会”理论的提出

作为一个重大的时代课题，风险社会理论是在20世纪80年代率先在西方社会提出并带来深远影响的一种社会理论。1986年，乌尔里希·贝克用德文发表了《风险社会》一书，首次提出了“风险社会”这个极富创新性和时代意义的概念，这标志着“风险社会”理论初步登上了历史舞台。贝克不无忧虑地指出，“在现代化进程中，生产力的指数式增长，使危险和潜在威胁的释放达到了一个我们前所未有的程度，风险社会已经成为当代人类难以规避的境遇。”① 后来，他又陆续发表了《风险时代的生态政治》(1988)、《世界风险社会》(1999)、《风险社会理论的修正》(2000)、《自由与资本主义》(2001)、《“9·11”事件后的全球风险社会》(2001)、《第二次现代性的社会与政治：世界主义的欧洲》(2004)等一系列著作和文章，对风险社会理论进行了深入而系统的阐述。贝克将风险社会定义为“一系列特殊的社会、经济、政治和文化因素，这些因素具有普遍的人为的不确定性原则的特征，它们承担着现在社会结构、体制和社会关系向着更加复杂、更加偶然和更易分裂的社会组织转型的重任”②。这个定义有两层涵义：第一，现代风险是风险社会的基本症候，风险社会是一系列因素的结合，这些因素都具有现代风险的特征，风险是当代社会及未来社会的一种结构品质；第二，风险社会是现代性内部断裂的结果，是对工业社会的否定。贝克认为：“正如现代性消解了19世纪封建社会的结构并产生了工业社会一样，今天的现代化正在消解工业社会，而另一种现代性则正在形成之中。”③

贝克从风险生产、风险归因和风险承担形式三个维度来分析和阐述风险

① Ulrich Beck, *Risk Society: Toward a New Modernity*, London: SAGE publications, 1992, p. 9.

② 薛晓源、周战超：《全球化与风险社会》，社会科学文献出版社2005年，第9页。

③ [德] 乌尔里希·贝克：《风险社会》，何博闻译，译林出版社2004年，第3页。

社会，与此相对应的是贝克理论的三个核心概念——“风险分配逻辑”“有组织的不负责任”“个体化”。贝克指出：“在发达的现代性中，财富的社会生产系统地伴随着风险的社会生产。相应地，与短缺社会的分配相关的问题和冲突，同科技发展所产生的风险的生产、界定和分配所引起的问题和冲突相重叠。”① 由此，现代社会的主要问题不再是物质财富的短缺而是安全的短缺，社会的驱动力已经从阶级社会的“财富分配逻辑”转变为晚期现代性的“风险分配逻辑”。“阶级社会的驱动力可以概括为这样一句话：我饿！风险社会的驱动力则可以表达为：我害怕！焦虑的共同性代替了需求的共同性。”② 与财富分配类似，风险分配也具有阶层性，只不过财富在上层聚集，而风险在下层聚集。与财富分配不同的是，风险地位不是阶级地位，所有人无论财富多寡、身份悬殊，都是“风险公民”，都不得不接受风险的馈赠。1988 年，贝克发表了《风险时代的生态政治》一书，提出了“有组织的不负责任”概念，用以说明风险社会时代风险的复杂性。当代社会被严重而又普遍的风险难题所困扰，但同时，没有机构或组织为任何风险问题负有特定的责任。也就是说，风险事实的确是发生了，而风险责任却难以追究。“解释这种状态的关键就是，在风险社会、在后工业社会产生的危险或人为的不确定的特性与结构和内容植根于以前世纪性质的不同的普遍的定义关系之间，出现了错配”③，其结果是越来越无法说明现代风险的归因、毁坏和补偿。此外，在现代风险的不确定性面前，需要个体单独来应付焦虑和不安全感。“个体化是一个结构的概念，它与福利国家有关，指的是制度化的个人主义。”④ 这里的制度可以理解为福利制度和劳动制度。每个人都必须作为个人去找到自己的活动形式，每个人都要求发展自己的生活观念并且能够据以行动的权利。在这个过程中，风险只能由个体来承担。以个人为导向的制度框架要求个人自我设计的强制性，启动并维持了个体化的进程。

贝克“风险社会”理论的内涵具体包括：不明的和无法预料的成为历史

---

① [德] 乌尔里希·贝克：《风险社会》，何博闻译，译林出版社 2004 年，第 15 页。
② 同上，第 57 页。
③ 薛晓源、周战超：《全球化与风险社会》，社会科学文献出版社 2005 年，第 145 页。
④ [德] 乌尔里希·贝克：《世界风险社会》，吴英姿、孙淑敏译，南京大学出版社 2004 年，第 9 页。

和社会的主宰力量；风险社会是世界性的风险社会；风险社会是灾难社会。[①]也就是说，现代社会被风险分配的逻辑所支配，这些风险打破了阶级、民族和国家的界限，带来了社会、经济、政治等领域全面的后果。

从风险的生产与分配逻辑来看，风险社会以“不确定性”为标志。“凡是有风险的地方，肯定有某种不知道的东西或某种不知道的后果，因此也就有某种不确定性。”[②] 产生于晚期现代性的风险常常引致系统的、不可逆的伤害，而且这些伤害一般是不可见的。首先，风险基于因果解释，可以被改变、夸大、转化或者削减，它们“暗含的因果关系常常维持着或多或少的不确定性和暂时性”[③]。现代化风险是非特定而普遍的，它们形成有害影响的途径是曲折而不可预测的。“在危险和威胁被认为越来越严重、越来越明显的时候，它们日益变得无法通过科学的、法律的和政治的手段来确定证据、原因和赔偿。”[④] 其次，风险一旦与价值相关涉就会出现风险定义的多样性。“每一个利益团体都试图通过风险的界定来保护自己，并通过这种方式去规避可能影响到它们利益的风险。”[⑤] 风险可以被建构、设计和解释，它就像一个自由变化的精灵，神秘莫测。第三，人类知识具有相对的局限性，而现代风险的复杂性给人们的风险感知和风险意识带来了挑战。随着风险规模的扩张和程度的加深，风险后果发生作用的周期越来越长，风险也就越来越难以预知。一些现实风险的影响还需要进一步被认识、被了解，某些已知风险在未来很长时期内所带来的后果还有待考证，那些尚未纳入知识体系的未知风险还有待发现。

从风险的传播与扩散过程来看，风险社会以“全球化”为特质。从贝克散于其著作中关于风险的论述中我们可以得出这样的结论：在贝克看来，风险社会指的是现代社会发展的一个阶段，在这个发展阶段里，全球性风险开

---

① ［德］乌尔里希·贝克：《风险社会》，何博闻译，译林出版社 2004 年，第 20～22 页。

② ［瑞典］斯万·欧维·汉森：《知识社会中的不确定性》，刘北成译，《国际社会科学杂志（中文版）》2003 年第 1 期。

③ ［德］乌尔里希·贝克：《风险社会》，何博闻译，译林出版社 2004 年，第 27 页。

④ ［德］乌尔里希·贝克：《世界风险社会》，吴英姿、孙淑敏译，南京大学出版社 2004 年，第 192 页。

⑤ ［德］乌尔里希·贝克：《风险社会》，何博闻译，译林出版社 2004 年，第 31 页。

始出现，使人类日益“生活在文明的火山口上”。我们正在进入的风险社会是全球性风险社会，现代性发展把我们带入到一个全新而纷乱的情境之中。在《世界风险社会》一书中，贝克以蓬勃发展的全球化为研究基点，认为随着风险的不断呈现和范围的扩散，风险社会从根本上来说“是世界风险社会或全球风险社会，就其轴心原则而言，它是无论在时间上还是在空间上都无法从社会的角度进行界定的现代文明制造的危险”①。在贝克看来，“风险社会”是一个全球性的概念，它一方面是指风险社会的形成与现代工业和技术模式的全球性扩张密切相关；另一方面也是指风险社会的影响范围日益突破时空界限、民族国家的“去疆界化”，而具有全球性。“风险社会制度是一种新秩序的功能：它不是一国的，而是全球性的。”② 风险社会的全球化特征，可以理解为风险的高度相关性和高度复合性。风险在扩散过程中展示了一种社会性的“飞去来器效应”，即“在现代化风险的屋檐之下，罪魁祸首与受害者迟早会同一起来”③。全球社会生活的各个方面高度关联，形成了全球一体化的现实格局，任何一个环节出现问题都有可能带来不可估量的后果，区域性的行动完全可能给整个人类带来灭顶之灾。“应对和规避风险就不再是区域的或个别的任务而成为全球共同的历史事件。”④ 在全球化社会，风险的连锁效应更加突出：单一的风险后果转向多重风险后果，单一风险主体转向多重风险主体，风险从简单应对方式转变为综合应对方式。全球风险社会的新涵义依赖这样一个事实，那就是运用我们文明的决策，我们可以导致全球性后果，而这种全球性后果可以触发一系列问题和一连串的风险。

从风险的作用与影响机制来看，风险社会以“灾难性”为后果。美国学者弗兰克·费舍尔在评析贝克的风险政治学理论时指出：“风险社会就是这样一个时代，社会进步的阴暗面越来越支配社会和政治。”⑤ 现代性的阴暗面在本世纪变得尤为明显。贝克倾向于把风险归为负面的词条，认为风险是不吉

---

① Ulrich Beck, *World Risk Society*, Cambridge: Blackwell, 1999, p. 20.

② ［德］乌尔里希·贝克：《世界风险社会》，吴英姿、孙淑敏译，南京大学出版社 2004 年，第 4 页。

③ ［德］乌尔里希·贝克：《风险社会》，何博闻译，译林出版社 2004 年，第 40 页。

④ 庄友刚：《跨越风险社会——风险社会的历史唯物主义研究》，人民出版社 2008 年，第 43 页。

⑤ ［美］弗兰克·费舍尔：《乌尔里希·贝克和风险社会政治学评析》，孟庆艳译，《马克思主义与现实》2005 年第 3 期。

利的事情。他倾向于把风险与危险的可能性联系起来，把灾难作为风险的实现状态。“无人愿意遇到风险，而且风险也总是遭到否认。”[①] 贝克指出，风险社会是这样一个社会，“基本上，人们不再关心获得‘好的’东西，而是关心如何预防更坏的东西”[②]。如果说传统阶级社会的梦想是每一个人都需要和应该分享蛋糕，风险社会的乌托邦则是每一个人都应该免受毒害。“关于风险的叙述，通常是说出危害造成伤害或损失的可能性，且在这个过程中，通常包括去认同那些遭受风险与可能因此受伤或损失之事物、可能引发这种损失的危害，以及伤害即将发生之可能性的判断。”[③] 风险是一种潜在的危险和灾难，是与实践原初目的背道而驰的伴生物。

贝克的理论具有重大的理论价值和现实意义。该理论为人们观察、认识和理解当代社会提供了一个全新的视角，展示了现代社会的另类图景，警示并促使我们对现代性进行反思和再认识，以重新思考人类社会的未来。他在著作中详细阐述了目前社会的突出问题，也提出了解决这些社会难题的方法，其理论视角有利于拓展人们的风险观、增强人们的风险意识、改善风险治理体制、提高防范和应对风险的能力。与此同时，贝克的理论也引来了一些批判观点，其《风险社会》一书“几乎可以说是过去二十年来，最富有争议性的社会学文本”[④]。欧梅里、卢曼、坎姆修等学者认为，贝克过于强调风险的危害性，高估和夸大了个人真正面临的风险。艾尔德瑞基提出，贝克对于风险不稳定性的强调是错置的，因为存在着全球性苦难、种族歧视和折磨。吉登斯批评贝克对科学和理性的怀疑立场。另外，贝克关于风险源泉追寻的不彻底性直接导致了其理论内容的空想性，他的研究取径也无法完全认知特定风险情境的复杂性。但总的来说，贝克对风险社会富有开创性的阐发仍被认为是当代风险社会理论的基石，并由此引发了吉登斯、拉什等人的讨论和思考。

---

① 薛晓源、周战超：《全球化与风险社会》，社会科学文献出版社2005年，第16页。

② ［德］乌尔里希·贝克：《风险社会》，何博闻译，译林出版社2004年，第56页。

③ ［英］大卫·丹尼：《面对风险社会》，吕奕欣、郑佩岚译，韦伯文化国际出版有限公司2009年，第11页。

④ 同上，第38页。

三、风险研究的拓展和修正：吉登斯、拉什的学说及其他

在贝克率先拉开“风险社会”理论研究的序幕之后，随着风险景象的日益凸显，越来越多的西方学者开始聚焦风险和风险社会理论，并取得了显著的成就。其中较突出的就是安东尼·吉登斯、斯科特·拉什、沃特·阿赫特贝格、弗兰克·费希尔、约瑟夫·休伯、莫里·科恩等人，他们从不同的学科和不同的视角对全球化和现代性带来的后果进行诊断和反思，从而构成了一个多维的当代风险理论。

继贝克之后，安东尼·吉登斯透过人类社会不断呈现的风险图景对风险社会概念进行了深入的、拓展性的研究。吉登斯认为风险社会不仅仅意味着社会中风险不断涌现，更重要的是根据规避风险的原则来组织社会，风险社会是关注人类未来（尤其是规避人为风险和追求安全）的社会。“风险指的是在与将来可能性关系中被评价的危险程度。它只是在将来的社会中被广泛使用——这个社会正好把将来看作是被征服或者被殖民的范围。风险暗示着一个企图与它的过去亦即现代工业文明的主要特征进行决裂的社会。”[①] 1984年，吉登斯的《社会的构成》一书出版，以“结构二重性理论”作为对现代性诊断和风险社会论说的理论基础或理论预设。吉登斯说：“结构二重性始终是社会再生产跨越时空的连续性的主要根基；反过来，它又是行动者身处并构成日常社会生活绵延的反思性监控过程的前提。不过，人的认知能力始终是有限的。行动流持续不断地产生出行动者意图之外的后果，这些意外后果又可能以某种反馈的方式，形成行动的未被认识到的条件。”[②] 此后，吉登斯又陆续发表了《民族—国家与暴力》（1985）、《现代性的后果》（1990）、《现代性与自我认同》（1991）、《失控的世界》（2001）等一系列著作。在《民族—国家与暴力》一书中，吉登斯从社会结构原则出发，阐述了当代社会风险对民族—国家治理机制的挑战；在《现代性的后果》一书中，他从社会类型的角度出发分析了现代性结构的断裂，指出高风险性是现代社会转型中出现的

---

① ［英］安东尼·吉登斯：《失控的世界》，周红云译，江西人民出版社 2001 年，第 18～19 页。

② ［英］安东尼·吉登斯：《社会的构成》，李康、李猛译，生活·读书·新知三联书店 1998 年，第 91 页。

重大后果；在《现代性与自我认同》中，吉登斯从能动性的概念出发，认为现代性的断裂引发了自我认同的危机，造成人的存在性焦虑，而这种认同危机和生存性焦虑在深层表现了人的一种特殊生存境遇。

吉登斯对风险的分析包含了两个路向：在宏观的结构层面上，既从现代性结构的类型视角提出了生态风险、经济风险、政治风险和社会风险这四种结构性风险，也从现代性结构变异的视角区分了传统风险和现代风险；在微观的行动者层面，既从本体性安全感、信任感和存在性焦虑的视角分析了风险与本体性安全、风险与信任、风险与存在方式之间的关联，也从主观能动性视角分析了风险意识的双重内涵。吉登斯还特别强调将两个层面联结起来的结构化机制，即时空抽离化机制、脱域机制等。他列举了七种主要的风险形式：从风险的客观分布状况来看，表现为“高强度意义上的风险的全球化、突发事件不断增长意义上的风险的全球化、来自人化环境或社会化自然的风险、影响着千百万人生活机会的制度化风险环境的发展”①；从风险的经验或对风险观念的理解来看，又表现为“风险意识本身作为风险、分布趋于均匀的风险意识、对专业知识局限性的意识”②。

贝克和吉登斯两人关于风险社会的研究，在理论视角、重心和基础等方面存在差异。贝克对社会风险的论述是为了说明现代化进程中风险社会的生成机制，强调现代化的“自反性”；吉登斯则是为了说明其结构化理论中意外后果的生成机制，强调现代性的“反思性”。相比而言，吉登斯的论域更为宽广。吉登斯在接受皮尔森的访谈时说，“我的夙愿是做三件事：提供对社会思想史，特别是19世纪和20世纪初的重新解释，改造社会科学的逻辑和方法，以及对现代机构和制度的出现做出分析。”③

英国学者斯科特·拉什主张从文化的角度分析风险。拉什的《风险社会与风险文化》一文从风险社会拓展到风险文化，试图通过增强人们的风险意

① ［英］安东尼·吉登斯、克里斯多弗·皮尔森：《现代性——吉登斯访谈录》，尹宏毅译，新华出版社2001年，第194页。

② 同上。

③ 同上，第8～9页。

识和风险观念，探寻人类走出风险困境的道路。[①] 他认为，在当代无论是现实存在的风险数量的增加，还是人们对风险觉察能力的提高，都与人们在一种相对个体化、不确定性的生活状态中，不断追求更高的生活质量有关。与其说当代人生活在一个真实存在的风险社会之中，倒不如说是生活在一种不断被建构的风险文化之中。拉什将风险文化作为取代制度性社会的实际形式，从研究风险意识入手，关注风险的“文化建构性”。他宣称：“我们也许就要向风险社会说再见了，风险社会的时代终将过去，而且风险社会现在可以说正在走向衰落。在风险社会之后，我们将要迎来的是风险文化的时代。”[②] 拉什的结论是风险文化将渗透蔓延到所有的不确定性领域。“在风险文化时代，人们更多地不再是通过理性的精确计算和颇具规范性的假定来排除风险，而只是通过具有象征意义的运作方式，特别是通过具有象征性的理念和信念来处理好涉及风险文化的各种问题。”[③] 风险文化理论为摆脱风险社会的结构困境拓宽了渠道，进一步丰富和发展了风险研究。

荷兰学者沃特·阿赫特贝格和美国学者弗兰克·费希尔从生态政治学视角对风险社会理论进行了阐释和补充。阿赫特贝格认为贝克在对风险的阐释上存在着现实主义与建构主义的矛盾，而贝克虽然认识到传统民主体制在风险社会已经失效，但其提出的生态民主政治却更多地停留在乌托邦的空想状态，没有充分展开。他指出：“如果风险社会要成功地迎接其自身带来的道义上的和其他方面的挑战的话，就急需沿着生态民主政治的方向发展，大体上说，这种发展在某种意义上就是建立在公民广泛参与基础上的协商式民主。”[④] 费希尔认为贝克风险社会理论对风险的夸张论述不契合社会现实，贝克没有考察风险的社会文化基础，尤其是忽视了风险民主问题。[⑤] 他指出用过时的政

---

① ［英］斯科特·拉什：《风险社会与风险文化》，王武龙译，《马克思主义与现实》2002年第4期。

② 同上。

③ 同上。

④ ［荷］沃特·阿赫特贝格：《民主、正义与风险社会：生态民主政治的形态与意义》，周战超译，《马克思主义与现实》2003年第3期。

⑤ ［美］弗兰克·费希尔：《乌尔里希·贝克和风险社会政治学评析》，孟庆艳译，《马克思主义与现实》2005年第3期。

治体制应对现代风险就会造成政治上过时的迟钝反应。于此，费希尔从风险意识与责任的关系切入，提出了风险时代的生态政治学理论，进一步发展和完善了贝克关于“有组织的不负责任”的观点。

针对风险社会理论，约瑟夫·休伯提出了生态现代化理论，深化了对风险社会出路的思考。生态现代化是纠正当前消费实践与工业生产中的生态缺陷的理性战略。它要求重建与之相适应的社会体制：要达到环境保护与经济目标的协调性；要重新界定技术、市场、政府管制、国际竞争、可持续性等基础性要素的作用，形成一种环境政治思维模式；要通过社会结构变革和管理方式创新展开国际层面的合作，在生态框架内规范全球化进程，使现代性规范在生态合理性的限度之内。[①] 英国学者莫里·科恩在其《风险社会和生态现代化》一文中，把贝克的风险社会理论和休伯的生态现代化理论纳入同一理论框架，并提出了新的“生态现代化理论”。他认为，在风险社会中人们承受着生态危机和科技风险的现实威胁，经济社会发展往往无规律可循，社会冲突将会变得更加突出。要克服技术性风险，就必须重视能够提供科学知识和增加制度的灵活性的技术。

总之，风险社会理论表征了当代人类所面临的一种令人担忧的生存困境和发展悖论。归纳起来，人们对风险社会的理解有三种：“第一种是现实主义的，认为风险社会的出现是因为出现了更新的、影响更大的风险；第二种是文化意义上的，认为风险社会的出现体现了人类对风险认识的加深，但不同文化背景有不同的风险解释话语，风险在当代凸现的是一种文化现象，而不是一种社会秩序；第三种是制度主义的，他们强调责任，强调对社会的现代性进行反思。”[②] 上述诸多学者尽管在理论观点上与贝克存在着一定的差异，但并没有脱离风险社会理论的核心，即从风险的视角透视当今人类社会的深刻变迁，并探寻现代社会风险的生成和转型。

---

① 郇庆治：《生态现代化理论与绿色变革》，《马克思主义与现实》2006年第2期。

② 杨雪冬等：《风险社会与秩序重建》，社会科学文献出版社2006年，第27～29页、第39页。

第二节　风险社会视域中现代风险的生成逻辑

风险社会是与以前社会不同的人类社会发展的新阶段，风险成为现代社会结构的内在品质。“当代社会的突出特征在于出现了越来越多的不确定性因素和一些始料未及的风险或者说‘副作用’”①，可能引发损失、冲突乃至社会动荡。风险社会理论的焦点集中在如何看待现代风险的独特性及其与风险社会的关联上。立足于风险社会的理论视域不难发现：现代风险的来源和表现都与风险社会的特征息息相关；高度现代化促使人造风险的大量涌现，信息技术革命带来了全球性风险，而反思性社会孕育着不断提升的风险意识和风险感知能力。本节主要从这三个方面来研究现代风险的生成逻辑。

一、高度现代化与人造风险的涌现

在工业社会之前，由于实践发展水平的限制，人与自然的关系相对简单、纯粹，自然运动成为风险的根本来源，自然风险是对人类生活构成威胁的主要风险类型。这个时期风险的性质和应对方式较为单一，风险在范围和规模上相对狭小，后果的危害程度也被限制在地域之内。工业社会的到来引发了爆炸性的效应，人类实践的巨大拓展、人类交往的普遍提升以及资本主义生产方式的发展，带来了“震撼世界的翻天覆地的变化”②。“自从20世纪中期以来，工业社会的社会机制已经面临着历史上前所未有的一种可能性，即一项决策可能会毁灭我们人类赖以生存的这颗行星上的所有生命，仅仅这一点就足以说明，当今时代已经与我们人类历史上所经历的各个时代都有着根本的区别。”③ 与其他时代相比，工业社会的风险问题更具有复杂性和矛盾性。

风险社会理论深刻地揭露了现代性的两歧：“既走向了高度现代化，也带

① 周战超：《当代西方风险社会理论引述》，《马克思主义与现实》2003年第3期。

② ［美］阿尔温·托夫勒：《第三次浪潮》，朱志焱、潘琪、张焱译，生活·读书·新知三联书店1983年，第51页。

③ ［德］乌尔里希·贝克：《从工业社会到风险社会（上篇）——关于人类生存、社会结构和生态启蒙等问题的思考》，王武龙译，《马克思主义与现实》2003年第3期。

来了高度风险性，二者如影随形，纠缠在一起，难以分离。”[①] 现代性的后果引起了性质完全相反的两种发展倾向——高度现代化和高度风险性。这两种倾向是共生而不可根除的：现代性存在的理由同时也是现代社会风险产生的原因，现代性的扩张同时也是风险性的扩张。这是一种左右为难的处境，因此才称之为“现代性的两歧”[②]。风险社会理论认为，风险社会不是现代性失败的结果，而恰恰是现代性高度发达的结果。“现代性是现代社会或工业文明的缩略语”[③]，它为人类创造了数不胜数的享受安全和成就生活的机会。然而，现代性也有阴暗面，具有决定性意义的重大后果在于其发展的困境——工业现代性的终结以及风险社会的趋势。风险社会是现代性内部的一种变异，“风险社会的概念指现代性的一个阶段；在这个阶段，工业化社会道路上所产生的威胁开始占主导地位”[④]。风险观念的形成和扩展与现代社会的发展有着本质的一致性，“现代性总是涉及风险观念”[⑤]。

贝克依据不同历史阶段的社会形态区分了三类风险：一是前工业社会的风险，主要是地震、飓风、传染病等；二是工业社会早期的风险，主要是安全事故、劳资矛盾、两极分化、失业、腐败等；三是工业社会晚期的风险也称现代风险，主要是环境污染、生态恶化、核技术威胁、化学和基因等。第一类是自然力的作用，第二类是资本原始积累的结果，第三类是科技进步的产物。其中第一类风险属于自然风险，而第二类和第三类风险则是人类自己制造出来的风险。吉登斯从现代性结构变异及其所引发的突出结构的变迁视角区分了传统风险和现代风险，他将现代社会视为“失控的世界”，认为传统风险主要是一种局部性、个体性、自然性的“外部风险”，而现代风险的性质发生了根本性的变化，当代社会的风险更多的是一种全球性、社会性、人为性

---

① 刘岩：《风险社会理论新探》，中国社会科学出版社 2008 年，第 53 页。

② 郁正：《当代人与文化——人类自我意识和文化批判》，吉林教育出版社 1996 年，第 162 页。

③ ［英］安东尼·吉登斯、克里斯多弗·皮尔森：《现代性——吉登斯访谈录》，尹宏毅译，新华出版社 2001 年，第 69 页。

④ ［德］乌尔里希·贝克、［英］安东尼·吉登斯、斯科特·拉什：《自反性现代化——现代社会秩序中的政治、传统与美学》，周宪、许钧主编，商务印书馆 2001 年，第 10 页。

⑤ ［英］安东尼·吉登斯：《失控的世界》，周红云译，江西人民出版社 2001 年，第 22 页。

的结构风险。“在工业社会存在的头两百年里，占主导地位的可以称为‘外部风险’”①，它是“来自外部的、因为传统或者自然的不变性和固定性带来的风险”②。但是随着人类自身知识能力的增强、科学技术的进步和信息量的扩大，一种新的风险形式出现了，吉登斯把它称之为“人为制造出来的风险”或简称“人造风险”。“被制造出来的风险，指的是由我们不断发展的知识对这个世界的影响所产生的风险，是指我们没有多少历史经验的情况下所产生的风险。”③ 吉登斯指出，“在所有传统文化中，在工业社会中及直到今天，人类担心的都是来自外部的风险，如糟糕的收成、洪灾、瘟疫或者饥荒等。然而，在某个时刻（从历史的角度来说，也就是最近），我们开始很少担心自然能对我们怎么样，而更多地担心我们对自然所做的。这标志着外部风险所占的主导地位转变成了被制造出来的风险占主要地位。”④ 在现代社会，“我们所面对的最令人不安的威胁是那种‘人造风险’，它们来源于科学与技术不受限制的推进”⑤。

风险首先具有属人性。在哲学意义上，风险是人的一种存在状态。“一方面，人类生活以自然物质运动为物质基础，当自然运动的可能后果对于人类生活目的存在危害或威胁时就意味着风险；另一方面，更为重要的是，实践是人类的存在方式，而实践的创造特性使得实践总是存在着不利于人类生活目的的可能后果，这些可能后果就是风险。”⑥ 贝克指出：“各种风险其实是与人的各项决定紧密相连的，也就是说，是与文明进程和不断发展的现代化紧密相连的。这意味着，自然和传统无疑不再具备控制人的力量，而是处于人的行动和人的决定的支配之下。”⑦ “制造出来的‘不确定性’可谓是我们今日

---

① [英] 安东尼·吉登斯、克里斯多弗·皮尔森：《现代性——吉登斯访谈录》，尹宏毅译，新华出版社 2001 年，第 192～193 页。

② [英] 安东尼·吉登斯：《失控的世界》，周红云译，江西人民出版社 2001 年，第 22 页。

③ 同上。

④ 同上，第 23 页。

⑤ [英] 安东尼·吉登斯：《现代性的后果》，田禾译，译林出版社 2000 年，第 115 页。

⑥ 庄友刚：《跨越风险社会——风险社会的历史唯物主义研究》，人民出版社 2008 年，第 31 页。

⑦ [德] 乌尔里希·贝克、约翰内斯·威尔姆斯：《自由与资本主义——与著名社会学家乌尔里希·贝克对话》，路国林译，浙江人民出版社 2001 年，第 119 页。

生活的特色”[①]，风险社会的出现是在“自然的结束”之后。“我们的社会存在于自然结束之后。很明显，自然的结束并不是指物质世界或物理过程不再存在，它是指我们周围的物质环境没有什么方面不受人类干扰的某种方式的影响。”[②] 即使是自然风险，也只有和人的目的与利益相联系并对人的生活产生影响时才成为风险，才具有风险的意义。离开了人和人类生活，单纯的自然界的自发运动并不构成风险。正是在这个意义上，贝克和吉登斯都使用了“人化环境”或“社会化自然”的概念来描述风险与人的实践的本质关联。

传统社会的风险大多是外部强加的、不期而遇的，而现代风险则同时引爆于外部世界和内部世界。从现实社会来看，随着人类实践的扩张，人为性风险在风险中所占的比重越来越大，甚至一些自然风险都打上了人类活动的烙印。人造风险已经成为当代风险治理的主要内容之一，人类更多地需要应对和处理自己实践所产生的负面后果。“比起人类自己制造‘风险’的能力来看，数千年人类的文明进程似乎透露了另一种讯息，也就是人们自认控制能力达到高峰的时候，往往却会带来各种‘不可测’的后果，这些后遗症包括大规模的战争、残酷的种族灭绝、核子灾难、生态浩劫、新型疫病，等等。换句话说，在现代社会里，‘人为’的灾害经常超过地震、台风、水旱灾等传统的自然灾祸，而成为威胁生命财产安全的主要‘风险源’。”[③] 也有学者认为在风险社会中，“其中有人为了追求可能的利润而采取冒险行动，其他人则被迫面对这样的冒险行动而带来的灾难性后果”[④]。也就是说，风险社会就是这样一种社会：它与自己的局限性作斗争，而这种局限性所采取的形式就是人造风险。

---

① ［德］乌尔里希·贝克、［英］安东尼·吉登斯、斯科特·拉什：《自反性现代化——现代社会秩序中的政治、传统与美学》，周宪、许钧主编，商务印书馆2001年，第235页。

② ［英］安东尼·吉登斯：《失控的世界》，周红云译，江西人民出版社2001年，第23页。

③ ［德］乌尔里希·贝克：《风险社会——通往另一个现代的路上》，汪浩译，巨流图书公司2004年，序言第i页。

④ Piet Strydom, *Risk, environment and society: ongoing debates, current issues, and future prospects*, Buckingham: Open University Press, 2002, p. 76.

二、信息技术革命与全球性风险的形成

当今社会是一个“传媒化生存”的世界，“信息的DNA”正在迅速取代原子而成为人类生活中的基本交换物。“传媒如同空气，无孔不入地浸透在当今人们生活的方方面面，如同一根根信息流通管道，维系着个体与世界的联系与交流，也改变着世界、改变着人们、改变着一切。”[①] 传媒技术发达的今天，人们的生活知识和经验大多来自大众传媒，人们与他人和外界的交流大多来自大众传媒，人们对于社会乃至对于自己的本身认识和了解大多依赖大众传媒，人们的生活状态便会自然而然地受到大众传媒极有力的牵引而很大程度上涂抹上媒介化生存的色彩。“人们看电视剧，观望生活的酸甜苦辣；人们进电影院，品味‘梦工厂’的巍峨与震撼；人们读报刊新闻，了解大千世界动态百事；人们看杂志，探讨衣食住行的奥妙与技巧；人们打电话、上网，代替面对面的交流、聊天……”[②]媒介本身就在塑造和控制着人的组合和行为的尺度和形态，媒介的影响如此强烈，无论是报纸、杂志、电影、电视等传统媒体，还是网络、手机等新兴传媒，都已经成为人们生活的一部分甚至大部分。“信息传播媒介的扩散以及媒介之间联结种类的增加，重组了社会相互作用的时空流。”[③] 传媒技术推动了人类社会的变革和发展，使人类从蛮荒走向文明。十多年来，传媒技术所创造的全新景观，证明了现代信息技术改变人类信息传播形态的巨大潜能，也把“传媒化生存”这样一个大趋势展现得日益清晰。

技术具有传媒设置意义[④]，它开启了科学世界观。技术的发展已将人类媒介观推进到一个革命性变化的临界点，人们对媒介技术的崇拜正在滋长。这

① 蒋晓丽：《“传媒化生存”研究》，《思想战线》2006年第3期。

② 同上。

③ ［英］芭芭拉·亚当、［德］乌尔里希·贝克、［英］约斯特·房龙：《风险社会及其超越——社会理论的关键议题》，赵延东、马缨等译，北京出版社2005年，第254页。

④ 人工条件下的实验技术（传媒）不仅仅是工具性、功利性的，它还促使科学范畴的发生发展，并促使我们在本体论层面上建立起必然性的、由因果关系支配的科学世界观（视域）。例如，解剖技术促成了医学的科学世界观；显微镜技术影响了医学以及微观物理学；真空技术的试验对流体力学以及整个运动学、力学和空间学说都意义重大。

种媒介观的变革必然引起媒介生态和媒介受众的变化，同时会引起社会信息传播的变化。传媒化生存的时代，人们享受着技术带来的奇妙生活的同时，又产生了一系列的焦虑和困惑。这种焦虑和困惑正是伴随着日益先进的传媒技术的产生而出现的。新媒体技术就像一面哈哈镜，把人的某些特征夸大，某些特征缩小，某些心理表现强烈一些，某些话语表达激进一些。媒介技术的开放性使普通受众可以抛开现实生活中的“面具”，畅快淋漓地进行利益表达或政治诉求。随着媒介技术的发展和变迁，随着媒介类型和规模的指数式增长，危险和潜在威胁的释放达到了一个我们无法控制的速度和前所未知的程度，我们现在生活在一个过度媒体化的世界之中。媒介技术进入人类无法把握的许多领域，技术理性的张扬和价值理性的式微带来了人类不愿看到却又无法回避的现实。媒介技术在给出秩序的同时，它本身也在制造无序。我们现在用技术去对付的许多无序，正是“过去技术行为的沉积物或者垃圾”[①]。我们很难想象，完全依赖媒介的生存，而将人们的生命战车完全纳入大众传媒策划与制造的轨道之中，自觉地放弃个性与创造力，放弃认识世界和改造世界的责任与权力，人类将陷入怎样的无奈和悲哀。对技术的依赖、崇拜和无节制、不合理的运用使人们发现很难摆脱这样一种尴尬的技术处境：丰富与贫乏共存，自由与孤独并生。

技术具有双重性，它带给人类的不仅仅是福祉。贝克说：“由于现代风险的高度不确定性、不可预测性、显现的时间滞后性、发作的突发性和超常规性，使专家在面临新科学技术时，往往多注重科技的贡献性而忽略其副作用，或故意隐瞒其副作用，以至于人们在开始使用科技时，就已经为风险埋下了发作的种子。”[②] 科学技术的发展、生产方式的改变产生了威胁人们生产与生活的因素，技术系统的紧密结合性与复杂相关性决定了技术风险出现的必然。“技术的风险是真实的，风险的确存在，有时潜伏等待着，眼前的威胁很小，

---

① ［英］齐格蒙特·鲍曼：《后现代伦理学》，张成岗译，江苏人民出版社 2003 年，第 229 页。

② 薛晓源、刘国良：《全球风险世界：现在与未来——德国著名社会学家、风险社会理论创始人乌尔里希·贝克教授访谈录》，《马克思主义与现实》2005 年第 1 期。

但有可能在将来造成真正的问题。”[①] 根据贝克的说法，世界风险社会从20世纪70年代开始形成，而这正是传统一般化交往传媒（并借助新传媒即电脑和网络技术）达到纯粹的“自我服务”的时期。此时，灾难事件与心理、社会、制度、文化交互作用的方式会加强或消减对风险的感知并塑造风险行为，这反过来造成新的社会或经济后果，其后果远远超过了对健康或环境的直接伤害，如导致对制度丧失信心、污名化、脱离共同体事务等间接影响。“风险社会以其现代化进程的彻底性而把现代化成就所带来的后果变成了自己的主题”[②]，也就是说，现代风险正是现代化技术成果的一个表现而已。“在某些领域和生活方式中，现代性降低了总风险性，但它同时也导入了先前年代所知甚少或者全然不知的新的风险参量。这些风险参量包括后果严重的风险，它们来源于现代性社会体系的全球化特征。”[③] 就传媒技术而言，全球化是其最突出的风险特征。大众传播过程、传播机构和传播技术一方面加速了全球化浪潮的演进，一方面也受到全球化的影响。全球化打破了信息技术的传播壁垒，使得信息封锁成为过去时态，传媒的影响力前所未有。当无数人同时体验着一致的媒体形式、媒体产品、媒体渠道和景象时，媒体流动的全球化也意味着媒体效果的全球化。从理性主义角度看，全球化社会中的传媒不仅仅是工具性、功利性的，它还促使社会的发生发展，并促使我们在本体论层面上建立起必然性的、由因果关系支配的世界观。可以说，风险社会中的媒介本身就是风险之源。

高度技术化和深度全球化意味着高度风险化的社会。全世界都在观看，吉特林称现代社会是一个“强力四射”的社会，一举一动都难逃逸。跨国间的相互依存进程的速度、强度和意义与日俱增，经济、文化、政治和社会的“全球化”话语的发展，意味着对全球性的折射和反映在这些正在出现的全球

---

① ［美］H. W. 刘易斯：《技术与风险》，杨健等译，中国对外翻译出版公司1997年，第253页。

② 孙和平：《“风险社会”的传媒哲学阐释——兼论“应急响应机制”的新传媒视域》，《哲学研究》2009年第4期。

③ ［英］安东尼·吉登斯：《现代性与自我认同》，赵旭东、方文译，生活·读书·新知三联书店1998年，第4页。

化社会的不同方位进行检验。"全球化是任何人都无法回避的一个风险系统"[1]，在全球化背景下，不确定性因素日益增长，新的全球话语秩序使风险的生产和传播都成为常态。全球化使整个世界都被卷入同一个进程中，各国在这些风险面前无可逃遁。人们为此采取了一些决策与行动，但这些决策和行动又可能产生新的风险——我们越想拓殖未来，我们就越有可能触发意想不到的事情。全球化的境遇使现代社会充斥着传媒化崇拜、涌现式舆论和世界性风险。全球化是风险社会的有力助推器，甚至全球化本身已经成为新的风险源。风险社会指明了自然与传统的终结，风险的发生不再是外在的而主要是制度内生的、人为的，并通过风险的跨地域传播形成的风险的全球化。"我们已经进入了一个不可预测、不可控制、不可言传的局面，这种局面将使地球上所有的生命都面临灭绝的危险。"[2] 根据比利时流行病研究中心和A. T. 齐尔耐咨询管理公司联合所做的调查，发现日趋流行的全球化恰好和各种天灾人祸频发的速度同步。风险成为了超国界的存在，它包含着一种打破了阶级和民族社会模式的"飞去来器效应"，成为带有新型的社会和政治动力的非阶级化的全球性危险。

在风险社会这个发展阶段里，全球性风险开始出现，使人类日益"生活在文明的火山口上"。经历了因传统生产方式和自然灾害等所引起的传统风险社会和以工业化和制度化所引发的制度性的人为风险为主导的工业风险社会，当今世界进入了全球风险社会（贝克称之为世界风险社会）。世界风险社会指"在全球化的背景下，以后工业时代的知识经济、信息技术以及高度的时空压缩所引发的具有'多米诺骨牌'效应的风险为主导的全球总体性社会状态，它是人与自然高度混合的统一，具有人为的不确定性"[3]。当代社会风险不再是传统社会风险那样一种局部性、个体性、自然性的外部风险，而是一种全球性、社会性、人为性的结构风险。全球风险社会是当今世界的重要背景之一。"在世界风险社会的自我理解方面，社会在三层意义上变成反思性的。第

---

① 许丽萍：《吉登斯生活政治范式研究》，人民出版社 2008 年，第 7 页。

② 薛晓源、周战超：《全球化与风险社会》，社会科学文献出版社 2005 年，第 381 页。

③ 张云昊：《转型风险社会的特点及风险控制》，《武汉理工大学学报（社会科学版）》2009 年第 3 期。

一，社会成为自身的问题：全球危机促成了全球的相互依存，并且一个（潜在的）世界公共领域的轮廓实际上开始形成。第二，文明的自我危害的被认识到的全球性，引发了一股对国际机构合作的发展起作用的政治上可塑的推进力。第三，政治边界被逐渐去除：以一种亚政治的面目出现的格局一出现立刻是全球而直接的。它必然使民族国家政治的协作和联盟相对化，或者绕过之，并可能导致世界范围的‘相互排斥的信仰的联合’。”① “全球风险社会”的涵义依赖这样一个事实，那就是运用我们文明的决策，我们可以导致全球性后果，而这种全球性后果又可以触发一系列的问题和一连串的风险。

总之，在全球化的风险社会，风险既被普遍化了，也被解神秘化了。风险不只是个人的行动，有一些共同影响许许多多个体的“风险环境”②。而最大的风险来自于全球化的环境。在贝克和吉登斯看来，“风险社会”是一个全球性的概念，它一方面是指风险社会的形成与现代工业和技术模式的全球性扩张密切相关；另一方面也是指风险社会的影响范围日益突破时空界限、民族国家的疆界，具有全球性。“风险是‘嵌入’全球化进程的，日益活跃的人流、物流、资本流、信息流以及各国相互联系和依赖的加深，进一步加强了风险的不确定性、不可预测性和不可控制性，而且在风险传播中，还会产生新的风险。”③全球化表现在政治、经济、文化和技术等各个领域，全球化风险不仅包括技术性风险和社会性风险，也包括制度性风险。在开放性的传播格局中，“蝴蝶效应”随时可能发生，国际国内舆论环境的关联度不断加强。今天，传媒实力无疑已成为国力的重要组成部分，这要求新时期的媒介话语研究必须具备全球化的视野，将媒介话语置于国家交往与国际传播的战略高度。鉴于此，在跨文化传播学领域，如何发挥传媒优势、规避传媒风险，提升中国在国际舆论场的话语地位，树立中国的国际形象和提升中国的软实力，都是我们面临的新问题。

---

① ［德］乌尔里希·贝克：《世界风险社会》，吴英姿、孙淑敏译，南京大学出版社2004年，第25页。

② ［英］安东尼·吉登斯：《现代性的后果》，田禾译，凤凰出版传媒集团、译林出版社2011年，第31页。

③ 肖巍：《“全球化风险”与中国的长期应对》，《学术月刊》2010年第1期。

三、反思性社会与风险感知能力的提升

吉登斯、贝克等人把“反思现代化”看作同第一次现代化即工业社会的“简单现代化”相对应的“第二次现代化”。第一现代性以“民族—国家”为基础的，是简单的、线性的，其中的社会关系主要是从地域的意义上去理解的。区别于第一现代性，一种新的经济、新的全球秩序、新的社会和新的个人生活正在形成——这就是“反思性的（或称‘自反性的’）现代性”。这里的“反思”并不是指以知识为基础的知性反思，而是指现代性发展的客观的历史性变化，是指工业现代化无意识的自我消解和自我危害。用贝克的话来讲，就是“现代性利用自主的现代化的力量挖了现代化的墙角”①。吉登斯则把第二现代性称为“激进现代性”。“激进的现代化常以一种既非人们愿意、亦非人们预期的方式，暗中削弱着第一现代性的根基，并改变着它的参照标准。”② 它打破了工业社会的前提并开辟了通向另一种现代性的道路。“针对风险社会的出路，吉登斯的总体立场是寄希望于反思性现代化自身。他认为，反思性现代化可以在不断重建传统的历史发展中获取化解当代社会风险的文化资源，从而生产出足够的风险意识和反思批判精神，以此来校正现代性的发展方向从而避免误入歧途。”③

“反思现代化”意味着工业现代化的毁灭和终结。“如果说简单（或正统）现代化归根到底意味着由工业社会形态对传统社会形态首先进行抽离、接着进行重新嵌合，那么自反性现代意味着由另一种现代性对工业社会形态首先进行抽离、接着进行重新嵌合。”④ 在反思现代化阶段，风险成为整个社会的中心特征和中心问题。如果把工业社会当作工业现代化的同义语，那么风险

---

① ［德］乌尔里希·贝克、［英］安东尼·吉登斯、斯科特·拉什：《自反性现代化——现代社会秩序中的政治、传统与美学》，周宪、许钧主编，商务印书馆2001年，第223～224页。

② ［德］乌尔里希·贝克：《世界风险社会》，吴英姿、孙淑敏译，南京大学出版社2004年，第2页。

③ 刘岩：《风险意识启蒙与反思性现代化——贝克和吉登斯对风险社会出路的探寻及其启示》，《江海学刊》2009年第1期。

④ 庄友刚：《跨越风险社会——风险社会的历史唯物主义研究》，人民出版社2008年，第178页。

社会就是反思性社会的同义语。“集体的生活方式、进步和控制能力、充分就业和对自然的开发这些是典型的第一现代性的东西，如今已经被全球化、个体化、性别革命、不充分就业和全球风险等五个相互关联的过程暗中破坏了”[①]，这五个过程完全超出了工业现代化的预设，是工业现代化无法预料的结果。“反思现代化”从理论基点上把反思性现代化与风险社会勾连起来。贝克指出：“在风险社会，现代社会成为反思性社会，这就是说，它本身既是结果又是问题。”[②] 从反思性现代化的角度而言，“自反性现代化导致风险社会后果的自我冲突，这些后果是工业社会体系根据其制度化的标准所不能处理和消化的”[③]。从风险社会的角度而言，“在风险社会的自我概念中，社会具有（狭义上的）自反性，也就是说，社会成为其自身的一个主题和问题”[④]。

拉什主张建立一种全新的反思性社会。“我正在讨论的是一种全新的反思社会，它不是以某种规范性的结构为基础，也不是以实用功利主义政治为先决条件，而是以人类生活更加美好等一系列带有主观性判断的价值标准为基础而建立起来的。”[⑤] 反思性现代性是开放性的现代性，这种开放性孕育着种种可能。自反性现代化的到来将“意味着我们被迫以一种更为反思的方式生活，去面对一个更加开放、更加不确定的未来”[⑥]。“自反现代化的独特之处，主要在于从制度维度和风险意识层面，深入反思了现代性及其全球化后果，体现出对待现代性问题上的理性自觉：只有通过自反现代性才能达到重振现代性和重写现代性。”[⑦] 反思性判断是风险文化的核心，反思性社会和风险感

---

① ［德］乌尔里希·贝克：《世界风险社会》，吴英姿、孙淑敏译，南京大学出版社 2004 年，第 2 页。

② ［德］乌尔里希·贝克：《风险社会政治学》，刘宁宁、沈天霄译，《马克思主义与现实》2005 年第 3 期。

③ ［德］乌尔里希·贝克、［英］安东尼·吉登斯、斯科特·拉什：《自反性现代化——现代社会秩序中的政治、传统与美学》，周宪、许钧主编，商务印书馆 2001 年，第 10 页。

④ 同上，第 13 页。

⑤ 李惠斌：《全球化与公民社会》，广西师范大学出版社 2003 年，第 296 页。

⑥ Ulrich Beck，Anthony Giddens and Scott Lash，*Reflexive Modernization*：*Polities*，*Tradition*，*and Aesthetics in the Modem Social Order*，Cliff Stanford，Stanford University Press. 1990，p. 60.

⑦ 漆思：《现代性的命运——现代社会发展理念批判与创新》，中国社会科学出版社 2005 年，第 124 页。

知能力与风险意识密不可分。

风险是主体通过认知和想象而构造出来的消极意象，也是主体表达内心体验或愿望的一种方式。风险可以理解为自身的“内化”，即风险意识。“风险的感知和风险不是不同的东西，而是相同的东西。”① 玛丽·道格拉斯是第一位研究风险意识问题的社会学家。她从文化理论的视角率先解释了公众不断增强的风险意识和关注科技风险的新现象。她和威尔德韦斯合著的《风险与文化》中提到，在当代社会，风险实际上并没有增多，也没有加剧，相反仅仅是被察觉、被意识到的风险增多和加剧了。② 尼克拉斯·卢曼认为，“太多的不确定性和决策意识形成了我们的未来，产生了明天的结果。因此，当代社会预示着充满风险的未来。”③ 斯万·欧维·汉森也认为，在当代社会中风险无论在总量上、性质上还是在程度上都没有发生根本性的变化，表面上的增加实际上主要是因为我们加强了对这方面的关注，他说，“人们用‘风险’这个概念来描述和分析社会问题。在这个意义，我们确实远比以前更生活在一个风险社会里。”④ 从这个意义上讲，实实在在的风险并不重要，关键的问题在于是谁在认知并强化了风险意识与观念。道格拉斯和威尔德韦斯开辟了风险分类学以觉察和认知风险，并划出三个最基本的风险领域：社会政治风险、经济风险和自然风险。他们认为，社会结构的变迁可归结为三种不同风险文化所酿成的结果，即“倾向于把社会政治风险视为最大风险的等级制度主义文化，倾向于把经济风险视为最大风险的市场个人主义文化，倾向于把自然风险视为最大风险的社团群落之边缘文化”⑤。

在反思性社会，公众对风险的感知和对风险事件的关注如同风险自身的加剧一样成为不可逆转的趋势。风险意识极大发展，对风险现象的关注不再是少数人的专利而成为社会性的共识。“随着人们改造自然能力的增强和对自

---

① ［德］乌尔里希·贝克：《风险社会》，何博闻译，译林出版社2004年，第64页。

② 李惠斌：《全球化与公民社会》，广西师范大学出版社2003年，第300页。

③ 薛晓源、周战超：《全球化与风险社会》，社会科学文献出版社2005年，第31页。

④ ［瑞典］斯万·欧维·汉森：《知识社会中的不确定性》，刘北成译，《国际社会科学杂志（中文版）》2003年第1期。

⑤ ［英］斯科特·拉什：《风险社会与风险文化》，王武龙译，《马克思主义与现实》2002年第4期。

然界运动认识的深入，人们的风险意识在逐步摆脱早期神话和图腾崇拜的形式，开始从人自身的活动思考规避风险和危机的问题。”[①] 风险意识与风险就像一枚硬币的两面，相互交织、相互依赖。“风险的发展状况决定了风险意识的发展状况，反过来，风险意识的发展状况又影响着对现实风险状况的认识与判断以及应对风险的行动。”[②] 持“风险文化建构论”的学者们认为，风险在当代的凸显是一种文化现象，而不是一种社会秩序，当今社会中风险并没有增多，只是人们感觉到的风险增多了。

总之，“风险社会理论凸显了当代社会风险的问题意识和理论自觉，代表了人类自我反省精神的高度成就”[③]。从风险社会的理论出发探讨现代风险的生成逻辑，最重要的是关注现代社会的风险症候，反省人类实践活动的风险效应和社会发展的副产品，从而揭示现代风险的特性及其产生的根源。风险社会带来了全新的人类生存环境，最突出的表现为它重构了舆论格局和执政生态。

第三节　风险社会对执政生态的重构

现代化是一个资源集中和问题丛生的过程，较快的经济增长速度对社会政治的稳定构成了一定程度的威胁。风险社会环境的变化和外部力量的冲击，使“许多发展中国家都处在一种政治不稳态之中”[④]。从世情看，世界发生的大转折尤其是全媒体时代舆论的爆炸力对执政者提出了严峻的挑战；从国情看，中国转型期脆弱的社会结构引发了一系列社会新问题、新风险，考验着政府管理者的执政能力；从党情看，共产党所处的地位、环境和所承担的任务发生了重大变化，频发的重大突发性事件挑战着党的执政安全。风险社会重构了执政生态。因此，以风险社会理论作为研究视域，反映执政者的时代焦虑，是符合世情、国情、党情以及适应执政生态变化的战略性命题。

① 庄友刚：《跨越风险社会——风险社会的历史唯物主义研究》，人民出版社 2008 年，第 36 页。
② 同上，第 38 页。
③ 刘岩：《风险社会理论新探》，中国社会科学出版社 2008 年，第 2 页。
④ 王沪宁：《比较政治分析》，上海人民出版社 1987 年，第 96 页。

一、全媒体时代舆论的爆炸力增加执政难度

世界风险社会的场域不是大街，而是大众传媒，其政治客体是文化的符号。换句话说，我们不得不依赖媒体的符号政治。发展传播学的观点认为，“传播系统是整个社会系统发生变化的晴雨表和推进器。”[①] 我们正在从建立在物质产品生产基础上的社会体系向主要地与信息相关、与媒介互构的社会体系转变，这意味着现代人经由媒介成为了“注视者”与“被注视者”，社会组织经由媒介变得更规制或更危险，日常生活经由媒介反映得更确凿或渲染得更虚幻。一句话——风险与政治内在关联，而媒介使政治变得复杂。传统社会中的舆论其影响范围和程度都十分有限，而在新媒体环境下产生的舆论风险却拥有不容小觑的能够颠覆社会的力量，甚至其波及的地域、人群可以说是全球化的。“人类传播的基本性质不会改变，但传播本身的社会体系，很可能同我们已经知道的各个传播时期大不相同。”[②] 全媒体技术带来了传统媒介的变化和新媒体的繁荣，媒介环境的改变直接影响了社会舆论的形式和内容。当今的全媒体已经不仅仅是虚拟的传播工具和技术手段，更催生了一个与现实社会彼此交融互构的媒体社会，制造了一种“媒介现实”。

现代传媒技术突破了地域疆界，任何时候，小小的鼠标一动，世界各地的信息就在这张巨大的网中流动起来，穿越像毛细血管一般的结构，渗入到社会的每一个角落。新媒体技术的超速度信息流最大限度地消灭了制作和出版周期，使得信息发布的时间与事件实际发生的时间正在逼近零时差。速递化发布及全时化播报方式都使信息始终处在动态的更新之中，为人们及时了解突发事件和重大新闻的变化进程提供最新最快的第一手资料。媒体直播开始铺天盖地冲击着现代人的视野，带来了一种全新的视角和体验。舆论靠媒体来激发，通过全媒体的传播渠道能够在瞬间向四面八方扩散和蔓延。“这种

① 张国良：《20 世纪传播学经典文本》，复旦大学出版社 2003 年，第 317 页。

② ［美］威尔伯·施拉姆、威廉·波特：《传播学概论》，陈亮、周立方、李启译，新华出版社 1984 年，第 293 页。

一传十、十传百的连锁反应模式，会很快将某种情绪推向峰巅。”[①] 媒介使执政生态随之波动，一个风险可能是其后更大风险的前兆，正所谓“牵一发而动全身”，将产生“一枝动百枝摇”的“涟漪效应”。舆论的爆炸力，使任何一个地方发生的危机都有可能在短时间内成为全球关注的焦点。

在全媒体时代，风险问题日益成为政治的中心问题。“风险社会包含了一种特殊的政治爆炸力：那些迄今为止还被认为是非政治性的东西，变得具有政治性。‘次级问题’‘副作用’所带来的社会的、经济的和政治的后果，使风险社会中出现的是一种灾难的‘政治可能性’。”[②] 一切政治在风险社会下皆须重新洗牌、再创造、再发明，凡是涉及风险决策的问题就易政治化。全媒体社会向亚政治敞开了大门。风险社会孕生的是一种反身的政治实践，即贝克所称的“亚政治”。“‘亚政治’这个概念指的是外在于并超越国家—政府政治体制的代表性制度的政治。它关注的焦点在于一种（最终是全球的）倾向于将社会所有的区域纳入行动中的政治自我组织的符号。亚政治意即‘直接’政治——即特有的对政治决策的个人参与，绕过代表性的意见形成的机构（政党、议会），甚至往往缺乏法律保护。换句话说，亚政治意味着自下而上的社会形成。”[③] 亚政治既具有被主流政治所划定的特征，又具有群体自我认同的特征，它“通过改变政治活动的规则和边界建立起政治自由，以致它对新的联合变得更为开放和敏感——同时能够被磋商和改造”[④]。工业社会时期家长式的政府政治在一波波的全球灾难风险中宣告失能，个人意识觉醒，面对风险的自我行动、自我组织成为现行政治的主轴。“在现代化进程中，面对日益增长的危险的生产力，亚政治从政治手中接过了塑造社会的领导性角色。”[⑤]亚政治的存在，营造了包容、和谐、多元的政治氛围。但是，如果一种亚政治所代表的价值观和行为方式站到了主流政治的对立面，就将不利于社

① 邵培仁等：《媒介生态学：媒介作为绿色生态的研究》，中国传媒大学出版社 2008 年，第 154 页。

② ［德］乌尔里希·贝克：《风险社会》，何博闻译，译林出版社 2004 年，第 22 页。

③ ［德］乌尔里希·贝克：《世界风险社会》，吴英姿、孙淑敏译，南京大学出版社 2004 年，第 50 页。

④ 同上。

⑤ ［德］乌尔里希·贝克：《属于自己的生活》，苏尔坎普出版社 2004 年，第 8 页。

会的稳定和发展，造成极大的政治风险。

时至今日，新媒体技术对中国社会的影响也已经逐步显露出来。诸多新兴媒体的产生和飞速发展，不断渗透到中国社会的各个层面和领域。新媒介环境业已成为辐射力巨大的社会公共空间，影响着各地区、各行业、各阶层人们的生活方式和思维方式，尤其是新媒体高接触人群的价值观念和行为模式。新媒体正逐渐成为社会的主流媒体。据中国互联网络信息中心（CNNIC）统计，截至2016年12月底，中国网民规模达7.31亿，相当于欧洲人口总量，互联网普及率达到53.2%，互联网行业整体向规范化、价值化发展。手机网民规模达6.95亿，增长率连续三年超过10%，手机不断挤占其他个人上网设备的使用，线下手机支付习惯已经形成。网络预约专车用户规模为1.68亿，共享出行进入规范化发展期。有2.38亿中国网民使用过互联网进行慈善行为，以互联网为载体的募捐、公益众筹、社交圈筹款等公益新模式推动构建透明公益。截至2016年12月，我国包括支付宝、微信城市服务，政府微信公众号、网站、微博、手机端应用等在内的在线政务服务用户规模达到2.39亿，占总体网民的32.7%。[①] 人们愿意接触新媒体，并十分乐意通过新媒体创造沟通渠道、参与主流对话、活跃社会舆论。

全媒体时代传播渠道的丰富化，挑战着政府的舆论空间。媒介系统在外部整合层面上对执政生态具有建构作用。在现代社会，大众媒介不仅以其特有的视角和特定的“密码”报道社会、解释社会、分析社会，还以它独立的意志和价值标准影响社会、引导社会、建构社会。“传播媒介不但是欲望的庞大机器，也成为权力的道具。媒介生产的内容成为一种绝对强势有力的叙述与话语。”[②] 随着新媒体的普及和“公共领域”的扩大，舆论的“围堵”变得越来越困难。而作为社会公共利益的代表者，政府管理者没有理由对这些舆论进行截流。“封堵压制”的结果很可能是民意的“决堤”，甚至成为随时都有可能引爆的“定时炸弹”。新时期尤其是新媒体场域中，民间舆论中的意见领袖，在舆论传播中扮演了重要角色。当国家政策和舆论导向与民意形成正

---

① 中国互联网络信息中心（CNNIC）《第39次中国互联网络发展状况统计报告》，http://www.cnnic.net.cn/hlwfzyj/hlwxzbg/hlwtjbg/201701/t20170122_66437.htm.

② 胡春阳：《话语分析：传播研究的新路径》，上海人民出版社2007年，第1页。

向合力时，社会趋于和谐；当二者形成反向合力时，社会矛盾激化。全球媒介一体化趋势的出现，一方面推动中国国际地位飞速提升，另一方面也使得国内舆论环境和国际舆论环境的关联度不断加强。尤其在世界范围内各种思想文化交流、交融、交锋更加频繁，西强我弱的国际舆论格局还没有根本改变，媒介领域的斗争更趋激烈、更趋复杂的情况下，政府管理者面临的执政难度越来越大。如何应对全媒体时代舆论的爆炸力，这是风险社会对政府管理者提出的执政难题。

二、转型期脆弱的社会结构考验执政能力

国际经验表明，当一个国家人均GDP达到1000至3000美元，这个国家就进入“矛盾凸显期”，也是“经济容易失调、社会容易失序、心理容易失衡、社会伦理需要调整重建的关键时期”[①]，我国正处于这一全面转型期。“当前中国社会转型主要表现为相互联系的三个层面：其一是结构转化，即当前中国社会的社会整体结构、社会资源结构、社会区域结构、社会组织结构及社会身份结构等均在发生转化；其二是机制转换，即当前中国社会的利益分配机制、社会控制机制、社会沟通机制、社会流动机制及社会保障机制等也都在发生转换；其三是观念转变，即随着当前中国社会结构的转化和机制的转换，人们的价值观念也在发生转变。”[②] 在急剧变化和多元重组的“矛盾凸显期”，社会运行机制、社会体制、社会观念等诸多方面发生深刻变迁，一面是现代化的持续推进，一面是国内社会阶层和社会群体分化，使社会结构更为多变、情况更为复杂。

当代中国社会转型过程，实际上就是利益关系重新分配和不断调整的过程。这一过程必然导致某些阶层利益的损失，引发利益冲突和社会矛盾的积累。“传统阶层的经济利益和政治社会地位受到威胁，不断出现的新的社会阶层提出了政治上和经济上的各种要求，在经济增长中被边缘化的社会成员面对不平等的分配也存在着‘相对被剥夺’的离心情绪，特别是那些处于‘弱

① 平川：《危机管理——政府·企业·个人立于不败之地的关键》，当代世界出版社2005年，第158页。

② 刘祖云：《社会转型解读》，武汉大学出版社2005年，第26页。

势地位’的社会成员，存在着社会心理失衡加大的倾向，原来隐藏在根本利益一致背后的各种具体利益的冲突和矛盾逐步暴露出来，呈现出非常复杂的局面。”① 社会阶层分化以及利益诉求日益差异化的趋势，不可避免地导致价值取向的多元化。这种思想结构的变化，在一定程度上使主流意识形态维持社会向心力的凝聚因素受到削弱。“现在，中国的改革发展正处于关键时期，改革在广度上已涉及经济、政治、文化等所有领域，在深度上已触及个人具体的经济利益。任何一项大的改革举动都可能带来正反两方面的社会集群效应。”② 一旦“期望挫折感”和“相对剥夺感”形成并进一步扩大，就可能酿成社会骚乱。

“社会转型作为社会结构和社会运行机制从一种类型转换为另一种形式的转移过程，其本身就蕴涵着巨大的不确定性和风险性，它使我们在享受社会发展带来的成果的同时，也面临着大量的社会风险。”③ 当前阶段中国面临着一系列不和谐因素与风险，这已成为中国最突出的社会问题。“中国社会目前存在的诸多结构断裂和制度空白，恰好成为了社会风险的聚集地带，但同时用于抵御风险的风险预警和规避体系却没有建立起来或发挥作用。因此，中国社会现代性的特殊呈现和深刻的社会转型变迁，构成了探讨中国社会风险源起的重要背景和根本所在。”④ 转型期的社会风险既不是纯粹传统的，也不是纯粹现代的，而是一种混合形态：第一，自然灾害、传染病等前工业社会的传统风险依然对人们的生产、生活和社会安全构成威胁；第二，在现代化进程中不断涌现和加剧的失业问题、安全事故等工业社会早期的风险正处于高发势头；第三，改革开放三十多年来，晚期工业社会的技术风险因素也不断积聚，并在不同地区、不同群体、不同行业中以不同方向、不同速度积聚和叠加起来；第四，全球化的长波进程带来的超越国界的世界性风险，随时可能对国民的安全造成威胁。我们甚至不得不重新面对西方发达国家已出现

① 张陟遥、张惠玲：《论转型期社会结构分化与执政党社会整合功能》，《湖北社会科学》2006年第4期。

② 刘志军：《构建和谐社会是中国共产党执政能力建设的新任务——兼谈加强党的执政生态园建设》，《河北北方学院学报（社会科学版）》2005年第2期。

③ 贯让：《转型期的社会风险与安全策略》，《法制与社会》2009年第2期。

④ 夏玉珍、吴娅丹：《中国正进入风险社会时代》，《甘肃社会科学》2007年第1期。

的部分风险。“正是基于转型时期的这种风险共生特征，才说中国开始进入风险社会。”①

在实现从以农业为主的传统社会向以工业化、城市化为标志的社会转型的同时，还要完成从计划经济体制向社会主义市场经济体制以及从大一统的中央集权政治向以社会主义民主政治为特征的制度转轨。“当前我国的社会转型与制度转轨并存，社会各领域缺乏规范的秩序和健全的规则体系，社会风险防范及应急机制尚未健全。这是我国社会风险产生的重要制度因素。”② 在这个重大变革的历史时期，许多原来的规则已不适用，而能够同市场经济和现代民主政治相适应的新规则体系短期内难以建立和完善，容易导致社会失衡，各类社会不安全因素骤增。另外，在制度转轨期，社会风险预警、防范及处置机制的建立也相对滞后。风险监测和防控体系的缺失、风险应对与缓冲手段的欠科学、社会保障制度的不完善，导致抵御风险的能力下降，进而加剧诱发各类社会风险。

未来相当长一段时间内，中国的劳动力市场将处于供大于求的状态；农村的群体性事件在数量、规模和对抗性程度方面都在增长；金融体系缺乏引导资本顺利流向生产领域的推动能力和监管功能，企业经营环境恶化，国有企业的不良贷款拖累了银行系统的改革进程，金融风险加大；贫富差距已越过国际预警的“红线”，直接结果是社会安全特别是公共安全将受到极大伤害；水污染、大气污染、土壤侵蚀和水资源短缺等严重的环境问题，已经严重影响人们的健康并限制了经济增长。此外，需求结构不合理、产业结构矛盾加重、生产消费价格不协调等经济和社会内部的结构性问题、国内治理危机问题、信用缺位问题等，也增加了中国社会的风险性因素。

利益调整、观念转变、结构转型和体制转轨的同步启动，导致转型期的中国社会存在着一种“风险并发症”：“社会面临的风险除了体制转轨、信息的流动和控制、风险共担机制被削弱外，还面临风险转移以及社会整合难度

---

① 刘庆珍：《转型期的社会风险及防范机制》，《大连海事大学学报（社会科学版）》2007 年第 1 期。

② 李忠、张涤新：《转型期社会风险问题探析》，《贵州社会科学》2009 年第 1 期。

加大这一现实，由此使得社会的紧张性得以蓄积。”① 各种矛盾集中释放，许多问题交织在一起，严峻的风险日益凸显并呈加速扩散的趋势，各种信号表明中国已经进入了风险的高发期和社会的阵痛期。对于政府管理者而言，抵御风险能力的强弱是衡量执政能力的重要指标。“社会生态的变化反过来对执政党传统的合法性、渗透力、凝聚力、控制力等提出挑战，给政党建设带来新的压力。”② 执政者能否经受住转型期执政生态的巨大考验，对各种风险保持高度的政治敏感和忧患意识，积极科学应对社会的复杂局面，成为事关党、国家和民族命运的重大问题。

三、频发的重大突发性事件挑战执政安全

在哈贝马斯和鲍曼看来，危机是每一时代、族群及其文明与发展中必然的伴随之物，是人类社会的常态。“在危机中”已经成为今日人类生存的基本调性，和谐、发展的力量与危机、破坏的力量相互博弈，共同建构了历史、文明和我们自己。中国社会的现实状态即是明证：当前是中国社会的矛盾凸显期，又是风险激增的敏感时期。社会风险一旦激化，就会裂变、演化为一系列重大突发性事件，这些事件具有高度的不确定性和强大的威胁力，要求人们必须在短时间内进行紧急回应和做出关键性决策。在现代危机属性的基础上，重大突发性事件以前所未有的速度和规模扩散到整个社会，迅即成为社会的公共话语。近十年来，中国社会重大突发性事件频发，其影响的人数快速增长，波及的范围不断扩大，呈现出“风险社会”的趋势。三位学者撰文警告，当前中国社会面临“世界上最大规模的经济结构调整；世界上最大规模的下岗洪水和失业洪水；世界上最显著的城乡差距和地区差距；世界上基尼系数增长最快的国家之一；世界上最严重的腐败及其最大的经济损失；世界最大范围的生态环境破坏”③。

根据风险和危机产生的原因，重大突发性事件可分为五类：第一，由

---

① 谢进川：《传媒治理论：社会风险治理视角下的传媒功能研究》，中国传媒大学出版社 2009 年，第 9 页。

② 王颖：《党的执政能力建设的社会生态分析》，《当代世界与社会主义》2005 年第 4 期。

③ 王绍光、胡鞍钢、丁元竹：《经济繁荣背后的社会不稳定》，《战略与管理》2002 年第 3 期。

于不可抗因素造成的自然灾害，如洪水、台风、干旱、地震等；第二，由于人为因素造成的重大生产事故，如矿难、井喷、飞机失事、大桥垮塌等；第三，由于人为破坏造成的社会动荡，如恐怖袭击、投毒、恶性刑事案件等；第四，公共卫生事件，如集体中毒、疾病流行等；第五，由于意识形态、宗教、民族或国家之间的矛盾导致的武装冲突或者战争的危机，如中国的台海危机、伊拉克战争、俄罗斯车臣危机等。[①]《中华人民共和国突发事件应对法》将突发事件界定为“突然发生，造成或者可能造成严重社会危害，需要采取应急处置措施予以应对的自然灾害、事故灾难、公共卫生事件和社会安全事件”。

当前中国面临的不和谐因素和风险的主要表现[②]

类型	引致因素	一般冲突表现形式
生态灾难型	环境破坏、疾病传播、各种自然突发事件	环境污染、自然灾害、突发性重大公共卫生和公共交通事件
利益失衡型	经济发展的不均衡、社会保障制度上的缺失	罢工、集体上访、静坐、示威游行、集会
权力异化型	政府权能体系中的失效，如腐败、司法权的不完善	集体上访、示威游行、暴力抗法、刑事案件
意识冲突型	意识形态领域中出现异化形成的冲突，如宗教、民族	大规模群体冲突、妨碍公务、刑事案件
国际关系型	与中国在国际格局中的发展有关	国家间的紧张局势、经济制裁甚至局部战争

突发性大型公共危机事件[③]

范围	危机事件种类
全国或跨地区的	自然灾害，食品、水、空气污染，传染病爆发，化学或其他有毒物质泄漏，放射物泄漏，由无法认定的传播源引发
有可能传入中国的	大规模的环境污染，由战争引发

① 赵士林：《突发事件与媒体报道》，复旦大学出版社 2006 年，第 32 页。

② 薛澜、张强、钟开斌：《危机管理——转型期中国面临的挑战》，清华大学出版社 2003 年，第 17 页。

③ 史安斌：《危机传播与新闻发布》，南方日报出版社 2004 年，第 6 页。

续表

特定区域内的	实验室事故，人质劫持，爆炸，人员突然死亡（如暗杀），火灾，炸弹恐吓
恐怖主义有关的	使用组织性暴力，使用生化武器

中国幅员辽阔、地形多变、气候复杂，是世界上自然灾害种类最多且频发的国家之一。几乎所有的自然灾害，如洪灾、旱灾、地震、台风、雪灾、山体滑坡、泥石流、病虫害、森林火灾等，在中国均发生频繁。中国有70%以上的城市分布在自然灾害频发的地区，直接经济损失高达国家财政收入的1/4～1/6。从2006年开始，中国的重大自然灾害事件进入了集中爆发的阶段。

自然力造成的“天灾”不断，人为活动失当或由人为因素引起的“人祸”也不容小觑。事故灾难事件往往是“人祸”中的“致命杀手”。根据中国安全生产监督管理总局的年度统计数据显示，从2001年至今，每年均有超过8万人在各类事故中丧生。

公共卫生事件是指已经发生或者可能发生的、对公众健康造成或者可能造成重大损失的事件。主要包括重大传染病疫情，群体性不明原因疾病，重大食物和职业中毒，动物疫情，以及其他严重影响公众健康和生命安全的事件。重大传染病是公共安全事件的风险之王。除了各类传染病带来的巨大风险以外，食品安全问题也警钟长鸣。近十年来，食品安全事件接连发生，使得人人自危。全国“两会”也聚焦食品安全问题，甚至为此专门成立了国务院食品安全委员会。

重大社会安全事件一般包括重大刑事案件、重特大火灾事件、恐怖袭击事件、涉外突发事件、金融安全事件、规模较大的群体性事件、民族宗教突发群体事件、学校安全事件以及其他社会影响严重的突发性社会安全事件。按其性质、可控性、严重程度和影响范围等因素，一般分为四级：一般、较大、重大、特别重大。2016年，我国重大社会安全事件频发，网络舆论热点层出不穷。

“这些此起彼伏、剧烈冲撞社会想象的偶然事件能够被理解为特定时空语境下的整体叙事。这样的理解并不困难，因为它们拥有一个共同的名字：危机。”[①] 具有一定规模和影响的突发性事件，作为社会动乱的导火索，挑战着执政安全。“从政治系统论的角度，中国共产党的执政安全体现为三层含义：第一，中国共产党的执政生态系统是一个和谐、协调、可持续的开放系统；第二，系统存在通畅的反馈回路，外部环境对系统的干扰引起的响应最终会衰减到零；第三，系统具有良好的自我修复和自动平衡功能。”[②] 执政安全首先要维持一个和谐、协调、可持续的执政生态系统，这个系统必须具有扩容、整合、升级的功能，目的是使系统成为一个联系紧密的整体，以提高系统的总体效率。在重大突发公共事件频发的非常态时期，如何快速反应、危机公关来维护执政安全是对中国政府管理者的巨大考验。

综上所述，风险的中心目标浓缩了多种焦虑。这个时代政府管理者焦虑的中心在于风险社会背景下的执政生态。全媒体时代舆论的爆炸力增加了执政难度，转型期脆弱的社会结构考验着执政能力，频发的重大突发性事件挑战着执政安全。“多层次、多因素、纵横交错的复杂执政生态环境，时刻影响着我党的执政行为，有些执政生态环境因素的改变甚至对我党的执政行为产生决定性影响。”[③] 党的十八大报告指出，要牢牢把握加强党的执政能力建设、先进性和纯洁性建设这条主线，充分体现了“生态执政”的思想。依照生态系统和谐的原理与状态来确立和践行执政理念、策略与思维方式，就要把抗干扰能力、应对突发事件的能力和驾驭复杂局面的能力纳入衡量执政能力的指标体系，这是风险社会环境中的执政新要求。

---

① 胡百精：《危机传播管理——流派、范式与路径》，中国人民大学出版社 2009 年，第 2 页。

② 车辚：《中国共产党的执政生态与执政安全》，《中共四川省委党校学报》2006 年第 4 期。

③ 梁庆周、陈元中：《党的执政生态论略》，《理论探索》2006 年第 5 期。

第二章　风险社会的执政新视点：“媒介话语风险”

人类大多数的信息传播行为，从普通的到缜密的，都由复杂的话语组成。媒介话语的介入使今天的社会生态变成了一个充满歧义纷争、风险与不确定性相互缠绕的变动不居、扑朔迷离的世界。“我们始终生活在一个‘一触即发’的形势当中，无论做什么，我们要承担风险，我们的决定在某些方面可能会更好或更糟，但要考虑到所有方面，我们的决定就不可能完美无瑕或最好。”① 对于风险社会的执政者而言，话语风险属于关键视点。话语危机引发了问题化的氛围。在这个意义上，风险社会同时也是媒体社会和信息社会。无论是从全球视野还是中国语境出发，“话语风险”尤其是“媒介话语风险”作为相当重大的政治社会问题日益凸显出来。本章以媒介话语本身的风险性为研究起点，主要分析媒介话语在风险社会中的具体特征和症候，并在此基础上提出“媒介话语风险”的核心概念。

第一节　“媒介话语”为中心的风险议题凸显

风险社会的议题越来越突出一个中心——“媒介话语”。媒介话语是经过现代媒介形式进行传播和言说的表达方式，也就是说呈现于现代媒介的一切话语表达都是媒介的话语。媒介话语风险的动力机制是多维的，是多种力量

---

① ［英］齐格蒙特·鲍曼：《寻找政治》，洪涛、周顺、郭台辉译，上海人民出版社 2006 年，第 138 页。

作用的结果。首先，话语自身表意的先天性缺陷制造了风险；其次，媒介定义风险与传播风险的双重机制放大了风险；再者，编码、解码和二次编码的过程再生了风险。媒介话语就是一个风险的永动机，无时无刻生产和传递着各种风险因素。在媒介话语生成、扩散和接收的流程中，这些风险因子循环作用，使媒介话语带来的风险不断地被议题化，最终酿造了“媒介话语风险”的全社会焦点问题。

一、话语制造风险：表意的先天性缺陷

话语有两个功能：一是对事物的辨识和标记作用；二是作为“意”的阐发和交流的工具。本韦尼斯特说，“表意是‘一切的基础’，是语言最深的核心。”① 意图和目的是话语的动力和指向，它们在话语活动中具有统帅作用，脱离了意图和动机的话语就等于失去了灵魂，失去了存在的价值。现实生活中，“语言并不是千篇一律的（不是从字典中查来的），而是为自己的个人目的服务的、有意图的、目标导向的使用”②。然而，话语的表意功能具有先天性的缺陷和局限，被誉为“现代语言学之父”的索绪尔就曾指出：“在任何人的脑子里，语言都是不完备的。”③ 话语可以成就一个人，亦可以毁灭一个人。“语言的局限性问题可以说自语言产生之时便存在了。人们在借助语言表达情感、阐发事理、交流思想、传递信息时，便不断地感叹语言的‘不能’和‘缺憾’。”④

话语总是有偏向的，这注定了话语与所要表述的事物之间总是存在着误差。所谓“道不可言、言不尽意、意不称物”就是对话语表意缺陷的具体诠释。道家创始人老子在宣扬和追求作为道家思想体系最高范畴的“道”时认为：“道可道，非常道；名可名，非常名。”庄子在《庄子·秋水篇》中明确地提出：“可以言论者，物之粗也，可以意致者，物之精也。言之所不能论，

---

① Benveniste，*PLG Ⅱ*.，Gallimard，1974，p. 229.

② ［美］J. 瓦西纳：《文化和人类发展》，孙晓玲、罗萌等译，华东师范大学出版社 2007 年，第 65 页。

③ ［瑞士］费尔迪南·德·索绪尔：《普通语言学教程》，高名凯译，商务印书馆 1980 年，第 35 页。

④ 索燕华、纪秀生：《传播语言学》，北京师范大学出版社 2010 年，第 103 页。

意之所不能察致者，不期精粗焉。”何晏在注解《论语》时写道：“知者，知意之知也。知者，言未必尽，今我之诚尽。”意思是说，知是知意，而意是言不必定可以尽的。王弼在《老子指略》里也说：“名必有所分，称必有所指，有分则有不兼，有由则有不尽。”20 世纪的哲学家罗素指出：“语言虽然是一个有用甚至是不可缺少的工具，却也是一个危险的工具，因为语言从暗示物体具有一种确定、分立和看来好像具有永久的性质开始的，但是物理学却似乎表明物体并不具备这些性质。因此哲学家就面对着使用语言来消除语言所暗示的错误信息的困难任务。”①

美籍波兰裔哲学家柯日布斯基提出了语言“两极抽象”的理论。他认为，人们要表述事物就必须对“实在”进行两极抽象：前语言抽象和语言抽象。所谓前语言抽象，就是思维在认识过程中对“实在”的抽象。他认为，由于“实在”是错综复杂、变动不居、没有任何质的规定性的，因而人们要认识事物就必须把该事物从“实在”的错综联系中割取出来，从瞬息万变中固定下来，使无限变为有限，使变动变成僵死，使无质变成有质。这是对“实在”进行了割裂和歪曲。所谓语言抽象，就是人们在语言表述过程中的抽象。他认为，人们在表述事物时必须运用概念、判断、推理等符号和逻辑推理，而这是对“实在”的进一步割裂和歪曲。② 普通语义学家们认为，思维的抽象不是认识对“实在”的深化，而是对它的歪曲，因而思维的抽象程度愈高，认识对“实在”的歪曲就愈大，语言带给人类的危险性也就愈甚。用柯日布斯基的话说，“一物无论说它是什么，它都不是。”

现实是不断变化、不停运动的，与此形成鲜明对照的是，人们用以表述现实的话语总是相对静止，凝固不动的。现实是丰富多彩、复杂深刻的，较之无限的现实，话语十分有限，永远无法揭示事物的全貌。现实是具体生动、客观形象的，而与之相反，人们在使用话语时总是从客观实际的某个角度或层面加以概括、选取或抽绎，是对具体实际进行的一种舍弃细节、提取特征的抽象。总之，“由于语言是静止的、有限的、抽象的，而客观实际则是运动

① ［英］罗素：《人类的知识——其范围与限度》，商务印书馆 1983 年，第 75 页。
② 索燕华、纪秀生：《传播语言学》，北京师范大学出版社 2010 年，第 96～97 页。

的、无限的、具体的，因而语言在认识现实、反映现实上便存在着很大局限性”①。

所有的话语都是缺憾不全的，这是由语言的线条性、概括性和有限性所决定的。语言就像一块“型板”，迫使被陈述的事物按照自己的式样变成一种线性的序列。语言符号只能一个跟着一个依次出现，在一个向度上绵延，不能在多维的空间铺展。“语言不能传达非语言的经验。由于它是互相衔接的、直线的，语言不能表达同时发生的经验；由于它是各自独立、可以分割的单位组成的，语言不能显示不间断的生活流。”② 话语是一个抽象的、概括性的符号系统。正因为这种概括性，人们才可能运用它来把握现实世界；同时，也正因为话语有概括性，才使它在表达现象与事物的特殊性与个别性时，暴露了一定的局限性。正如美国心理语言学家奥斯古德所说，语言就像一座冰山，语言符号中显而易见的东西仅仅就像露出水面的冰山的十二分之一，其他十二分之十一往往是隐含的。③ 语言所指称的事物不但在数量上少于现实中实际存在的事物，而且它作为抽象、概括的符号并不能提供出事物的具体形貌。“概括性的语言，就像一张巨大但又稀疏的网，它经纬有序地网络了整个世界，但同时也遗漏了许多旨趣和意蕴。”④ 在这个意义上讲，话语总要留下言不尽意的痕迹。人类的思维是极其复杂的，单靠语言是无法进行的，甚至有时并不需要语言的参与。美国心理学家克雷奇等人在《心理学纲要》中提到：“对于这些现象，常规的语言只是一种迟钝的工具”⑤，“语言只能为很少几种思维成分赋予形状。至于思维中的其他一些成分，则必须借助于另外一些媒介的意象”⑥。

可见，话语从总体上看是落后于现实的。从话语自身的角度看，它作为

---

① 索燕华、纪秀生：《传播语言学》，北京师范大学出版社 2010 年，第 101 页。

② ［美］乔治·布鲁斯东：《从小说到电影》，高骏千译，中国电影出版社 1982 年，第 66 页。

③ 纪秀生：《关于人类语言局限性问题的思考》，《吉林大学社会科学学报》2003 年第 1 期。

④ 索燕华、纪秀生：《传播语言学》，北京师范大学出版社 2010 年，第 108 页。

⑤ ［美］克雷奇、克拉奇菲尔德、利维森：《心理学纲要》，周先庚、林传鼎、张述祖译，文化教育出版社 1980 年，第 498 页。

⑥ ［美］鲁道夫·阿恩海姆：《视觉思维——审美直觉心理学》，滕守尧译，光明日报出版社 1986 年，第 352 页。

人类的交际工具和思维工具，有“缺手”和“不能”的一面，只想单凭话语来实现与五彩缤纷的大千世界的完全对话，是根本不可能的。话语自身表意的局限性制造了话语风险，风险成为话语的伴随物。只要开始说话，风险就不可避免地产生了。

二、媒介放大风险：呈现、定义与传播风险

在对风险社会的观察与思考中，贝克肯定了传媒在风险社会中的积极功能，他认为：“对已经确定的风险的定义就像是一支魔棒，在一个对自身造成威胁的迟钝的社会，它可以激活政治中心。”① 吉登斯也强调风险社会的到来加深了对提供信息和解释信息的符号系统的依赖程度：“相互交流的媒介，它能将信息传递开来，用不着考虑任何特定场景下处理这些信息的个人或团体的特殊品质。”② 话语风险是有生产能力的，它不只被简单地复制，而总在不停地修饰变化和自我生成。而媒体的协助会推波助澜地加强话语风险的再生性和复杂性。“这是一个正在电子媒介的影响之下进行结构重组的世界。电子媒介在日常生活中日益增长的渗透性（工业化社会中尤其如此），已经对‘风险’的性质、社会条件以及由其产生的各种制度带来了一系列转型性的后果。”③ 传媒在促进受众的风险认知与社会的风险沟通的同时，也可能成为已有风险的动力和新风险的源头。“媒体会提供风险的感受并因此而卷入对风险的生产、操纵、协商和置换。”④ 因此，要理解风险，必须把目光投向使该风险得以反映、生成并迅速扩散的媒介。媒介对话语风险的影响有两个重要方面：一是媒体作为风险呈现机制和风险定义机制发挥的直接作用；二是媒体作为风险信息的传递机制发挥的间接作用。

高度不确定性的风险有赖于媒介的呈现。风险本质上具有新闻价值，媒体具象化的功能使潜隐的风险变得可见。在一个媒介化的社会，媒介沟通了

---

① ［德］乌尔里奇·贝克：《风险社会再思考》，郗卫东译，《马克思主义与现实》2002年第4期。

② ［英］安东尼·吉登斯：《现代性的后果》，田禾译，译林出版社2000年，第19页。

③ ［英］芭芭拉·亚当、［德］乌尔里希·贝克、［英］约斯特·房龙：《风险社会及其超越——社会理论的关键议题》，赵延东、马缨等译，北京出版社2005年，第249页。

④ 同上，第37页。

公众中的风险焦虑与社会结构中的公共议题。“媒体透过各种形式传达出来的许多讯息，显然导向引发焦虑的主题。其中一项特别主题，就是指出在平凡的日常生活中所隐藏的风险。媒体解释，这是提供服务给大众，让大家注意这些危险，不然不会有人知道危机的存在。”① 具体来说，媒体以风险报道警告大众，它对风险的呈现包括了一系列的内容：首先，报道对于大众造成的风险是有科学依据的；其次，潜在风险应具有一定的规模，有令大众震惊的地方；第三，风险报道能与大众现在的焦虑发生共鸣，至少至今人们仍不了解这种风险；第四，风险报道提供一个方向，揭露和风险有关的事件，且风险的后果会打断事件正常的流动；第五，风险报道包含具有争议性的元素。在这个过程中，媒体不仅需要辨识风险，更为重要的是能够提供有关风险的科学证实材料，并建立风险与日常生活的关联。风险之所以进入人们的视野，很大程度上归功于媒介，是风险的媒介化使风险“实体化”了，隐而不见的风险变得昭然若揭。

媒介通过呈现机制使风险“显态化”，通过风险的定义机制生成了新的风险。“大众传媒是一种制造风险的技术。”② 从这个意义上讲，媒体不单单呈现社会事实意义上的风险，更扮演了一种构成式的角色。媒介定义了风险，生产出话语风险的公众关注模式。媒体的风险建构，往往具有强大的符号力量，其影响甚至不小于风险本身。通过选择报道对象和报道内容，媒介建立了主导性的风险定义，并安排了公共领域的议题。而这诸多议题都具有情绪性与争议性特征，极易激发人们的想象力。“当媒体对风险议题的报道越来越多之后，公众也通过大众传媒参与风险的话语建构。”③ 媒体的“风险预言”和受众的“风险想象”叠加起来，凸现并强化了风险本身。媒介的话语对大众的狂躁症起到了煽风点火的作用，发展到一定阶段，就可能使弥漫的恐惧感变成了“恐慌潮”。“大众传媒制造并维持了恐惧风险的社会，而这种恐惧意识

---

① ［英］大卫·丹尼：《面对风险社会》，吕奕欣、郑佩岚译，韦伯文化国际出版有限公司 2009 年，第 117 页。

② ［英］芭芭拉·亚当、［德］乌尔里希·贝克、［英］约斯特·房龙：《风险社会及其超越——社会理论的关键议题》，赵延东、马缨等译，北京出版社 2005 年，第 28 页。

③ 张学标：《风险社会的媒体风险建构》，新疆生产建设兵团出版社 2007 年，第 93 页。

会主导社会。"[①] 媒体作为风险定义机制的主体，提供了一套风险话语，建构了社会的风险景观，媒体"成为我们认知风险现象的现实框架之一，影响我们如何观看、思考、诠释和处理所接收的各种风险信息"[②]。

媒介在某些情况下定义和建构了风险，同时也在某些情况下传递和扩散了风险。媒介通过风险信息的传递机制，进一步放大了风险。"媒介的发展延伸到全球的沟通，即使是在遥远之处发生的事，也会渗透到私人生活中。"[③]尤其是新媒介技术突破了地域疆界，信息以惊人的速度和数量环绕着世界飞驰，穿越像毛细血管一般的结构，涌向社会的每一个角落。"时间与空间的分离，可能造成全球化的场景与地方生活之间，产生新的联系，然而这种新联系，却可能以会引起焦虑的方式呈现出来。"[④] 风险具有牵连性、扩散性以及全球化特征，能像原子核裂变一样迅速扩张开来，导致"多米诺骨牌效应"。"这种牵连性主要表现在三个方面：同质牵连，是指与该风险具有相同和类似品质的人、事或者产品受到牵连；因果牵连，是指某一种风险导致相关风险的爆发；扩散牵连，是指由于风险造成的心理恐慌使得人们把风险人为扩大到那些根本不存在风险的领域。"[⑤] 趋于无限的风险传播渠道和传播规模，对人们的认知、生活、交往都将产生真实的影响，甚至影响到种种关于风险的决策，而带来重要的社会文化后果。

三、编码、解码和二次编码再生风险

传统的传播学理论认为，传播是一种信息从发送者直接到接收者的线性运动，而未考虑到信息在流通过程中可能会出现的各种干扰。斯图亚特·霍尔对传统的大众传播学模式进行了批判，他提出，应将信息的传播和接收过

---

① ［英］大卫·丹尼：《面对风险社会》，吕奕欣、郑佩岚译，韦伯文化国际出版有限公司 2009 年，第 107 页。

② 张学标：《风险社会的媒体风险建构》，新疆生产建设兵团出版社 2007 年，第 150 页。

③ ［英］大卫·丹尼：《面对风险社会》，吕奕欣、郑佩岚译，韦伯文化国际出版有限公司 2009 年，第 125 页。

④ 同上。

⑤ 郭小平、秦志希：《风险传播的悖论——论"风险社会"视域下的新闻报道》，《江淮论坛》2006 年第 2 期。

程，置于一个“主导的复杂结构”来思考，这个“主导的复杂结构”是政治经济学意义上的，指的就是传播中相连而各异的诸多环节，即“生产、流通、分配、消费、再生产”，它们“在一种话语的语义链范围之内通过符码的动作而组织起来”。霍尔认为，事物本身并没有意义，而是存在这么一些表征系统，通过概念和符号构成了意义。意义生产依靠于诠释的实践，而诠释又靠我们积极使用符码——编码，将事物编入符码——以及靠另一端的人们对意义进行翻译或解码来维持。[①]

第一阶段是“编码”，即话语意义的生产。在编码阶段，主体对原材料有选择和加工，而选择什么、加工成什么样子，与加工者自身的知识结构以及生产关系、技术条件等主客观因素有直接关系。这一阶段占主导地位的是加工者对世界的看法，如世界观、意识形态等。这一阶段的关键因素是代码，它是解读符号和话语之前预设的，已经存在于加工者脑海之中的代码系统。第二阶段是“成品”，即话语意义的呈现。意义被注入话语后，占主导地位的便是赋予意义的语言和话语规则。现实存在于语言之外，但又不断地由语言或通过语言来表达，所以符号的意义跟所给事实不一定符合，这就是话语文本的多义性。第三阶段是“解码”，即话语意义的接收。这个阶段占据主导地位的仍然是对世界的一系列看法，如解码者的世界观和意识形态等。不同的是，解码者面对的已经不是社会的原始事件，而是加工过的“译本”。

霍尔在《编码，解码》中提出了三种话语解码方法：“第一个假想的地位是主导—霸权的地位。比如说，电视观众直接从电视新闻广播或者时事节目中获取内涵的意义，并根据用以将信息编码的参照符码把信息解码时，我们可以说电视观众是在主导符码范围内进行操作。”[②] 这种方法包含一种霸权的话语实践模式，也就是一种作为表达的话语实践观。然而，民众对政府管理者的话语编码并不像“枪弹论”所说的那样不假思索地全盘接受。这种模式往往被以下的模式所取代。“我们将要确定的第二个地位是协调的符码或者地位。……协调符码通过我们可称之为具体的或者定位的逻辑运作，而这些逻

---

① Stuart Hall, ed., *Representation: Cultural Representations and Signifying Practices*, London: SAGE Publications, 2002, p. 62.

② 罗钢、刘象愚：《文化研究读本》，中国社会科学出版社2000年，第356页。

辑通过它们与各种话语及权力逻辑的有差别的、不平等的关系得以维持。”①这种方法一方面承认主导符码的合法性，另一方面又试图保留自己的特殊规则，即“要求相互作用方进行协商（协商总是含蓄的），而话语要素要在协商中得到利用”②。第三种是采用对抗符码进行解码。它以一种全然相反的方式去解码信息，这时意义的政治策略——话语的斗争——加入了进来。“对抗式解读是一种‘意义抗争’的力量”③，导致的是“编码者的传播意图被颠覆”④。在这三种话语实践模式中，对抗是最激进的一种，它的颠覆态势，无论如何是不容低估的。媒介话语资源的稀缺性会导致话语冲突和斗争，而话语的相互博弈本身就是风险的再生动力。

信息在流通过程中是以符号为载体形式传播意义，这一过程既有赖于技术和物质工具，也取决于信息发送者和接收者各自的文化关系、社会背景和地位利益。“编码和解码的符码之间对称的程度——即在传播交流中‘理解’和‘误解’——依赖于‘人格化’、编码者—生产者，以及解码者—接收者所处的位置之间建立的对称/不对称（对等关系）的程度。”⑤ 编码和解码在过程上并不是同一的，它们的符码并不完全对等，这主要取决于传播者与接收者之间关系与地位的结构性差异，所谓“扭曲”和“误解”恰恰因传播交流的双方缺乏对等性而产生。在同一语言系统下，符号传播的过程是一个编码、解码的系统，即从意义到符号，再从符号到意义的二次转换。编码和解码的符码差距形成了第一层再生风险，给媒介话语的发出者和接收者之间构造了话语误解的风险。

媒介话语的再生风险还有另一个滋生处——二次编码。接收者在完成对媒介话语的解码过程之后，还会进行再编码。这里的“二次编码”是指对一次编码的重新诠释和积极反馈。也就是说，媒介话语的交互性模糊了传者和受众的界限，受众不仅以解码者而且也同时以二次编码者的身份出现。这样

① 罗钢、刘象愚：《文化研究读本》，中国社会科学出版社2000年，第358页。
② ［英］诺曼·费尔克拉夫：《话语与社会变迁》，殷晓蓉译，华夏出版社2003年，第207页。
③ 罗钢、刘象愚：《文化研究读本》，中国社会科学出版社2000年，第358页。
④ 明铭：《一个诠释性典范：霍尔模式》，《新闻与传播研究》2002年第2期。
⑤ 同上。

的后果是，增加了媒介话语风险的复杂性：话语的误差在经历了第一次编码—解码过程后，又在解码—再编码的过程中再生，甚至更进一步地，在再编码—再解码的过程中扩大。如此循环下去，只要存在话语主体的转换和话语思想的对接，风险就始终存在。

总之，从语言学视角来考察媒介话语在风险社会中的风险作用机制，体现了媒介话语风险的概念实质。媒介话语风险就是话语风险与媒介风险的交叉混合物，这里包含了话语自身制造风险的本性，话语通过媒介渠道的风险加剧、扩散和演进效果，以及在双向传播过程中媒介话语风险议题的聚合、生产和显现。然而，要深刻把握、诊断并评估风险社会的媒介话语风险，微观的纯粹语言学研究远远不够，因此下文将主要从宏观的社会学角度来探讨风险社会媒介话语的结构性特征。

第二节　风险社会媒介话语的结构特征

媒介话语本身是多面的、纷繁的、复杂的，而“某一社会现象的话语建构过程本身也存在着多种不同的可能性”[①]，这使话语处于风险的中心，具有难以规避的风险特征和风险因素。随着时间的发展，可能性会变成必然性，现实性会变成可能性。此种不确定性和突发性，使媒介话语与风险组结在一起，成为风险社会的内在组成部分。在探究话语风险来源时，除了在话语外部寻找动因，更应从话语内部剖析缘由。“话语总是具体的语言生活事实，有具体的说话者和对象，具体的话题和表述形态，具体的语境。”[②] 下文仅从话语主体、话语类型和话语价值的显著变化来揭示风险社会媒介话语的结构特征。

一、话语主体下移：大众话语的地位突出

一个完整的话语活动流程必然包含四大因素：话语主体、话语文本、话

---

① 谢立中：《走向多元话语分析——后现代思潮的社会学意涵》，中国人民大学出版社 2009 年，第 110 页。

② 施旭：《文化话语研究——探索中国的理论、方法与问题》，北京大学出版社 2010 年，第 5 页。

语沟通、话语语境。其中，主体一度被认为是话语王国的国王，它掌管和操纵着话语的命运。主体凌驾于话语之上，话语是主体的表述、工具、手段，主体可以随意选择、运用、支配和宰割话语，话语的形态、面貌、节奏、韵律首先都有赖于主体的分类、挑选和清理。主体的印记被刻写在话语之内，成为话语活动的重要节点。风险社会话语主体的利益诉求和力量博弈，影响着媒介话语的内容和调性。著名学者谢立中在国内率先提出多元话语分析的观点，其原因与话语主体的时代变革不无关系。他说："在同一个社会历史情境条件下，处于不同话语系统下的人们，对于自身所处的社会历史情境可能会有不同的感受、理解和言说，因而也就可能会提出不同的问题，制定出一些不同的实践方略或行动方案，从而将社会实践导向不同的方向，建构出不同的社会现实。"①

过去传统媒体称霸天下的很长一段时期，国内外媒介话语的主体多为政府和专家，"国家叙事"和"专家叙事"居于强势地位。政治语汇一家独大，精英话语则充斥着文艺腔，民间的声音往往只能作为小道消息口耳相传。话语的呈现由媒介主导，话语主体和对象皆由媒体选择，受众很少有话语权。但丁曾认为这种精英言说方式在某种程度上是一种"行业黑话"。自 20 世纪 70 年代末起，封闭、僵化、板结的革命话语开始开放、松动和裂变。20 世纪 90 年代，改革开放带来了思想解放和个体意识的觉醒，社会话语开始大规模裂变，民间话语日渐喧嚣。1994 年 4 月 20 日，中国连入因特网的 64K 国际专线开通，实现了与 Internct 的全功能连接，被国际上正式承认为真正拥有全功能 Internet 的国家。这大大加速了话语主体从专业传播者向一般网络使用者的转移。网络媒体几乎未对任何人设置进入门槛或资格限制，创造了前所未有的话语空间，形成了网络话语特殊的民主文化。此后，网络论坛、个人博客、微博客相继崛起，网络语言的生成、话语方式的演进以及话语权力格局的变迁，经历了一个从稀少到普及、从局部到全面、从特权到平权的过程。

① 谢立中：《走向多元话语分析——后现代思潮的社会学意涵》，中国人民大学出版社 2009 年，第 297 页。

所谓“下移”，就是更加突出大众的话语主体地位。大众日常话语来自民众本身，是他们感情和生活经验模式的自然表达。长期以来大众日常话语备受压抑，造成了新传播格局下的强劲反弹。网络媒体的出现，使媒介已不再纯粹是传者，从某种程度上说，媒介就是最大的受众。媒介的目标受众群是社会民众，终极“卖点”总是大众需求。也可以说，大众日常话语正是网络时代激情释放的表征。新媒体的兴起极大地改变了全社会的语言生态、话语权格局以及话语模式。随之而来的，是话语霸权的没落，迎来了一个话语权日益平均、观点和表达方式日益多元、自由言说已呈不可逆转之势的新时代。在传与受平权的今天，“话语主体构成发生了很大变化，逐步打破了长期处于主导地位的言论职业传播传统，在事实上突破着传统媒介言论话语主体的框限。”① 话语主体的下移是媒介话语结构的一大变化。

二、话语类型分化：细分的媒介话语体系

话语概念的不断丰富和扩展已成为一个具有历史性、文化性、发展性的概念系统。“大众媒介的话语从传播与言说所呈现出的表达类型上，有三种明显的话语类型，即新闻话语、服务话语和媒介话语。新闻话语，侧重于所发生事实过程的事态性信息的传播，体现出强烈的传播组织性特点。服务话语，是侧重于向受众提供生活类信息的告知性的传播，资讯传达的特征比较强。而媒介话语，侧重于大众个体生存体验式的多元认知情绪的传达，反映出媒介受众在现代传播条件下主动性的‘传者’意识。”②

媒介话语是变动不居的动力场，话语总是处于动态变化之中。随着需求细分化、定位专业化、传播精确化的媒介与社会变迁，媒介话语不仅在数量上实现了快速的增长，而且在类型上呈现日益分化的势态。话语的分类就似话语的定义一般，有多种立场、尺度、指向和范畴。从话语载体看，包括报刊话语、网络话语等；从话语属性看，媒介话语包括政治话语、服务话语等；从话语主体看，包括精英话语、大众话语等；从话语对象看，包括对内话语

---

① 刘学义：《话语权转移——转型时期媒体言论话语权实践的社会路径分析》，中国传媒大学出版社2008年，第111页。

② 杨效宏：《媒介话语：现代传播中的个体呈现》，四川大学出版社2007年，第29页。

和对外话语；从话语发展看，包括现代话语、史态话语等；从话语形态看，包括言语话语、身体话语等；从话语内容看，包括主权话语、危机话语等。

下文以东西方的话语为例进行讨论。东西方话语的区隔不仅是地域造成的话语类型分化，而且更是因为其话语主体、话语范畴、话语特质、话语议题等文化政治意义上的不同，瓦解了普适性的话语观。西方“二元对立”的认识论对应东方“辩证统一”的思维观；西方的“低语境”的话语状况对应东方“高语境”的话语空间；西方“个人主义”的生活态度对应东方“集体主义”的价值观念。西方话语是内生性的话语体系，而东方话语之间更多地存在关系型的话语张力。拿我们身边常见的本土化话语来说，中华话语具有“天人合一”的整体世界观与“辩证思维”的社会和谐观作为话语基础，具有“言不尽意”和“注重审美”的独特的话语意义生成和理解规则，具有“谦虚谨慎”和“崇尚权威”的独特的话语交际传统。比如，老子在《道德经》中提出：“道可道，非常道”，指出了言与意、言与道之间的矛盾：“道”是不可言说的，而话语又必须试图表达意义。①

话语的变化和更新，总是与人们同期关注的话语现象的流动为参照系。尤其是风险社会的媒介话语，其问题意识就更为突出。从话语内容的视角体察，目前以中国为代表的东方话语已主要分化为以下的类型：（1）发展话语：教育、就业、医疗、弱势群体、东西不平衡、新农村建设、城市化等；（2）行业话语：政治、经济、文化、技术等；（3）民族话语：民族经历、文化传承、民族情感、民族交流等；（4）危机话语：自然灾害事件、事故灾难事件、公共卫生事件、社会安全事件等；（5）外交话语：国际交往、对外交流与合作，等等。②

话语类型的分化，是最直接的风险地带。分化容易加剧隔阂、冲突和敌对，加速话语秩序的紊乱，甚至出现排斥、压制、诋毁相异话语的现象和问题。如何更好地认识自身的话语，如何让世界更好地理解本土的话语，是摆在政府管理者面前的一道难题。正因为“话语不仅是表现世界的实践，而且

① 曹顺庆：《中国古代文论话语》，巴蜀书社2001年。

② 施旭：《文化话语研究——探索中国的理论、方法与问题》，北京大学出版社2010年，第73页。

是在意义方面说明世界、组成世界、建构世界。话语有助于再造社会本身（社会身份、社会关系、知识体系和信仰体系），也有助于改变社会”[①]。因此，选择从哪个向度分析话语及话语风险的特征，都应保持一种话语的运动观和过程观。

三、话语价值多元：多维思想观念的共存

后现代主义思潮是西方后工业社会中全面反叛性的思潮，它一反传统文化的一元性、整体性、中心性、纵深性、必然性、明晰性、稳定性、超越性，标举多元性、碎片性、边缘性、平面性、随机性、模糊性、差异性和世俗性。后现代主义的本质可以用三句话来形容：世界是破碎的，历史是中断的，语言是游戏的。后现代主义者抛弃了关于现代性的各种“权威”“中心”“基础”“本质”“消解了所有法典的合法性”[②]。福柯坚决反对理性的中心地位，提倡“非理性的至上事业”；德里达反对言说中心主义，认为文字与言说是平等互补的关系；利奥塔则对知识的合法化和知识分子的中心地位进行批判，指出元话语与“伟大”的过时，宣告后现代是“凡人”的世界；班纳德将后现代主义界定为一种无目的的、无政府主义的、无定型的、兼容并包的、表现为“边际型结构”的思想倾向，其目的在于我行我素的“通俗性”。尽管后现代主义也有建设的和重构的一面，但它还是偏重于否定和摧毁。后现代主义思潮主张“去权威”“去中心”“拆结构”，主张变革和创新，其核心思想可归纳为承认并容忍异质的平等观，强调开放性和多元性。

后现代是一个告别了整体性、统一性的时代。“当今的时代已放弃了制定统一的、普遍适用的模式的努力，而这种模式所要求的恰恰是将世界的总体性和统一性用简单的术语和公式最终固定下来。新的范畴如开放性、多义性、无把握性、可能性、不可预见性，等等，已进入后现代的语言。”[③] 多元性是后现代一切知识领域和社会生活各方面的本质。这种多元性原则的直接结论

① ［英］诺曼·费尔克拉夫：《话语与社会变迁》，殷晓蓉译，华夏出版社 2003 年，第 60 页。

② Ihab Hassan, *The Postmodern Turn: Essays in Postmodern Theory and Culture*, The Ohio State University Press, 1987, p. 169.

③ 李银河：《福柯与性——解读福柯〈性史〉》，山东人民出版社 2001 年，第 33 页。

是：反对任何统一化的企图。后现代思维积极维护事物的多样性和丰富性，坚决反对任何试图将自己的选择强加于别人，使异己的事物屈服于自己意志的霸权野心，它尊重并承认各种关于社会构想、生活方式以及文化形态的选择。后现代主义带来了思想的自由表达与流动，人们思想活动的独立性、选择性、多变性、差异性明显增强。后现代思潮解构了旧有的价值体系与规范，维系语言结构、社会现实结构和知识结构的统一性的普遍逻辑已不再有效。但与此同时，新的价值体系与规范又难于立即建构起来，这种“价值颠覆”导致了价值追求、思想观念和意识形态的多样化。不同意识形态之间的争执与互斥、矛盾与冲突，构成了对主导意识形态核心地位的冲击和统帅功能的消解。“社会的多中心特征的呈现，使今天的社会成为一个选择性的社会。无限多样性的选择机会，大大强化了风险系数。”① 后现代主义以消解认识的明晰性、意义的清晰性、价值本体的终极性、真理的永恒性这一“游戏”态度为其认识论和本体论，放逐了一切具有深度的确定性，走向了不确定的平面。受后现代主义思潮的冲击，人类的精神世界产生了一种流浪意识，价值理想与生活世界若即若离。

“生活世界的异质和多样才是人类本真的生活样态。”②同质性、绝对性、工具性的思维方式，显然已经不适应异质化、多元化、易变化的时代特征。我们每一个人触摸这个世界的哪个部分和以哪种心情触摸世界都很偶然。这种随机和多元在共时态上表现为不同思想观念、价值体系的交相辉映，各种主义、理论和主张的纷繁芜杂。人类有能力根据自己选择的价值观念和生活方式去生活、去交往、去表达。价值观并非只是一种存在于政治学或哲学教科书上的理论形态，更多的是一种渗透进我们日常生活点点滴滴的文化形式。现代社会个体的角色定位正向复杂、灵活、多变、立体的趋势发展。在不同社会组织背景和日常生活情境中的个体有不同的角色定位，相应的便产生了不同的角色结构。由于每个个体和每种角色价值观的不同，媒介中不可避免地会出现代表主文化、亚文化和反文化的多元日常话语的共存。

---

① 许丽萍：《吉登斯生活政治范式研究》，人民出版社2008年，第18页。

② 同上，第65页。

主流话语代表主文化，是在媒介话语中居主导地位的社会普遍认同的并决定人们生活方式、行为模式和价值观的话语。在日常的话语事件中，主流话语的“扩音器”效应和传播规模优势，可以超越民族、血缘、语言、习惯、地域等方面的差异，消除人与人之间的分歧和隔阂，增强社会成员的归属感和向心力，从而促进社会共同体的团结和稳定。主流话语的主要功能在于设置议程、主动强调和典型示范。目前，日常媒介话语中的主流话语尚存在诸多问题：如思想僵化，固守陈规，内容虚化，表现形式居高临下，传播手段粗暴单一……这些都构成了主流话语的风险因素。面对这种情况，主流话语要保持传播力，就应在话语的内容、手段上都做出调整，努力以真实鲜活的日常生活事件和通俗易懂的日常话语方式拉近与大众的距离。

非主流话语包含亚文化和反文化，它在媒介话语中区别于占主导地位的主流话语，具有群体自我认同的明显特征，对主流话语构成补充、偏离或挑战。非主流话语的出现打破了主流话语一统天下的局面，但由于其多维性，更需要认真辨析、区别对待。代表亚文化的非主流话语，是主文化的合理补充和日常媒介话语的创新动力。这部分话语最接近广大民众的生活处境，吸取和借鉴这些话语价值取向中的合理、积极成分，能够在包容中实现认同，在包容中增进共识。然而不容忽视的是，亚文化本身具有导向主文化或反文化的双重可能性，这为日常媒介话语带来了不确定性的风险。代表反文化的非主流话语，在日常媒介话语中最具风险性，它可能形成对抗的价值观，甚至导致流言扩散。因此，应特别注意根据具体的历史语境和社会条件辨识这些话语反对的对象性质，并采取谨慎防范的态度。在时机成熟时，主流话语可联合代表亚文化的非主流话语，采取“消音”“渗透”“合围”等特殊策略，使某些反文化声音在大众传媒的管道中过滤、消减、沉寂。

风险社会中媒介话语的相互碰撞、冲突、博弈与选择，造就了价值多元的话语现象，这是话语风险的重要特性。而话语价值的这种多样化状态将长期存在，为人们提供日常生活的多重意义选择与生命价值的多重体验。用媒介话语建立价值观的内在链接，就是为了使社会成员的价值追求既保留个性特征又能与社会发展同向。只有跨价值观之间的对话和沟通，才能增进多元价值和多样性价值取向之间的相互理解、尊重和宽容。对于日常媒介话语而言，多元方能包容，包容方能和谐。反之，价值矛盾就会激化，引发话语冲突甚至社会变乱。

总之，媒介是各种话语的展览柜。政治权威、知识精英与社会大众的多元话语主体构成，话语载体、话语对象、话语形态、话语内容的多元话语类型组合，主文化、亚文化、反文化的多元话语价值取向，是媒介话语的三大风险特征。风险社会的媒介话语在话语主体、话语类型和话语价值三方面都具有显著变化，产生了风险社会特殊的媒介话语结构特征。大众话语的地位日益突出，媒介话语体系开始分化，多维价值观念共生共存，在一定程度上扩大了风险的影响力，加大了风险因素的复杂性，同时也增大了政府管理者认知话语风险的难度系数。

第三节　媒介话语风险的社会症候

媒介话语的风险因素有两个层面：第一，内在机理的层面，媒介本身是一种技术，媒介技术自身的风险会带来话语风险；第二，外在机理的层面，媒介又是中介和载体，经由媒介与社会的互动，媒介作用于政治、经济、文化等其他领域也会形成话语风险。“所有的话语都有着行为取向和建构性。”① 话语不仅是对现实的一种描述，而且能够反作用于它所处的社会环境，并产生一系列的实际后果。媒介话语的风险因素将整个社会推向了一个“失控的世界”，一种崭新的生活秩序和风险景观正在地平线上出现。

一、话语泛滥与价值缺失的风险

人类从远古时期的艰难求生起步，就开始了价值探索的历程。价值“是指个人和社会互为主客体时相互需要得到满足的性质和程度，社会价值观则反映了在个人和社会之间做价值判断与意义选择的准则尺度和倾向”②。在日常生活中，指导人们进行价值评判和选择的主要是价值观念，它着眼于“个

① ［英］乔纳森·波特、玛格丽特·韦斯雷尔：《话语和社会心理学——超越态度与行为》，肖文明、吴新利、张擘译，中国人民大学出版社2006年，第12页。

② 邹千江：《当前中国社会价值观的存在特点》，《社会科学辑刊》2005年第4期。

人一社会”之间的价值关系，具有相互的价值效用和价值意义。国家或民族长期生存发展的内在依据和思想基础来自核心价值观。核心价值观是社会中占统治地位的核心价值理念，是凝聚和团结社会成员的精神纽带和灵魂动力。核心价值观是在人类的历史生活经验中不断积淀并提炼出来的文明智慧，具有每一个民族独特的文化个性和社会特色。千百年来，中国社会历经沧桑坎坷和时代变革，无论在何种时代命运面前，华夏儿女始终在复杂的文化激荡中召唤、构建、升华着中国社会的核心价值与中华文化的血脉丹田。在这期间，中国社会的核心价值观既有过书写千年文明的气度与辉煌，也有过面对异质文明挑战时的反思和自省。

核心价值观是社会成员普遍接受的共同价值目标和价值准则，但它在全球化和现代化的进程中也受到了相当程度的影响。全球信息的自由流动与传播需求的不断嬗变，媒体技术的日益多元化、多样态与舆论格局的日益复杂化、多变化，为媒介话语的大众传播提供了新的媒介生态和现实语境。新媒体正加速建构并不断改变着社会价值观传播的全息景观。网络动员了政府、媒体和公众等多个话语主体及多元化的话语对象，延展了现实环境和虚拟环境两个世界的情景创设与价值建构功能。当网络逐渐成为日常学习、工作和生活必需品的时候，人们才发觉网络已经改变了自己业已习惯的教育方式、沟通方式、消费方式、娱乐方式甚至话语方式。在人类思维和行动上，在现实中的人与人的交往上，一切都穿上了数字化的外衣。

话语生成过程和泛滥形势酿造了新的风险因素。进入全球化时代，信息传播的政治、经济、文化、社会和媒体壁垒均被打破，“蝴蝶效应”随时可能发生，而多元的社会阶层和社会群体，其利益诉求与舆论表达的日益差异化，也为价值观的偏向埋下了隐患。价值是一种实践尺度、社会关系尺度，人们价值心理、价值观的形成和发展，归根到底由其社会实践和交往方式所决定。获得了数字化技术深度支持和广泛应用的新媒体话语，优势、劣势都非常明显。双向性、即时性、时空压缩性的交往条件，为扩展现代人的社会关系提供了条件，使多元价值观念和文化的接触成为可能，为价值认知和价值评判提供了新的空间。但同时，虚拟化、匿名性、自由性的媒介空间特点又使负面价值观念泛滥成灾，从而使大众在潜移默化中接受其影响，形成价值认识迷惘、价值取向偏离、价值行为失当的风险因素。

在媒体力量日益壮大、媒体言论自由得到更充分发挥的同时，也有了媒体更大利益化的追求，不少媒体因此而偏离自己的方向，远离了自己的宗旨和社会责任。能吸引眼球的、能增加发行量的绯闻和丑闻变成了媒体报道的重点对象。话语的泛滥最典型的现象是新闻炒作的出现。在此起彼伏的炒作事件中，信息的传播者变成了信息的制造者，他们既能制造空穴来风的“假新闻”，也能利用某些事实基础，制造出“新事件”。这些公众利益的守护神最终变成了大众的愚弄者和社会舆论的误导者。

总之，媒介是反映社会变迁的晴雨表，而受众自身及其组织的价值观念和行为模式又是表达民意的显性杠杆。新媒体不仅已经深刻改变了普通民众的日常生活，同时也开始逐渐改变政治生态环境。我们处在一个正在成长中的“公民社会”，也是一个政治依然年轻的社会。如何将广泛吸收、融合多媒体优势的新媒介技术和工艺，转化为传播、延展先进价值理念的新载体和新工具？笔者认为，要重塑价值观的精神力量，政府管理者必须充分认识到流言、话语泛滥给价值观畸变乃至价值缺失带来的巨大风险，如此才能进一步提升媒介话语宣达社会核心价值的传播能、传播势和传播力。

二、话语冲突与媒体审判的风险

话语分析者曾搜集大量日常生活中不同场合的片断，发现了“话轮对子”的结构：“前者的话轮勾连着后者的话轮，即使后者不响应，双方也感知这种勾连的存在。”[①] 话语之间的勾连不在于话语本身而在于话语之外，也就是说，话语的能动性和变异性在于外部因素介入的极端可能性。媒介话语如何选择以及提取怎样的勾连，意味着现实中话轮的运动方向。不同的话语主体往往会有不同的话语意见和策略，它们相互影响甚至产生排斥力量，还会衍生出其他的话语现象甚至是话语冲突。

话语之间的冲撞加剧了媒介景观的复杂性。代表不同利益的舆论在话语空间中高速运动，形成了动态状的层级分布：一层是占据公共场域主导地位

① 施旭：《文化话语研究——探索中国的理论、方法与问题》，北京大学出版社2010年，第14页。

的支配性舆论；另一层是话语资源相对贫乏、被边缘化却不断奋力发出声音的挑战性舆论。两层间游离着既可能被支配性舆论收编，又可能被挑战性舆论融化的中间性舆论。支配性舆论与挑战性舆论之间的结构性矛盾被展现在大众传播媒介的聚光灯下。挑战的一方不会“完全消极接受既存的世界图景，他们充分发现并学习、模仿媒介的市场规律以尽力对抗既有秩序并实现自己的意志”①。媒介话语将这些分散的个体利益组织化成群体利益，再以集体话语的形式表达出来，就会带来舆论的政治压力。

当前是我国社会矛盾的凸显期，又是重大突发公共事件的高发期，话语冲突一触即发。话语冲突一旦达到相当程度，就会点燃舆论这个“风险包”。国内第一部新闻传播法教材将“媒体审判”界定为“新闻报道干预、影响审判独立和公正的现象”，其最主要的特征是“超越司法程序抢先对案情做出判断，对涉案人员做出定性、定罪、量刑以及胜诉或败诉等结论”。②

媒体在报道和评论未决案件时，依据片面、夸大以至于严重偏离事实原貌的材料，使用极具煽动性的语言来表达极具导向性的观点，媒体的过分介入会引发舆论升级，其结果会或多或少地影响司法案件的公正裁判。

因为媒介话语具有很大的传播影响力，媒体审判可能造成严重的社会后果：其一，影响舆论，并通过舆论影响法官的独立判案；其二，就是媒体的不实、不公正报道在法院判决之前和判决之外，直接给案件当事人造成不良的社会评价，或者伤害他们的隐私权。今天，风险社会的触角深入到社会的各个角落，使得信息封锁成为过去时态，任何一个地方的危机都可能酿变扩散成全局性危机。这对媒体人和政府管理者都提出了新的要求。媒介话语的角色错位和舆论监督的职能越位，对于民主法治的社会秩序已经构成了巨大的风险和危害。如何规避、防范话语霸权和非理性的舆论制裁，如何利用媒介话语疏导舆论、化解矛盾、平息争端，如何创设客观、平衡、权利与义务并重的日常媒介话语环境，这是事关社会安定团结，进而关乎和谐社会构建的要义。话语有着一种寻求一致的偏向，争论也是为了寻求共识。“会话争论

---

① ［澳］西蒙·科特：《新闻、公共关系与权力》，李兆丰、石琳译，复旦大学出版社2007年，第6页。

② 魏永征：《新闻传播法教程》，中国人民大学出版社2002年，第113页。

是控制意见不一的一个方法，从而尽可能减少分歧而尽快达到意见统一。”①

三、话语误读与形象扭曲的风险

在1960年的联合国大会上，苏联共产党中央委员会第一书记、苏联部长会议主席赫鲁晓夫微笑着，同时拼命敲着桌子。这明显矛盾的动作意味着什么？合众社的解读是：赫鲁晓夫“气得脸发青”并“敲着桌子大发雷霆，声音响得像打铁”；《芝加哥论坛报》把赫鲁晓夫的举止解读为“一个俄国人的嘲笑”；《每日新闻》解读为这个俄国人“不断发出了虚假的愤怒”；《底特律自由报》的解读是：当敲桌子的时候，赫鲁晓夫的“脸是喜洋洋的”；《纽约时报》的解读是：敲桌子是“许多议会中通常的表示赞成的方法”；《芝加哥太阳报》的解读是：“赫鲁晓夫在表现他（对联合国秘书长）的个人友好”。后来，赫鲁晓夫对他的举止进行解释，他是想表明不赞成秘书长的声明。② 这个案例告诉我们，话语事实是唯一的，但对话语事实的媒介解读却是迥异不同的。

话语缔结了当今形象认同的最佳场域，同时媒介话语也可能携来形象扭曲的风险因素。话语误读在对外传播领域更为突出。进入新世纪以来，中国形象以及作为其具象化表征的中国政府管理者形象都获得了越来越强的国际认同，但同时又受到了越来越多的误读。在全球化浪潮异常迅猛的今天，各国在受制于固有的文化传统以及长期以来形成的价值观念的深刻影响之外，也不断受到外来文化传统及其所带来的价值观念的巨大影响。遗憾的是，由于缺乏相应的传播策略，很多发展中国家在国际上没有获得与国家地位相一致的传播话语权和舆论主导权。近年来，西方国家对中国社会及其区域发展的生态、民族、宗教、边疆等问题的误读不断加剧，进一步增加了政府管理者对抗话语风险的难度。针对中国国力的不断增长，以美国为主的一些西方国家利用媒介话语的故意误读，炮制和渲染“中国威胁”“中国扩张”“中国责任”“中国国际贡献”“中国非洲新殖民”“中国制造”等夺人眼球的议题，

---

① ［美］斯蒂文·小约翰：《传播理论》，陈德民、叶晓辉译，中国社会科学出版社1999年，第167页。

② 张芹：《传媒功利性误读意欲何为》，《新闻实践》2010年第10期。

此类话语现象严重扭曲了中国的国家形象。

媒介形象需要精心经营和着力维护。形象的应用和推广，不是话语资源在空间上的“简单位移”，而是全球化背景下话语资源的“意义转场”。加强话语纠误，对内能够利用媒介动员国内力量，增强民众对政府及政府管理者的认同感；对外可以敞开大门，还原真实，冰释部分媒体对话语的歪曲和误解。话语误读常见于以图片形式或暗语形式出现的媒介报道中。大凡成功的政府管理者的公共形象，“必然是那种被公众广泛接纳、广泛认同、广泛信服、广泛拥戴的形象，必然以其真理和人格的力量而具有巨大的心理说服力”①。反之，心理排斥往往造成话语的误读，最后导致信任危机等极大的负面影响。于此，政府管理者必须深刻认知话语误读的风险归因，熟捻并掌握媒介话语的应对策略，与时俱进地探索跨国传播的政治智慧和话语技巧，让媒介的巨大感召力成为树立良好国家形象的重要参与力量。“战舰能让别国人民暂时臣服，而让他们理解你的语言却能使大家成为朋友。”②

综上所述，风险社会的媒介与政治产生关系以及持续作用的核心要素是“话语”。政治变成了媒介话语的联合体，话语运动的结果之一就是创造了政治的复杂性。话语中太多的不确定性和决策意识产生了明天的结果，预示着充满风险的未来。在现代社会，执政风险有较大部分是话语现象。“媒介话语风险”的酝酿、爆发、扩散、嬗变，是风险社会政府管理者必须面对的现实挑战。作为政治风险的媒介话语风险，是最现实和最值得关注的执政难题。话语风险的叠加使每一种风险都具有多重性，我们所面临的风险实际上就是一种复合性风险，风险的综合震荡和连锁效应越发显著。各种风险相互交织、彼此渗透、协同冲刺、联袂出击，导致风险影响范围的扩大化、风险后果的严重化、风险应对措施的复杂化。对于政府管理者而言，如何应对社会各阶层群体的媒介话语，化解社会可能出现的各种矛盾和问题；如何通过执政者的媒介话语，转变执政理念、提高执政能力、巩固执政地位，成为了风险社会视域中的执政新视点。

---

① 洪向华：《媒体领导力——领导干部如何与媒体打交道》，中共党史出版社2009年，第51页。

② 郭扶庚：《孔子学院：给世界一个温暖积极的中国》，《光明日报》2007年4月10日。

第三章　政府管理者媒介话语的双重角色：风险与转机

媒介在日常生活和政治生活之间不断变换着它的叙述口径。媒介话语问题被凸显出来，是风险社会遭遇的一个重大的政治议题。政府管理者的话语不是一种规范语言的游戏，而是一种渗入日常生活的新型的现代权力结构。政府管理者的媒介话语，不仅涉及其自身对大众传媒的接触、理解、评判、使用和管理，而且还会在相当程度上影响媒体的行为和公众的态度。政府管理者自身角色的特殊性，使其在社会生活中尤其是在处理政府、媒体与社会的三维关系中，处于核心地位。本章聚焦以政府管理者为主体的媒介话语，分析风险社会中政府管理者与媒介话语的交叉作用，分别从"风险"和"转机"的双向视角，研究政府管理者的媒介话语在风险社会中的消极影响和积极功能。

第一节　风险社会"政府管理者—媒介话语"的交叉作用

风险社会的政媒关系越来越复杂化，媒介话语对政府管理者的影响和政府管理者对媒介话语的作用，共同建构了"执政主体—媒介话语—风险社会"的关系模型。风险议题贯穿于政府管理者媒介话语的始终，媒介话语的认知、转译和整合能力是政府管理者执政能力的重要内容。对政府管理者来说，风险社会带来的焦虑已不仅仅停留在来自外部执政生态中的他者话语，而是更多地体现在以政府管理者为主体的媒介话语的社会效应。从这个意义上讲，政府管理者的媒介话语不仅承担了应尽的责任，也隐藏着巨大的危机。

一、风险社会政媒关系的复杂化趋势

政党总是需要根据社会历史演进规律，不断地调整和完善自身的结构、功能，有效配置组织内外的各运行要素，以提高其适应、生存、发展和决策的能力。在风险社会形成和发展过程中，传媒与政党的关系先后出现了传媒政党化、传媒与政党相对独立和政党与传媒关系复杂化三个阶段。第一阶段是“传媒政党化”时期。大约从资产阶级革命时期到20世纪20年代，传媒对政党依赖强烈，政党对传媒实行强大的控制，这是“政党传媒”产生及兴盛的时期。这个时期媒体在经济和政治上没有取得相对独立的地位，需要获得政党的强有力的支持。一方面，多数政党通过资助报纸或通过自己办报来控制媒体，把传媒作为自己开展政治活动的工具，传媒总是代表着特定的政党立场和利益。另一方面，当时政党和政党政治正处于非常活跃的阶段，在很长一段时间一直就是传媒关注的中心和焦点。因此，“政党传媒”在政治上有党派性，而在经济上又依附于政党。第二阶段是“传媒与政党的相对独立”时期。大约从20世纪20年代开始到20世纪70年代，传媒与政治处于相对独立的时期。政治对传媒进行信息封锁，而传媒内容也不再过多地关涉政治事件，传媒营造了生活化和娱乐化的消费主义氛围。第三阶段是“政党与传媒关系的复杂化”时期。大约从20世纪70年代开始，政党与传媒的关系进入了复杂化的时期。一方面，传媒所有权大范围变动并转到私人垄断集团中，社会话语的传播权和传播工具不再仅仅是政党的特权，“传媒以强大的势力在某种程度上影响着政党某些方面必须按照传媒的逻辑来运作”①。另一方面，“政党的社会服务性功能增强，组织结构由垂直型向扁平型网络结构转变，政党运行空间从传统的社会领域扩展到虚拟空间，政党工作由党内自主控制转为受到内外协同影响”②。

首先，政党由单纯的政治性组织向以政治权力为导向的社会服务型转变。由政党垄断政治资源和公共行政资源的局面已经打破，政党不得不与媒体、

---

① 唐海江：《政治媒体化：当代西方媒体与政治关系的形态分析》，《求索》2003年第1期。

② 李宏、李民等：《传媒政治》，中国传媒大学出版社2006年，第264页。

非政府组织及其他社会组织共同分享国家政治资源。“政党主要通过开展社会服务工作来赢得民众的支持，积累政治资源，而不是通过单纯的政治组织动员和命令来提取政治资源。”[①] 第二，政党组织结构由垂直型向扁平型网络结构转变。“垂直型是由组织结构垂直层级设置造成的，组织内部的信息传递、任务执行、政策形成等都在组织内部按照这样的垂直次序运行，表现为以组织为中心；扁平型的政党组织内部和外部联系交错纵横，内部与外部的沟通较多，上下级组织之间并不一定要严格遵守层次关系，表现为以目标和人为中心的行为发展方向。”[②]第三，政党运行由党内自主控制转为受到内外协同影响。随着社会的发展，党内重大事务的讨论逐渐向下放权，越来越多地受到媒介和公众的干预。不仅注重政党内民主范围的扩大、进行充分的意见交流，而且普遍注意吸收社会智慧来建设党和参与党的决策过程，这是政党内部民主性增强和整个社会政治民主化的重要体现，是政党内部民主和外部民主的协同共进。

在过去，“新闻媒介看起来确实独立自主，看起来确实在向权势们挑战——俨然成为政府第四部门。然而，只要进一步深入调查，显然就会看到这种关于新闻媒介权力的信念，只是那些拿它追逐自身目的者手中庞大的武器而已”[③]。在风险涌现的今天，政媒关系已经发生了非常显著的变化。“传媒在政治生活中的能动作用日益增长，不断提升的影响力渗透到政治的各个方面，政治的生存方式和运行逻辑在很大程度上受到传媒的约束和牵制。”[④] 从利益博弈关系看，人的现实利益诉求成为政媒共同关注的焦点。“围绕着人的现实的追求利益满足的活动，社会的独立性开始成长，并逐步发展成为政治体制之外的独立的力量，反过来要求政党和国家在其规范视野中包容这一对利益的正当要求与满足。此前单方面由政党、国家的政治话语所建构的规范视野来塑造社会空间的现象，现在转变为政党、国家和社会的互动关系。”[⑤]

---

① 李宏、李民等：《传媒政治》，中国传媒大学出版社 2006 年，第 268 页。

② 同上，第 266 页。

③ ［美］赫伯特·阿特休尔：《权力的媒介》，黄煜、裘志康译，华夏出版社 1989 年，第 165 页。

④ 李宏、李民等：《传媒政治》，中国传媒大学出版社 2006 年，第 283 页。

⑤ 徐纬光：《现代中国政治话语的范式转换——以中国共产党为考察对象》，复旦大学博士论文，2006 年，中文摘要第Ⅲ页。

从组织制约关系看，政党行为作为组织行为具有适应性、多样性、动态性等多重特点和表现。政党的行为反应既要满足自身生存和发展的需要，又要符合环境的要求；不同的政党在不同的时间、地点会做出多种多样的行为反应；政党的行为可以通过各种措施，包括制度、培训、教育等消除消极行为，诱发和发挥积极行为。从意识形态关系看，传媒从政党的喉舌逐渐转变成影响政治某些进程的力量，“在传媒社会的发展过程中，政党对于传媒的控制在不断减弱，而对于传媒的依赖却在加强”[①]。

总之，随着传媒与政党之间关系的变化，政党运作过程受到媒体介入，工作效果受到媒体的极大干预：积极的影响是传媒社会的发展推进了政党行为模式的现代化，政党组织活动空间扩大，政党建设进一步走向科学化、大众化、网络化，政党的适应性和包容性增强；消极的影响是传媒社会增加了政党行为的风险，传媒对政党的异化现象也在发生。“政治传媒化并不意味着传媒能动作用的无限扩大和政治的消极被动，恰恰相反，传媒能动作用的发挥有着其无法逾越的限度和边界，而政治在传媒的冲击下正在积极应对、调整和变革。”[②] 也就是说，风险社会中的政治与传媒并没有一方压倒另一方的现象，而是双方在经过消长、磨合、适应之后，逐渐达到新的平衡，保持协调关系。

二、媒介话语对执政能力的影响

所谓执政能力，是党提出和运用正确的理论、路线、方针、政策和策略，领导制定和实施宪法和法律，采取科学的领导制度和领导方式，动员和组织人民依法管理国家和社会事务、经济和文化事业，有效治党治国治军，建设社会主义现代化国家的本领。[③] 这是《中共中央关于加强党的执政能力建设的决定》对执政能力内涵的科学概括。执政能力，最直观地看就是党执掌国家政权的能力。执政能力的范畴较广，可以按照执政活动的领域，分为领导国家政权的能力、推动经济社会发展的能力、协调社会利益和动员社会力量的

① 李宏、李民等：《传媒政治》，中国传媒大学出版社 2006 年，第 272 页。

② 同上，第 284 页。

③ 中共中央文献研究室：《十六大以来重要文献选编（中）》，中央文献出版社 2006 年，第 272 页。

能力、处理对外关系的能力、党自身建设的能力，等等；也可以按照执政活动的职能，分为判断能力、决策能力、执行能力、控制能力、危机处理能力，等等；还可以按照执政主体的层次，分为党的整体执政能力、各级组织的行为能力以及党员干部的素质和能力。[①] 执政能力建设的核心问题是：为谁执政、靠谁执政、怎样执政。从本质内容而言，执政能力的核心要素集中体现在执政理念、执政方式、执政生态和执政效果四个方面。以下每一个方面都高度依赖于媒介，媒介话语的素养与执政能力的水平有着高度的关联。

执政理念的建构与推行离不开媒介的参与。“执政理念，就是执政党关于为谁执政、靠谁执政、如何执政问题的理论和观念体系，它从根本上决定着执政党的价值导向和行为规范，决定着执政能力作用的性质与方向，是执政目标的抽象化。”[②] 为了实现“立党为公、执政为民”的根本执政理念，必须善用媒体执政，这是各级政府管理者必备的现代意识和执政自觉。政府管理者的媒介话语是执政理念的领跑者。实践基础上的理论创新是社会发展和变革的先导。面对错综复杂的国内外环境，政府管理者必须增强政治敏锐性和政治鉴别力，增强工作的原则性、系统性、预见性和创造性。具体说来，除了要熟稔并掌握执政理念的精义，还要学习历史、法律、经济、管理等全方位和多学科的知识，并在既往理论成就的基础上不断探索、总结和提炼新形势下新的执政途径和方法，分析和解决现代社会进程中的具体现实问题。媒体人出身的、时任云南省委宣传部副部长的伍皓认为：“在互联网时代，官员和百姓台上台下的位置换了个儿，老百姓坐主席台讲述自己的苦与忧，官员需要在台下站起来解释政策、表态怎么解决。”[③] 也就是说，普通民众的意见将更多地被整合进执政理念中来。这种民主执政理念的形成和传播显然与媒介话语资源的开发同步。

对媒介的依赖是现代执政方式的深刻表现。执政方式是执政党对国家的基本领导方式，是一定的政党制度条件下政党执掌政权或参与国家政权的制

① 求是杂志社总编室：《加强党的执政能力建设大参考》，红旗出版社 2004 年，第 148 页。

② 吴九占：《党的执政能力评价指标体系研究》，《求实》2009 年第 1 期。

③ 陈良咨：《论网络与群体性事件》，光明网，http：//theory. gmw. cn/2010-11/22/content _ 1405454. htm.

度性规定，或具有法律效力的习惯形式。社会信息的传播方式改变以及媒介技术的发展，在挑战传统执政方式的过程中，也为执政制度的革新和执政者行为方式的变革提供了基础支持，赋予执政行为高效、现代、有活力的新面貌。政府管理者的工作决策深受传媒议程影响，媒介甚至会改变政府管理者的决策目的和意图；政府管理者通过媒体完善社会沟通机制，利用媒介设置议程，在民众与媒介的互动中动员民众，促使舆论适应形势；政府管理者处置危机事件需要借力传播媒介；甚至政治本身的内涵和构造，都按照媒体系统的逻辑被塑造。实施领导行为的过程，是调研、决策、引导和影响的全环节，每一个环节都深度依赖于大众传播媒介。首先，科学而及时的决策，要求政府管理者具备全面搜集和准确鉴别媒介信息的能力。现代传媒是社会信息的集散地和舆论的放大器，是研究民生、沟通民意的最佳途径。通过媒体渠道政府管理者才能及时把握社会变动和舆论走向，制定适合社情民意的政策。其次，政府管理者的指令要进入大众，得到人民的支持和拥护，离不开媒介传播平台。第三，政府管理者要塑造良好的公众形象，扩大执政活动的关注和影响程度，也需要向媒体“借力”。如果政府管理者缺乏媒介话语素养，就可能因对信息处理不当而放大危机的负面影响，甚至构成执政风险。

执政生态逐渐与媒介传播场域重合。网络出现以后，各国的执政者都将网络作为新兴的执政话语空间。“德国社民党总书记明特费林提出要利用互联网来为党内党外人士创造新的参与方式，通过互联网与（各种问题）的利害相关者，包括党外的人士进行对话，动用专门知识，与不打算在固定的组织结构内工作的人们谈论政治。”① 各国政府纷纷建立自己的网站或主页，成为交流、宣传、竞选等各种政治活动的新型窗口。很多政府管理者还建有自己的个人网站或博客，以扩大影响力。例如，“印度尼西亚民族觉醒党在网站上设置了三个层次的互联网主页，分别是政党领袖个人主页、政党领袖和党员的共同主页以及政党的公共主页。通过建立专版，开设论坛，与网民对话，进行新闻发布等，扩大自己的影响”②。

① 李宏、李民等：《传媒政治》，中国传媒大学出版社 2006 年，第 269 页。
② 同上，第 270 页。

执政效果受到媒介话语的极大干预。执政水平效应，与执政成本成反比，与执政能力成正比。通常来说，经济、政治、文化、社会等方面的发展状况，包括人均GDP的增长、公民政治权利与社会权利的实现程度、治安状况与犯罪率、社会福利指数等，都可被视为执政的效率范畴。政府管理者形象塑造依赖于媒体的外化。"英美等国主要通过为总统或总统候选人组建由资深的媒体专家、形象顾问等构成的形象策划班子来打造政党领袖的形象。瑞典社民党中央新闻部同各大媒体都建有良好的工作关系，党主席等领导人主动与新闻记者结交往来。德国社民党十分注重向党的中高层干部传授与媒体打交道的本领。"① 媒介的联合利用逐渐造就了媒体选举总统的结果。普京作为当时知名度很低的候选人能在短期内胜出，得益于克里姆林宫以及支持当局的一些大资本家利用自己掌握的所有舆论工具，进行的大量宣传和在媒体上塑造的良好形象。同时，媒体报道可对政府管理者的执政行为实施监督，也可以考核政府管理者的执政能力。在媒体话语的作用下，"政党及其领袖人物日渐失去神秘性，而其责、权、利关系在媒体的监督下更加公开化"②。媒介话语中带有强烈情感意志的批评、揭露、谴责，对施政官员和施政行为形成外在强制力，能够有效地防止权力腐败和滥用。

"执政能力是一种内含多种要素的综合素质，是一个多层面的概念。执政能力是一个政党理论水平、领导水平、自身建设水平和领导影响力的集中体现，其高低直接影响到执政合法性的维持和执政地位的巩固，以及执政资源的分配和占有。"③ 提高政府管理者的媒介话语能力，是社会化进程中的一个节点。媒介话语不仅有助于寻求政治在信息时代的生存方式和空间，更为重要的是它直接推动了政治现代化的进程。要让政府与公众的沟通达到优化，必须考虑媒体的桥梁与纽带功能；要使政府与媒体之间的博弈实现共赢，必须不断培育和提高政府管理者的媒介话语认知及掌控能力。归根结底，政府管理者提高自身的媒介素养、增强媒体意识和媒体运用能力，是为了完成新时期党和人民赋予的历史使命，是为了践行神圣而义不容辞的社会责任。

---

① 李宏、李民等：《传媒政治》，中国传媒大学出版社2006年，第276页。

② 同上，第278页。

③ 雷青松、黄红东：《执政合法性资源与党的先进性建设》，《理论探索》2006年第2期。

三、政府管理者的话语定位：责任与风险共担

政府管理者在政府、媒体与社会的关系中处于特殊地位。作为媒体受众，政府管理者和广大民众一样同是大众传播的接受者，其需求影响着媒体内容。政府管理者又往往是意见领袖，其态度影响着媒体舆论。同时，政府管理者区别于一般受众，他们是国家大政方针的决策主体，国家及区域的大量重要信息都来源于政府管理者。媒介和社会对政治议题的诉求，使政府管理者通过政治议题化对媒介和社会产生影响。有些政府管理者还是大众传媒间接或直接的领导者与管理者，他们监管媒体的违规违纪行为，也可能影响突发事件的媒体报道进程。政府管理者作为个体精英本身即是媒体的焦点，他们常作为新闻发言人成为媒体主角，成为大众传媒经常性的报道与监督对象。现代社会政府管理者用于媒介事务的时间有明显增多的趋势，甚至有时会用专门的事件、活动为媒体报道制造素材，当然这种事件或活动本身有着一定的政治意义。政府管理者作为政治明星其言行是媒体追逐的对象，在政党行为个体化、人格化的今天，政府管理者的媒介形象对于执政党力量的影响不断增加，政治在媒体社会中打上了更多的个人的烙印。

提高政府管理者的媒介话语认知和掌控能力是其天然使命和责任。政府管理者是媒介的受众，他们的媒介素养是公民媒介素养的重要组成部分。政府管理者的身份又不单单是普通受众，作为媒介报道和监督的对象，他们理应具备正确对待媒介报道、自觉接受媒介舆论监督的基本素养。作为媒介的间接或直接的领导者、使用者和管理者，更应当具备全面认知媒介、正确使用媒介、科学管理媒介的系统而又比较专业的特殊素养。在新媒介笼罩的时代，政府管理者说不说、说什么、怎么说是一种至关重要的能力和素养，这个问题关涉到现代权力如何与现代话语共振，从而推动整个社会的稳态发展和进步。因此，政府管理者的媒介话语素养问题，应放到提高执政能力、建设现代政府、保障执政安全的高度来认识。政府管理者的媒介话语素养，是执政能力的重要构成内容和推进动力，是党的执政能力走向成熟的重要标志。政府管理者是否具有媒介意识，是否拥有现代传媒运用能力和社会舆论影响力，决定着执政党是否拥有巩固的执政地位和强大的执政能力。政府管理者

的媒介话语素养一定程度上关系着政府的领导和服务人民的水平。政府管理者作为政府管理、决策的主导者和国家公共权力的行使者，应当理性对待媒体、善于运用媒体，让媒体成为新时期党和政府科学执政、民主执政、依法执政的有力工具。

政府管理者作为执政者固然能发出比普通民众更具优势的权力话语，但普通人享有的话语权力在一定程度上并不逊色于执政主体，甚至拥有比政府管理者尺度更大、自由度更广的话语权。政府管理者的媒介话语不仅是一种能力和素养，也可能成为危机。话语风险是一种危机的可能性，是“危险”和“机遇”的结合体，每一次风险“既包含了导致失败的根源，又孕育着成功的种子”①。政府管理者媒介话语风险的后果具有两面性：一方面，对于风险事件的处理不当，陷入危机的高度紧张和混乱中，会带来巨大的灾难与损失，甚至是组织的覆灭和社会发展的倒退；另一方面，如果风险事件处理得当，风险所带来的社会影响与政治压力往往能够成为变革的催化剂和发展的契机，引起社会的反思并促进组织转危为安。在这个意义上，政府管理者的媒介话语风险具有可转化性，破坏性与建设性兼而有之。

媒介话语的风险沟通是一个复杂与困难的传播远景，它彰显了政府管理者的责任伦理，也考量着社会对各种风险的容纳能力以及应对能力。这是一个如履薄冰的社会，人们小心翼翼地在话语海洋中游弋。媒介话语可以刺激人对风险的想象力和迷恋感，风险越多，公众所能了解或希望了解到的风险就越少。反之，公众所认识到的风险越少，生产出来的风险就越多。风险的卓越表演已经成为重新开启话语权力议题的一种工具，风险的沟通实际上是话语的操护和运作，而风险话语的政治博弈实际上是各种论述权力的博弈。用一句话来为政府管理者的媒介话语定位，那就是——责任与风险共担。

总之，传媒与政治的结缘已经繁衍出一个新的生态空间。它们之间的相互需要和博弈，决定了两者和谐与冲突并存的局面。在政府管理者与媒介话语的关系中，大众传媒扮演的是传播者和解释者，政府管理者扮演的是决策

① ［美］诺曼·R. 奥古斯丁等：《危机管理》，北京新华信商业风险管理有限责任公司译，中国人民大学出版社、哈佛商学院出版社2001年，第5页。

者和引导者。在政府管理者与社会之间，媒介话语是桥梁；在政府管理者与公众之间，媒介话语是中介。现代社会的高风险提高了公众对政府管理者责任的期望值。在风险社会，政府管理者一方面应勇于承担风险责任，另一方面也要充分意识到自身的有限性和政府行为可能带来的危险。

第二节　“政府管理者”为主体的媒介话语的风险化

查尔斯·赫尔曼认为，危机事件的发生往往出乎决策主体的意料。以“政府管理者”为主体的媒介话语，面临更大的社会压力，可能对整个组织的基本机制和行为准则架构产生严重威胁。本节主要从“风险”角度来探讨政府管理者媒介话语的负面后果。政府管理者是权力的拥有者和施行者，权力的失控是风险滋生的根源；政府管理者的媒介话语一旦焦点化，就容易酿成社会影响力极大的风险事件；政府管理者身处全景敞视的复杂的执政空间，这个强大的话语捕捉器会进一步扩大政府管理者的媒介话语风险。

一、风险归因：权力的失控

政治权力话语的风险，首先要归因于权力本身的风险以及权力之间相互关系的风险。权力具有自动化的趋势，可以在无形中引导人的意识；权力具有层级制的特征，往往带来社会的公平性差距；权力之间具有对抗性的性质，也会引发冲突和矛盾。让政府管理者的媒介话语直面权力的自动化风险、权力失衡的风险、权力斗争的风险，这是社会化进程中不可回避的一个问题。

现代社会权力的表现形式并不是暴力革命，而是一种权力的自动化，即心中有一种被监视的意识。权力的自动化，缘于权力主体和权力对象所认同的一种社会权威。从政府管理者一方来说，权威意味着一种有效管理的属性与功能，即政府管理者必须有能力使被管理者认为这种管理是“应当服从的”，从而获得被管理者哪怕是最低限度的认可和自愿服从；从广大民众一方来说，权威意味着被管理者基于某种价值、信念而认可、支持政府管理者的管理，将其视为“正当”或“应当”的。权力的自动化带来的风险是权力拥有者认为自己无所不能而发生的对权力随心所欲的滥用。自我膨胀是权力的天性。“权力本身不会消失，因为它是人的一种固有能量在生产过程中释放的表现形式之一。只要人类不被毁灭，那么，人们的生产活动就必须持续下去，权力就会永存。”[①] 权力一经赋予，就往往被撕裂为公共性与私用性的对立。“利己心”是人类活动的第一动机。这就如同海西欧德所说的，自从潘多拉打开了罪恶的盒子，人性就向恶的深渊坠落。这是部分政府管理者权力小时克己奉公，而权力变大时反而贪污腐败的根本原因。

权力是一个复合的体系，单个的权力主体置于整个权力体系中，总是和其他权力主体相互影响、相互作用。无数的权力链条构成了权力生态的网络。这个网络的动态平衡，关系政治与社会结构的稳定性。“任何政治权力都分为权力的确立（立法）、权力的行使（行政）与对权力行使的评价（司法）三个有机的部分。如果政治权力运行中的这三个部分不相互制约、各司其职，就可能导致政治权力的结构失衡。一旦失衡，就会造成权力某些方面的滥用。”[②] 权力除了按领域和范围进行分割，还可以按大小划级分层。权力是有层次的，逐层授权建立的科层制组织，造成了等级政治。“等级政治是权力和权能的增殖以金字塔结构为前提，由等级政治所决定的政治关系表现为下级单位从属于上级单位，每个等级社会中的顶峰都是最高权威。但这一权威并不总是合法的，权威的下属是各级权力层次，每一下属权力层次又控制着更多的权力层次，这一系统最后通到普通公民，塔基部分的公民无所抗辩地接受等级统治。”[③] 等级制可能让上级的权力运作、政务活动、决策过程不够公开透明，下级很难了解到真实情况；权力的配置和使用若高度集中，可能导致有的政府管理者恃权而骄，难以接收下层的有益思想和观点；最可怕的后果是权力上层将个人意志强加在其他人的行为之上，如此会带来权力失衡的风险。权力失衡的表现之一是话语权失衡。在权力失衡的状况下，大部分媒介话语的机会和平台都是分配给上级的。上级是道德关怀的最高目标，也是最高的话语权威。上级能够废止和排斥其他层级的话语需求和话语资质。相应地，“下

---

① 杨进明：《权力的起源、本质、发展和运行》，中华国际出版社 1999 年，第 3 页。

② 严强、张凤阳、温晋锋：《宏观政治学》，南京大学出版社 1998 年，第 288～289 页。

③ 孔繁斌：《公共性的再生产——多中心治理的合作机制建构》，凤凰出版传媒集团、江苏人民出版社 2008 年，第 119 页。

属感到耻辱还是光荣依赖于他有多么恰当地实施了权威所要求的行动，超我从评价行为的善与恶转到评估个人在权威体系中的功能行使得好还是坏”①。从这个角度讲，话语权是一种精神统治权。

“在规定一种权力特征的实证性检验标准中，冲突被认为是至关重要的。”② 若没有冲突，权力的运用就不可能被清晰地揭示出来。权力斗争总是与利益冲突相连，正如波尔斯比所说，“我们可以将内部不一致的情形看作是各种利益的内在冲突，将内部一致的情形看作是各种利益的内在和谐。”③ 利益本身为某种具有政治特征的规范判断提供一种许可，利益诉求可以通过政治参与的形式表达出来。对各个利益群体而言，现代社会政治参与的平台和工具就是媒介话语。话语的博弈源于各种偏好的代言人之间的语言对峙。耶鲁大学的罗伯特·达尔提出，“各种不同部分的政治阶层所具有的独立性、渗透性与异质性几乎可以保证任何心怀不满的集团都将在政治阶层中找到它们的代言人。”④ 因此，权力斗争的风险一定程度上对应于话语博弈甚至话语冲突，话语的对抗性是权力斗争的焦点。“作为一种政治实践的话语，不仅仅是权力斗争的场所，而且也是权力斗争的一个至关重要的方面：话语实践利用了那些孕育了特殊的权力关系和意识形态的习俗，而这些习俗本身及它们得到表达的方式是斗争的焦点。”⑤ 媒介话语资源的稀缺性同时也框定了权力的界限，甚至揭露、削弱和挫败权力。“话语是在力量关系领域中发挥作用的技巧性要素或技巧性障碍，在同样的策略范围内，有可能存在着不同的甚至矛盾的话语，它们反而能在不改变其形式的条件下，从一种策略流动到一种相反的策略。”⑥ 话语的相互博弈实际上涉及谁掌握话语权的问题，谁有资格说话以及以怎样的方式说话。

总之，在媒介话语场中，“维持既有的权力话语、集体话语模式已无可

---

① ［英］齐格蒙特·鲍曼：《现代性与大屠杀》，杨渝东、史建华译，译林出版社2002年，第210页。

② ［美］史蒂文·卢克斯：《权力：一种激进的观点》，彭斌译，凤凰出版传媒集团、江苏人民出版社2008年，第6页。

③ 同上，第7页。

④ 同上，第28页。

⑤ ［英］诺曼·费尔克拉夫：《话语与社会变迁》，殷晓蓉译，华夏出版社2003年，第62页。

⑥ 同上，第56页。

能，完全不要权力话语、追求个人话语的‘意见自由市场’，显然也是理想之见”[①]。社会各层话语诉求以及话语权的均衡才是现代政治民主的重要内容。民意是限制政府管理者话语霸权的最好选择。“领导的有效性和稳定性取决于下级的社会赞同。”[②] 因此，民心向背决定权力话语的合法化程度。只有允许公众话语表达的自由，才能真实反映民意。反之，民意就很可能演变为充满风险的地下的舆论暗流。研究权力的风险运作，是为了提供一整套权力风险的转化技术装备，而其核心零件需要从政府管理者的媒介话语中来发掘。权力风险与权力话语的生成、分配和博弈之间的相互制动，不断促使政府管理者的媒介话语走向规训化、技术化道路，从而积极地与风险社会适配。

二、话语风险的生产机制：聚焦话语事件

“话语是事件加意义。”[③] 话语是语言运作的成果，是一种语言事件，因此，“要关注、揭示、反思或评价那些借助语言所构建的或与语言使用相关的实际发生的，特别是那些具有现实社会文化意义的事件”[④]。事件演绎意义，“任何话语‘事件’都被同时看作是一个文本，一个话语实践的案例，以及一个社会事件的实例”[⑤]。话语事件的分析可以分为三个层次：文本层次——它偏向语言学；话语实践层次——也就是文本的生产与消费；社会文化实践层次——它是解释话语实践的基础。语境不仅仅是环境，也是事件。事件本身及其组合和外围构成了最现实和最内核的话语环境。

研究政府管理者的媒介话语，更多的是“事件中心论”。言境交融的话语事件是理论核心。“在话语事件中，话语者受社会状况的影响，通过语言符号的使用直接或间接地表达自己的关注点、价值观，或对某事物的认识、看法、

---

① 刘学义：《话语权转移——转型时期媒体言论话语权实践的社会路径分析》，中国传媒大学出版社 2008 年，第 219 页。

② ［美］彼德·布劳：《社会生活中的交换与权力》，孙非、张黎勤译，华夏出版社 1988 年，第 232 页。

③ 徐友渔、周国平、陈嘉映、尚杰：《语言与哲学——当代英美与德法传统比较研究》，生活·读书·新知三联书店 1996 年，第 202 页。

④ 施旭：《文化话语研究——探索中国的理论、方法与问题》，北京大学出版社 2010 年，第 10 页。

⑤ ［英］诺曼·费尔克拉夫：《话语与社会变迁》，殷晓蓉译，华夏出版社 2003 年，第 4 页。

立场、目的，或与他人的社会关系，或为了排除、排斥、诋毁他人的不同的话语，并获得一定的社会效果。”① 阿尔蒙德和鲍威尔曾指出，“大众传播工具最明显和最重要的影响之一，就是使得政治事迹引人注目。”② 正是由于媒体通过对大量事件的甄别、筛选来塑造和重构自己的世界，政治人物要想成为媒体的宠儿，如只靠思想、观点和讲话，而没有吸引人的事件，是不可能构成报道基础的。所以媒体专家总会想方设法为政府管理者制造事件，以吸引社会公众的眼球。“任何一个早上，白宫的议程上都安排了紧急的但是没有引起电视关注的议题，但是，一旦最新的新闻报道了一起惊人的突发事件，议程上的那个议题就会被搁置在一边。白宫就会集中精力来研究如何在下一次新闻广播中回应这个事件。”③

根据传播规律，媒体总是对重大事件、重大问题优先报道。突出的、突发的、尖锐的、有重大意义的事实方可以称为“事件”。托马斯·伯克兰提出了危机传播的一种理论视角——“焦点事件理论”，即“鉴于社会变革往往是衰退的结果，而且有着广泛的社会和经济原因，所以社会变革和冲突往往产生突发事件”④，而那些“突然发生的、不可知的事件”，在促进公共政策讨论方面起着重要作用，伯克兰称这些事件为“焦点事件”。焦点事件可以分为两类：第一类是“常规型”焦点事件，基本上属于自然灾害，如飓风、地震、海啸等，有一定的可预测性，事件的生成原因和性质相单一，对公众议程的影响有章可循；第二类是“新型”焦点事件，如SARS、“9·11”恐怖袭击等，这些危机事件往往都是由技术和社会的变化而引起的，成因复杂，产生不确定性和不可预知性，更易引起社会的焦虑和恐慌。伯克兰相信，焦点事件在公众议程形成过程中扮演着重要角色。虽然一个焦点事件并不能直接改变政策，但媒体对公共危机中焦点事件的密切关注能够对公众和政府产生重要影响，并促使其采取行动、改善行为，为新的法律政策的制定提供了“机

---

① 施旭：《文化话语研究——探索中国的理论、方法与问题》，北京大学出版社2010年，第9页。

② ［美］加布里埃尔·A. 阿尔蒙德、小G. 宾厄姆·鲍威尔：《比较政治学：体系、过程和政策》，公婷、陈峰、曹沛霖、郑世平译，上海译文出版社1987年，第112页。

③ 李希光、赵心树：《媒体的力量》，南方日报出版社2002年，第8页。

④ Birkland. T. A, *Oliver Stone's Defense of JFK*, *Communication Quarterly*, 1997, pp. 127—143.

会之窗”。一个焦点事件有极大的冲击力，能够唤起公众的注意力，并且在制定公共政策方面可以容易被人接受。

和指标有关的风险，会把特定的话语情境和不幸事件的发生几率相互联结。皇家灾害防治协会对风险的定义是：“在所指的期间内，或某特定挑战所引发的特定有害事件的几率。就统计理论中的几率而言，风险遵守所有集合几率的形式规则”①。在保险学中，人们往往用“意外事件”和“或然率”的乘积来评估和度量风险的大小。风险一般只是一种潜在的危险，而风险事件的发生就使这种潜在的危险转化成为现实的损失。也就是说，以政府管理者为主体的媒介话语事件是危险情况发生的可能性和后果组合的事件，是损失现实化的媒介，是风险聚合化的后果。今天，由于对社会产生影响的媒介话语的动机在不断变化和调整，媒介话语风险增大，呈现出复杂性和不可预期性的特点。“传播媒介的权力大到了足可以安排或至少可以改变国家政治议事日程的程度”②，政府管理者必须“把媒介着重强调和报道的政治事件和社会问题纳入政治议题之中，政治议事日程在很大程度上被媒介的议题设置所左右”③。

媒介话语风险是一种极端复杂的存在：它叠加、变异的可能性，与增量、减少的可能性并存。单个独立的话语事件可能存在的风险很小，但是许多的事件或不同的排列组合叠加起来就产生了风险。例如，韩国前总统卢武铉的自杀，使得民众纷纷质疑这一届政府。单独一起自杀事件似乎没有多大的政治风险，但它在与新政府的连接中就产生了风险。话语事件叠加后，风险可能在扩大，也可能在减少，因为有些事件随着时间流逝就变淡了。如过去宣扬“世界末日论”的人几乎一定会被政府判为散布流言罪，但现在电影也可以随意描绘世界末日了，这源于时间的累积或其他力量的介入，导致了话语风险自身的消解。研究政府管理者的媒介话语风险，应把话语事件作为风险

① ［英］大卫·丹尼：《面对风险社会》，吕奕欣、郑佩岚译，韦伯文化国际出版有限公司 2009 年，第 19 页。

② ［英］戴维·米勒、韦农·波格丹诺：《布莱尔维尔政治学百科全书》，邓正来译，中国政法大学出版社 1992 年，第 548 页。

③ 李宏、李民等：《传媒政治》，中国传媒大学出版社 2006 年，第 291 页。

环境的中心。无论是独立的话语事件还是话语事件的组合，其对政治议题的作用都不能小觑。

三、全景敞视的执政空间：说错话的后果

边沁提出的“全景敞视建筑”的构想真正使话语规训机制成为了现实。“全景敞视建筑”是一种分解观看与被观看二元统一体的机制。在环形边缘，人彻底被观看，但不能观看；在中心瞭望塔，人能观看一切，但不会被观看到。“‘全景敞视建筑’浓缩了一种权力运作的场景”①，这种宏大又细密的机制，能够安之若素地在日常性和权力化的双重层次下运作。它使话语机制被整合进权力的生产效率中，以最小的代价来行使权力，使权力运作变得更轻便、迅速、有效。这里的权力应该是可见的但又是无法确知的。所谓“可见的”，即被囚禁者应不断地目睹着窥视他的中心瞭望塔的高大轮廓。所谓“无法确知的”，即被囚禁者应该在任何时候都不知道自己是否被窥视。一种广延性权力以一种确定无误的方式统治每个人的肉体，通过观看的“渗透”，甚至深入到日常生活的细枝末节实行管理和控制。“全景敞视机制不仅仅是一种权力机制与一种职能的结合枢纽与交流点，它还是一种使权力关系在一种职能中发挥功能，使一种职能通过这些权力关系发挥功能的方式。”②

现代媒介使执政空间变成了一个被层级网络、监视、观察和书写所覆盖的“全景敞视建筑”。“这种封闭的、被割裂的空间，处处受到监视。在这一空间中，每个人都被镶嵌在一个固定的位置，任何微小的活动都受到监视，任何情况都被记录下来。”③ 媒介是话语的世俗臂膀，它照亮了一切，调查了一切。它“像一种无面孔的目光，把整个社会机体变成一个感知区域：有上千只眼睛分布在各处，流动的注意力总是保持着警觉，有一个庞大的等级网络”④。媒介渠道是一种积聚和集中话语的支撑物，它使话语能抵达最细小、

① 吴猛：《福柯话语理论探要》，九州出版社2010年，第83页。

② [法]米歇尔·福柯：《规训与惩罚》，刘北成、杨远婴译，生活·读书·新知三联书店2010年，第232页。

③ 同上，第221页。

④ 同上，第240页。

最偏僻的地方。媒介又是一个双向接受体系，使少数人甚至一个人能够在一瞬间接收到一大群人的话语，并随时呈现话语双方的反应。媒介停泊了话语，也运输了话语。话语以一种多样化的扩散方式在整个社会肌体中运作。它是一种机制网络，无所不在，时刻警醒，毫无时空的中断而遍布整个社会。

无限普遍化的全景敞视主义形成了一种“强制性观看”的风险机制：话语的观看与被观看都是可见的，它使社会具备一种持久的、洞察一切的、无所不在的监视手段。“可见性就是一个捕捉器。”① 首先，政府管理者知道自己的话语随时都有被所有人关注和监视的机会，都有成为媒介议题和社会公共议题的可能，因此对政府管理者的话语规训就持久而自动地发挥着作用。第二，这种全景敞视空间的边缘又是非隔离的，意味着话语观看者之间、被观看者之间以及话语观看者与被观看者之间都是开放的、可沟通的，其结果是造成了整个社会话语体的更加复杂化和更具实验性。且话语的接触点越多，风险就越大。第三，由于话语监视的无所不在，被监视者的心理状态越来越趋向于被整合，于是被规训的维度就越来越多，没有任何一个话语的过失不会受到惩罚。

综上，媒介话语风险在双重意义上具有扩大化的趋势：一方面，风险社会的视域将媒介话语风险作为一种社会常态，现代社会的风险特征构成了政府管理者媒介话语风险化的背景；另一方面，更重要的是，政府管理者的特殊身份和角色使其为主体的媒介话语具有更大的危险性。为此，斯蒂芬·巴顿把社会危机的影响扩大到执政者乃至整个组织的名誉，由此凸显出政府管理者和公众进行沟通的必要性。在实际的执政生态中，这种沟通要通过媒体的中介作用得以实现。因此，政府管理者、媒体和公众如何形成有效的互动关系，便成为风险社会中媒介话语研究的中心议题。

第三节　风险社会中政府管理者媒介话语的积极功能

按照《韦氏英文辞典》的解释，“危机”是指“有可能变好或变坏的转折

① ［法］米歇尔·福柯：《规训与惩罚》，刘北成、杨远婴译，生活·读书·新知三联书店 2010 年，第 225 页。

点或关键时刻”[①]。也就是说，风险社会中政府管理者的媒介话语存在着潜在的负面影响，但也有可能向更好的方向发展。贝克曾说，“风险不再是机会的阴暗面，它们也是市场机会。知识在社会和经济上的重要性类似地增长着，随之而来的是控制媒体塑造知识（科学研究）和传播知识（大众媒体）的权力。在这种意义上，风险社会同时也是科学社会、媒体社会和信息社会。”[②]本节主要从“转机”角度来分析政府管理者媒介话语的正面效应。以政府管理者为中心的媒介话语，其积极功能主要包括四个方面：第一，通过第一时间的新闻发布对媒体事件进行议程设置，平息公众的恐慌情绪，把谣言控制在萌芽阶段；第二，通过媒体进行社会沟通，实践民生政治，维护社会的正常秩序；第三，发挥意见领袖的作用，通过一定的传播技巧说服公众接受政府采取的措施，创造有利于执政者的舆论环境；第四，将媒介话语作为执政资源，构建比较完善的风险治理机制和危机管理体系。

一、议程设置：首因效应化解谣言

1972 年，麦库姆斯和肖在《舆论季刊》上发表文章，公布了一项他们最新的研究成果：媒介议题与公众议题之间有着显著的相关性，并相信“媒体的议题影响了公众的议题”，这就是议程设置假说。如今，当人们讨论政治与舆论时，议程设置已经成为一个常用词。什么问题应该居于公众关注与采取行动的核心？传播学中的“议程设置”一词概括了所有社群关于这个问题的持续对话与辩论。这种“影响各种话题在公众议程上的显要性的能力被称为新闻媒介的议程设置作用”[③]。

（一）媒介议程设定公众议程

议程设置理论的核心观点认为，媒介提供的信息在建构我们关于现实的图景方面起着关键作用，媒介中强调的议题随着时间的演化会成为公众认为重要的议题。也就是说，大众传播具有一种为公众设置“议事日程”的功能，

---

① 史安斌：《危机传播与新闻发布》，南方日报出版社 2004 年，第 1 页。

② ［德］乌尔里希·贝克：《风险社会》，何博闻译，译林出版社 2004 年，第 52 页。

③ ［美］马克斯韦尔·麦库姆斯：《议程设置——大众媒介与舆论》，郭镇之、徐培喜译，北京大学出版社 2008 年，第 2 页。

传媒的新闻报道和信息传达活动赋予不同议题不同程度的显要性，从而影响公众对外界事物的认知。公众利用媒介的显要性线索去组织他们自己的议程，并根据问题被突出的程度（如报道量、持续的时间、被安置的位置）感知此议题的重要性，结果往往是被媒介关注、突出的问题会被受众认为是重要的问题。经过一段时间，媒介的优先议题将成为公众的优先议题，媒介的议程成为公众关注、思考甚至采取行动的重点。这就是所谓媒介议程影响公众议程。

媒介不可避免地要"构造"世界。专栏作家皮茨写道，"在一个由媒介设置公众议程并引导对话的世界中，媒介忽视的那些事情就像不存在一样。"① 议程设置理论不仅证明了控制结果即议程设置效果的存在，也发现了媒介控制的手段。尹特曼 1993 年为媒介的构造方法归纳了两点：选择与突出。选择，就是媒介让一些事进入人们的视野，让其他的事不进入人们的视野；突出，就是媒介在向人们报道一些事情时突出某些事物和事物的某些方面。"构造作用引起人们注意现实的某些方面，而掩盖可能引导受众做出不同反应的其他实质。"② 媒介在突出某些事件时，也会突出事件的某些属性，即突出事物的某些方面或特征，人们在认知这些属性时就认知了对议题的思考角度，也就是学到了"怎么去想"。正如著名政治传播学者、美国伊利诺伊大学道瑞斯·戈瑞伯尔教授所说，"如果媒介能够成功地锁定对某个问题的关注，它们就可以借此设置议程。媒介也提供语境，决定人们如何思考某个议题并评价其价值，并以此建构公众议程。"③

议程设置是一种沟通政治与社会的有效途径，大众传媒不仅通过"把关人"的角色来选择、过滤和修饰新闻信息，告诉人们世界上发生了什么，更为重要的是，通过编制新闻程序对不同的新闻设定不同的重要程度，来告诉人们什么是最重要的，什么是最应该关注的。科恩认为，"新闻媒介在告诉人

---

① Leonard Pitts, *Objectivity might be impossible, so we strive for fairness*, *Austin American-Statesman*, 17, December, 2001, p. A13.

② 陈力丹：《舆论学——舆论导向研究》，中国广播电视出版社 1999 年，第 208 页。

③ Doris Graber, *Mass Media and American Politics*, 2nd edn, Washington, D.C.: *Congressional Quarterly*, 1984, p. 264.

们怎么想这一方面可能并不成功，但是在告诉人们想什么的方面则异常成功。"[①] 议程设置是社会舆论形成的初始阶段。媒体的作用不在于它说服公众站在问题的哪一边，而在于哪些问题将会引起公众的注意，会影响公众对现实世界的认知。这是一种隐蔽的影响方式，通过内容把关程序设定在潜移默化中对决策议程产生作用。从信息传播规律的系统角度出发，制订议程系统就是设计如下资讯组合：议程发布者、发布时间和地点、对谁、发布什么、怎样发布（包括方式和频次）、预期效果如何、如何抑制潜在"噪音"的不利影响等。有学者总结归纳出了议程构建的六个步骤：（1）媒介突出报道某些事件或活动；（2）广泛报道；（3）对突出报道的事件或活动赋予意义；（4）语言的影响；（5）次级象征联系；（6）知名且可信的人的加入。[②]

（二）政府议程塑造媒介议程

政府议程对媒介议程的影响包含三个层面：在认知层面，媒介因为政府的告知而意识到议题的存在；在次序层面，政府所安排的议题发布顺序一般会影响媒介考虑的报道顺序；在显著性层面，政府管理者赋予议题的意义一般会影响媒介对整个议题的价值判断。掌握信息资源的政府管理者在塑造媒介议程方面具有优势。占领媒介议程正日益成为政府管理者竞选宣传的短期目标，这种竞选宣传思维暗含着一种议程设置观点，因为控制媒介议程意味着可以对公众施加重大影响。"媒介方面的信息比政治广告看起来更加客观，因此也更容易获得公众的信任。"[③] 新媒体为政府设置议程提供了多种灵活的渠道，例如，政府管理者可以通过网络媒体主动发布新闻或针对网上出现的新闻热点及时发出权威、正面的消息以表明政府的行动。政府管理者也可以到网络媒体进行访谈，直接回答网民关心的问题，还可以通过网络调查的方式征求公众的意见以展示尊重民意的形象。[④]

政府议程也可以补助媒介议程。政府政策议程的各种表现形式是媒介潜

---

① Bernard Cohen, *The Press and Foreign Policy*, NJ: Princeton University Press, 1963, p. 13.

② ［美］沃纳·塞佛林、小詹姆斯·坦卡德：《传播理论——起源、方法与应用》，郭镇之译，中国传媒大学出版社 2002 年，第 261 页。

③ Nicholas O'Shaughnessy, *The Phenomenon of Political Marketing*, London: Macmillan, 1990.

④ 刘正荣：《网上舆论引导中的"议程设置"》，《新闻战线》2007 年第 5 期。

在的新闻来源，媒体上形成的舆论热点大多与政府有关，我们所知道的许多事情大多是来自公共信息官员以及其他代表重要信息来源的公关人员。考察二十年来的《纽约时报》与《华盛顿邮报》，发现它们有近一半的新闻报道中建立在新闻稿与其他直接信息补助的基础之上。在这两家报纸上出现的所有新闻报道中，有大约 17.5%至少在某种程度上都是来自新闻稿，记者招待会与背景吹风会占到另外的 32%。[①] 可见，政府的信息补助在媒介议程的日常构建方面扮演着重要角色。在互联网时代，民意的通达过程就被大大加快，很多意见可以引起国家领导人的高度重视。目前网上各类民意的表达实际上是公众期待与政府形成互动，盼望得到政府的反映，是公众为政府设置的“议程”。政府和公众之间能否形成良性的互动，直接关系到社会舆论的走向。如果政府管理者面对媒体上的舆论无动于衷，就可能使舆论走向于政府不利的一面。

（三）议程设置的社会作用：首因效应

首因效应也叫首次效应、优先效应或“第一印象”效应。首因，是指首次认知客体而在脑海中留下的“第一印象”。当人们第一次与某物或某人相接触时会留下深刻印象，“第一印象”作用最强，持续的时间也长，比以后得到的信息对于事物整个印象产生的作用更强。首因效应，是指个体在社会认知过程中，通过“第一印象”最先输入的信息对客体以后的认知产生的影响作用。对于政府管理者来说，就是抢在第一时间发布信息。这一时期人们的认识处于空白时刻，政府管理者在此时简要而确当地对事件做出解释，引导社会舆论的走向。在传媒踪迹遍布全球各角落的时代，高时效的信息发布不仅先声夺人，而且在信息扩散之前使人引起警觉或预防某些倾向，还有利于防止负面信息的扩散，有效地掌控有害信息的蔓延，防止给社会带来灾难。[②]

抢占舆论先机是实现“成本最小化，影响最大化”的关键环节。如果抓住了第一时间，就能在公众头脑中留下根深蒂固的印象。这就要求政府管理者要做首席议程设置者，争取舆论引导的先机。在当下日趋开放的信息环境

---

① Leon Sigal, *Reporters and Officials*: *The Organization and Politics of News-making*, *Lexington*, MA: D. C. Heath, 1973, p. 121.

② 刘建明：《“第一时间”是什么时间？》，《新闻与写作》2006 年第 6 期。

中，政府管理者如果在重大事件面前沉默寡言或“反应迟钝”，必然导致小道消息乘虚而入、混淆视听。重大事件发生时政府管理者在媒体上的反应能力最能影响其可信度。这种可信度不仅在于政府管理者是否说真话，有时更在于它是否在该讲的时候讲了以及讲了多少，在于观众期待从你这里获取信息时，是否给他们提供了这种信息。信息时代为人们提供了多种信息渠道，你不提供的信息人们可以从其他渠道获悉。因此，不作为就是把阵地拱手让给别人。如果国内其他重大事件，特别是突发性事件发生时，有关方面能够积极进行危机公关，让媒体在报道事件的同时及时向公众做出说明和解释，既有利于有关部门掌握主动权，又提高了媒体的公信力。

二、社会沟通：民生政治的保障、策动与检验

民生问题历来就是国家、政府与公众之间一根敏感的神经。它是一个以民本和民权政治为旨意的抵御日常风险的“生活政治”议题，其解决方式和效果与政府管理者的行为密切相关。当前，随着全民参政意识的时代觉醒，国家、社会和个体对民生话语的渴求激增，尤其是媒介话语中对民生的关注度正在飙升。传统的媒介话语多为“国家叙事”和“专家叙事”，以民众需求为根本出发点和第一落点的话语居于弱势地位，这与政治民生化的理论与实践不相适应。越来越多的政府管理者已认识到，媒介话语是改善民生的社会沟通工具，民生话语能够引导整个政治体和与之紧密关联的每一位政府管理者。

（一）媒介话语作为民生政治的保障机制

“民生”具体来说主要是生活、生存、生计、生命这四“生”。马克思曾说过，“当人们还不能使自己的吃喝住穿在质和量方面得到充分供应的时候，人们就根本不能获得解放。”[①] 按照生活政治的思维，考量政治发展的标杆应来源于民众生活品质的提高和生活选择机会的增加，而不是片面追求简单的社会经济发展指标。对政府管理者而言，民生问题才是政治决策、政治职能

① 中共中央马克思恩格斯列宁斯大林著作编译局：《马克思恩格斯全集》（第42卷），人民出版社1979年，第638页。

和政治资源配置的重心。民生就是最大的政治。

“媒体天然具备构建‘政治交流结构’和‘利益表达机制’的功能。”① 全球化和日常生活的结合，使媒介话语出现了“民生热”的新现象和新特征。近年来，民生议题对政策议题和媒介议题形成的强大冲击已经初见端倪。在新的媒介环境下，多场域力量交织下导致的不同性质议题之间的互动开始在新闻传播层面出现。它打破了传统上政策议题对媒介议题与公众议题的优先顺序，媒介议程设置的主要操盘手已经从官方逐渐转向了广大民众。从执政安全的视角来看，媒介话语是民生政治的保障机制，民意的认同、社会的稳定很大程度上取决于政府管理者运用媒介话语的技术和能力。

（二）媒介话语作为民生政治的策动机制

如今，“所有的事物、事情和人都成了信息发射的装置，现代社会成了一个带有信息色彩的媒介社会”②。在民生政治领域，媒介是最重要的信息集散枢纽，充当了信息的“倍增器”。媒介打造了全新的观点交融平台，演变为思想的“校平器”。媒介信息增值不仅狭义地理解成为多大范围的受众提供服务，其观点被多少人所接受、认同、应用，而是要看媒介话语在多大程度上实现了多少行动层面的策动和链接。

民生现象和民生事件往往折射出具有社会代表性的症候。媒介话语的聚合和扩散，能够让与民众现实生活息息相关的问题及时进入政府管理者的视野，并提升到民生政治的高度予以关注和解决。民生事件容易成为国内外舆论引导的敏感点和脆弱点，然而也恰恰是媒介中的民生话语，最能够以隐性或软化的方式牢牢掌握舆论的主导权，让政治主张和舆论导向在话语中自然扩散，延展主流意识的辐射面，强化主流价值的影响力。总之，媒介话语作为民生政治的策动机制，在树立正确的舆论导向、传播正确的价值理念方面具有示范效应。

（三）媒介话语作为民生政治的检验机制

媒介话语要素不仅是民生议题的召唤者和生产者，也是民生意义的表达

---

① 洪向华：《媒体领导力——领导干部如何与媒体打交道》，中共党史出版社2009年，第17页。

② ［日］佐藤卓己：《现代传媒史》，诸葛蔚东译，北京大学出版社2004年，第3页。

者和再现者，同时还是民生政治的监督者和评估者。如何充分利用媒介话语检验和评估民生政治的得失，相当考验执政者的智慧。政府管理者的话语主题是否“挖掘”民生元素、话语焦点是否“贴近”民生议程、话语形式是否“还原”民生表达、话语内容是否“落地”民生体验，是其个人和所处部门民生政治建设工作的检验指标。媒体话语作为民生政治的监督和检验机制，是公众的知情权、表达权、参与权、监督权经由媒介传播而形成的客观效果，这应该成为国家政治生活的常态。①

媒介话语已经从过去追逐大效益、大场面、大意义等所谓的“大事”转换到关注民众生活的点滴“小事”上，相应地，政府管理者的话语必须关注与百姓日常生活密切相关的热点、焦点和难点问题。具体来讲，民生政治的衡量标准可以从以下几个方面入手：第一，是否把报道和言说对象放在广泛的社会背景和社会系统中加以审视，以更广阔的视野和更高的思维层次去驾驭话语；第二，是否着力于对一些典型的新闻事件、社会现象及广大民众关心的焦点问题进行分析阐述，凸显公众利益，在寻常小事中发掘出不寻常的意义；第三，是否不仅关注对象本身，也要回溯背景、展示过程、分析原因，使媒介话语往纵深开拓；第四，是否在大众中普及实用的原理和知识，使他们具备应对风险、处理生活困境的能力；第五，是否大量使用原生态的市民语言和时尚化的表达方式，甚至贴近民众的思维过程和情感理念，让政治微观化；第六，是否原生态呈现散布于民间的多元观点、言论，并为之提供理性释放的发布渠道与公平交锋的竞技平台；第七，是否深刻解剖和理性分析现实及未来的社会形势，有效对冲和熨平舆论波动的预期，保证话语体系的相对稳定和健康发展；第八，是否能透过缤纷复杂的社会现象和事件，透析出其蕴含的民生政治规律或者发展趋势，引发民众的冷静思考和深刻追问。总之，媒介话语只有挥别“政府观点”主导型时代，生动演绎民众生态，才能以人性化特质恭迎“多场域”民生模拟和民意共振时代的到来。

① 洪向华：《媒体领导力——领导干部如何与媒体打交道》，中共党史出版社2009年，第221页。

三、舆论引导：发挥意见领袖的功能

舆论是数量相当多的社会公众对时局和事态表现出的评价意见。舆论引导，简言之“是用观点和事实影响人”，即舆论被引导者能否接受舆论引导者的观点，并改变自身的价值观念以及行为模式，与舆论引导者形成一致。考察舆论引导的影响力，关键是考察舆论主体的观点和意见，能让多少人的思想和价值在多大程度上与之产生认同。政府是舆论引导的主导力量，政府的公关和政治传播行为等也是进行舆论引导应有的题中之意。

（一）舆论引导类型的时代变迁

1950 年，美国社会学家理斯曼和他的两位助手在其著作《孤独的人群——美国人性格变动之研究》里提出了三种历时的舆论引导类型。“他们将现代启蒙之前的漫长社会阶段统称为传统社会，在这样的社会中，人们生活在一种依赖传统引导的社会环境中。从传统社会向现代社会的转变时期，人们有了较大的选择余地，激发了处理新问题的志向，制约人格发展的动机由顺从外在的社会传统转变为以早年习得的性格在自身内部的引导。而现代社会，人们的交往关系复杂起来，人的行为动机与内在需要带有明显的社会化特征，更加关注他人，尤其是同龄人的态度，由此决定自己的观点和行为，因而生活在一种依赖他人引导的环境中。”[①] 如此，这就依次形成三种历时的引导类型：传统引导型、内部引导型、他人引导型。

“传统引导的社会利用讲家史、神话、传说、唱歌等形式传播其相对稳定的社会价值观。”[②] 传统的引导通常是在冬日家庭的火炉旁、夏日庭院的大树下由老人们通过讲故事的形式进行的，被理斯曼称为“火炉旁的媒介作用”。所谓的“火炉旁”仅仅是一种地点的借用，这种引导具有全社会特征，讲故事的人可以是酋长、族长、元老、自己的外公外婆，等等，这种传播活动浸渍着每个人的 生，并代代承袭。对老人所讲述的故事的尊崇、信奉，本身

---

① ［美］理斯曼、格拉泽、戴尼：《孤独的人群——美国人性格变动之研究》，刘翔平译，辽宁人民出版社 1989 年，第 6 页、第 7 页、第 13 页。

② 同上，第 85～86 页。

就是传统社会的一种舆论。[①] 传统引导型的传播特征是“点对点”，具有故事的既成性和直接的影响力。

当传统社会走向现代社会之时，书刊作为人们产生新观念并形成新舆论的主要媒介，发挥了重要作用。这是一种文字对人思想的影响，它不同于听老人讲述故事，读者需要自己思考之后才能接受，因此被称为“内部引导”。书刊对公众的引导是通过读者的选择、阅读、理解、认同而产生的心灵内部的引导方式，有助于形成具有自主倾向的内部引导性人格。[②] 新一代人的“选择能力比传统引导阶段大为增加。结果，越来越多的读者开始阅读与自己关系不大的信息。在这种情形之下，他们的阅读再也不受传播者的控制、影响，也不再因自己是群众的一员而必须接受传播者说的话了”[③]。内部引导型的传播特征是“面对面”，书刊和读者群之间形成了一种“偶合”关系。

随着社会工业化的发展和大众传播媒介的普及，“人们与外界及其与自身的关系都要以大众传播的流通为媒介”[④]。人的观念和行为变化的主要依据不再是自己的长辈而是外界的同侪。由于能直接接触的同侪毕竟很有限，因而大众媒介相当程度上成为人们需要的广义同侪，于是一种新的更为广泛的引导方式——他人引导类型便形成了。“他人引导的人经常关心当代人（或他们的替身：大众传播媒介）的指导、期望和赞同。”[⑤] 公众总是需要从大众媒介或其他信息渠道获得维持心理平衡和生存需要的信息，不论传播者主观上是否意识到是在引导，引导实际上始终存在。各种大众媒介深深地渗入到公众的生活中，尤其是对新一代人的影响，与前辈人接受的引导方式发生了很大的差异。[⑥] 他人引导型的传播特征是“点对面”，公众的信息焦虑使舆论引导成为大众媒介的基本职能。

---

① 陈力丹：《舆论学——舆论导向研究》，中国广播电视出版社 1999 年，第 186～187 页。

② 同上，第 187～188 页。

③ ［美］理斯曼、格拉泽、戴尼：《孤独的人群——美国人性格变动之研究》，刘翔平译，辽宁人民出版社 1989 年，第 89～90 页。

④ 同上，第 19 页。

⑤ 同上，第 29 页。

⑥ 陈力丹：《舆论学——舆论导向研究》，中国广播电视出版社 1999 年，第 190 页。

（二）舆论格局变化对舆论引导的新要求

传媒技术的日新月异带来了舆论引导的范式转换，引导范式正在从传统的内容引导迈向新型的关系引导之路。内容引导的关键在于内容的生产和加工，关系引导的关键则在于观念支配下的关系的社会化大生产。从舆论环境和舆论格局的变迁来看，当前至少有以下五个方面正在发生巨大的变化：一是迅速发展的互联网，带来了舆论生态的深刻变化；二是人们思想活动的独立性、选择性、多变性、差异性的明显增强，带来了舆论传播受众的根本变化；三是保障人民群众知情权、表达权、参与权和监督权的时代要求，带来了舆论信息需求的重大变化；四是社会结构、社会组织形式、社会利益格局发生的深刻变化，带来了社会舆论环境的巨大变化；五是经济全球化和信息网络化的相互激荡，带来了舆论传播的跨国化和无国界化。

舆论格局的变化对政府管理者的舆论引导提出了新的要求：

第一，主流舆论引导和民间舆论引导的协调。舆论的发展无非会产生两种结果：一种是争论方各执己见，彼此无法整合，而最后不了了之，舆论慢慢地消退或被新的舆论热点代替；另一种是通过争论辨别了是非，消除了分歧，达成了共识，形成了主流舆论，促进了问题的解决。[①] 在重大突发公共事件的舆论引导中，主流舆论引导（包括政府和媒体）对于正确的舆论导向起到了关键作用。但是，新时期尤其是互联网环境中，非官方的尤其是民间舆论中的意见领袖，在舆论传播中扮演了重要角色。民间舆论在重大突发公共事件危机处理进程中，迫切需要正确的引导，并与主流舆论形成共鸣。所以，要提升舆论引导力，就必须研究如何有效协调主流舆论与民间舆论引导的统一。

第二，国内舆论引导与国际舆论引导的统筹。近年来，西方国家对中国社会及其区域发展的生态、民族、宗教、边疆等问题的误读不断加剧，舆论引导面临着统筹国际国内舆论的重大任务。在全球化竞争中，中华民族的复兴与中国的和平崛起，要求在国际上获得与国家地位相一致的传播话语权和舆论主导权。在重大突发公共事件中，主动引导国内舆论能有效影响国际舆

① 赵志立：《网络舆论：主流与草根如何对接?》，《网络传播》2010 年第 9 期。

论。深入探索与研究在重大突发公共事件中国际、国内舆论引导的创新策略，全面提升掌控舆论导向的能力、服务人民群众的能力、把握新闻规律的能力、拓展传媒阵地的能力、履行工作职责的能力，构建国际国内统筹的提升舆论引导力的创新体系，更有利于全面提升国家形象，提升文化软实力，保障国家文化安全，从而使中国声音和有利于中国的舆论在世界舆论场域中占据主导地位。

第三，传统媒体舆论引导和新媒体舆论引导的共生。如今报纸、广播、电视、互联网和手机等各种媒介形态相融共生，多媒体融合并存。传统媒体虽然占据主导地位，但新媒体的话语权和影响力在不断扩大。尤其是重大突发公共事件中，新媒体打造的新的舆论平台逐步强势，影响着社会的议程设置。因此，在重大突发公共事件的危机传播中，只有新媒体与传统媒体融合互动，才能构建舆论引导合力。

（三）舆论引导中意见领袖的特殊功能

意见领袖是指在人际传播网络中首先或较多接触大众传媒信息，并将自己再加工的信息传播给其他人的人，他们在大众传播效果的形成过程中起着重要的中介或过滤的作用，形成信息传递的两级传播。意见领袖必须具备两个条件：一是具有广泛的影响力；二是具有公信力和权威性，在社会中享有较高的声誉。意见领袖具有影响他人态度的能力，这些“活跃分子”介入大众传播，加快了传播速度并扩大了影响。意见领袖常常是追随者心目中价值的化身，他的一言一行、所作所为受到追随者们的格外重视，是追随者所愿意追随和模仿的。意见领袖要对追随者产生影响力，不仅要信源广阔，还要有较强的读码、释码的能力，在某些专业问题上要有较多的研究。他们富有同情心和责任感，能带头为群体和成员个人利益讲话，因而容易获得群体成员的好感和信赖。意见领袖一般颇具人格魅力，具有较强综合能力和较高的社会地位和被认同感，吸引了一批追随者。通常，意见领袖有较强的人际交往和社会活动能力以及关系协调能力，他们在社交场合比较活跃，与受其影响者同处一个团体并有共同爱好，通晓特定问题并乐于接受和传播相关信息。意见领袖的中介功能是多方面、多层次的，主要包括加工与解释、扩散与传播、支配与引导、协调或干扰。

意见领袖的首要任务是对先行接收到的大量的信息进行加工与解释，而后以微型传播（如面对面的交谈）的方式传达给其他受众或追随者。他们经常运用的加工与解释的方法有：生发引申、添枝加叶、客观复述、裁减回避、歪曲攻击。对信息的加工程度与解释方法，取决于外在信息与意见领袖的认知结构、价值观念、个人利益和文化模式相贴近或相背离的程度，取决于意见领袖的选择性注意、选择性理解、选择性记忆这三道防卫圈的严密程度。意见领袖是对信息加工后予以再传播和再扩散的这一部分人。大众传播的讯息并非能全数直达阅听人之处，有时候它只能到达它所欲传播对象的一部分，再由一部分人把讯息传给最普遍的大众。意见领袖对信息的再扩散和再传播是无报酬的、义务性的，但是他们自己十分乐意这样做。

意见领袖对先期接收到的信息进行加工与阐释、扩散与传播，正是为了支配、引导其对追随者或被影响者的态度和行为。意见领袖最主要的效能，就是指点和调节那些面临信息轰炸、思想灌输的无主见、易依赖的受传者，帮助他们表明态度、采取行动、解脱矛盾。有时，意见领袖不仅能影响这些人说什么、看什么、做什么和想什么，而且还支配着他们怎么说、怎么看、怎么做和怎么想。追随者或被影响者的社会地位愈低、面临的信息愈多、处理信息的能力愈差，就愈加没有主见和自信心，也就愈容易接受意见领袖的咨询和参谋，他们甚至希望凡遇事都能有人主动上门来帮他们出谋划策、权衡利害、拿定主意。意见领袖还能协调或干扰传播。如果传播者传递的是符合意见领袖及其团体成员需要的或可以为其接受的观点和主张，那么意见领袖就会俯首听命、协调操作，成为大众传播的动力。相反，如果传播者输出的信息违背或损害了意见领袖及其团体的利益，观点不能为其所接受，那么他就可能设障阻滞或故意干扰传播过程，也可能对传播信息做出符合自身利益的加工和解释，或者干脆进行指责和攻击。

总之，政府管理者的媒介话语不仅是传播意识形态的物质载体，更因其为社会制造“信息气候”和“意见领袖”、为大众提供“民生顾问”和“舆论平台”而成为重塑价值观的精神力量。无论人的思想、观念还是行为，直接引导都是巨大的挑战。而意识是潜在的、流动的，是有可能进行培育和熏染的。作为舆论领袖，政府管理者有能力也有必要对社会舆论进行积极的统筹与协调，对公众的态度和行为进行合理的说服与引导。哈贝马斯将现代媒介称为“舆论管理技术”，他认为，媒介可以“建立使人接受的新权威和新象征，改变公众舆论的方向”[①]。事实证明，作为权力代表的政府管理者只有取信于媒体、亲近于媒体，才能让媒介话语成为政府的一项治理技术和执政资源。

四、风险治理：作为执政资源的媒介话语

话语制造了风险，因此治理风险理应治理话语。对于政府管理者来说，现代媒介的发展直接导致了执政观念和执政方式的变化，影响执政过程和执政效果。媒介话语不仅是日常生活的艺术，更是一种执政的资本。现代社会的话语技术“已经具有或正在具有跨越背景技巧的特性——这些技巧被看作是资源或成套工具，可以在许多不同的背景之下被用来追求种类繁多的策略”[②]。事实上，政府管理者被配置的权力，也是被赋予的话语驱动和话语分殊的权威性资源，而将媒介话语作为执政权力的话语资源，既是一种领导艺术，更是一种执政方略。

（一）媒介话语与符号权力

媒介话语将符号权力赋予那些拥有它们的人。政府管理者的话语之所以能被符号化，其根本原因在于符号的权力本性。“语言关系总是符号权力的关系，通过这种关系，言说者和他们分别所属的各种群体之间的力量关系转而以一种变形的形式表现出来。”[③] 政府管理者在媒介中的高出镜机会和高发言频率，决定了这是握有媒介话语资源优势的权力群体。政府管理者在媒介中的每一次话语表达都应视为一次权力行为。哪怕是最简单的话语交流也不是纯粹的语言沟通行为，而是涉及被授予特定社会权威的话语发出者（政府管理者）与在不同程度上认可这一权威的话语接收者（社会民众）之间结构复

---

① 陈丽江：《文化语境与政治话语——政府新闻发布会的话语分析》，中国广播电视出版社 2007 年，第 229 页。

② ［英］诺曼·费尔克拉夫：《话语与社会变迁》，殷晓蓉译，华夏出版社 2003 年，第 200 页。

③ ［法］布迪厄、［美］华康德：《实践与反思——反思社会学导引》，李猛、李康译，中央编译出版社 2004 年，第 189 页。

杂、枝节蔓生的权力关系网。媒介话语实践总是卷入话语资源和符号权力的分配过程，并受其形塑和挤压。法国学者皮埃尔·布迪厄在《论符号权力》一文中说，“符号权力是建构现实的权力，是朝向建构认知秩序的权力”，“符号和符号体系作为知识与沟通的工具，它是被塑造结构的，也有塑造结构的权力”。① 符号塑造社会现实，促成社会共识，有利于社会秩序的再生产。政府管理者作为符号权力主体，其媒介话语具有三重功能：第一，做出判断，告诉人们某一事物的意义是什么；第二，通过一些限制性的规则，告诉人们在什么情况下该如何行动；第三，告诉人们实际上发生了什么。正是如此，“官方的话语使自己成为合法正当的诞生，成为知识的仓库”②。对政府管理者而言，媒介话语是一种信誉，越能得到认同就越能强化其符号权力地位，这便是话语的政治动员功能。

执政权力和符号权力不是相互区隔的独立领域，而是两个可以相互置换的权力技术。“在特定的社会现实中，附加各种现实建构原则的特定符号权力，就是政治权力的一个主要向度。”③ 一方面，符号权力可以置换政治权力，使政治权力以一种更加隐秘的形式来实现，事实上，权力在最不引人注目的时候是最有效的；另一方面，符号权力也可以被还原为政治权力，符号权力一旦使社会共同体就执政价值达成共识成为可能，便可以成为表达政治权力最有力的工具。话语行为中的符号权力是一种象征性权力，它是由外部的社会机构所赋予的。媒介话语中的权力行使往往不是表现为公然有形的暴力，而是转化为以象征形式维护的温柔、无形的巧力。政府管理者将这种权力应用得巧妙，就会使民众认同权力价值体系的合法或合理性，并且不自觉地积极参与；政府管理者滥用执政的权力话语，就会导致话语霸权和符号暴力，形成不稳定的社会风险因素。当今的政府管理模式已发生了现代性演进：从以权威、服从为核心的社会统治向以契约、协作为核心的公共治理转变，未

---

① 贺照田：《学术思想评论（第五辑）》，辽宁大学出版社 1999 年，第 166～167 页。

② ［瑞士］费尔迪南·德·索绪尔：《普通语言学教程》，高名凯译，商务印书馆 1980 年，第 136～137页。

③ ［法］布迪厄、［美］华康德：《实践与反思——反思社会学导引》，李猛、李康译，中央编译出版社 2004 年，第 87 页。

来还有向以信任、商谈为核心的服务型政府转变的趋势。社会转型要求政府管理者的媒介话语在行使符号权力时，应当从单一的合法性价值追求转向善治的综合价值塑造，这样才能使其执政理念更为先进、执政方式更为科学、执政地位更加稳固。

（二）媒介话语与执政资源

权力的核心竞争力和可持续发展，最根本的支持系统来源于自身丰厚的优势资源。所谓执政资源，主要是指政府及政府管理者自身具有的诸多优势，他们对公众的影响力、凝聚力、号召力，以及社会公众对执政党及其政治主张和政治行为的认同、支持等。媒介话语深度参与到执政的全过程，就使政府管理者具有了强大的政治能量和社会影响。政府管理者媒介话语的基本职责在于宣达政治决策，高级职责在于提供决策参考。一般说来，决策的过程实际上就是决策中枢对传输过来的利益表达的信息进行综合，进而把它转化为权威性的政策选择、输出政策的过程。凭借反映利益诉求信息的占有的充分性和沟通渠道的通畅性，政府管理者能够在更广泛的范围内进行意见综合和利益整合，形成政策，然后向政府表达和输入，使民众的意见进入政府决策的视野。由于政府管理者有较多的话语资源支持，所以具有很强的权威性，使其意见综合均能够作为政策选择，被提供进入决策阶段。更为重要的是，政府管理者控制着政府的主要职位，这极大地增加了媒介话语转化为执政资源的可能性。

“所谓话语资源，就是体现在媒体言论中的价值观念和表达工具的总和。”[①] 区域性的话语秩序、适应性的话语习俗以及价值观念和思想意识都是重要的执政话语资源。对于政府管理者而言，民主、科学、法治、人文关怀、公平正义、理性、自由、世界眼光等现代理念与成语、俗语、谚语、格言、神话、传说、诗歌等表达工具，不仅体现了丰厚的媒介话语底蕴，而且展示了新型的权力话语风尚。“组织本身就是对某种倾向性的动员。”这种倾向性往往直接体现在媒介话语之中。作为被推举的组织精英代表的政府管理者，

---

① 刘学义：《话语权转移——转型时期媒体言论话语权实践的社会路径分析》，中国传媒大学出版社2008年，第135页。

针对该组织事务如何表态、何时表态、表什么态，设置什么议题、排除什么议题、强调什么议题，都是至关重要的。政府管理者的媒介话语往往影响整个社会的进程和方向，它不仅仅在政治体系内部发挥作用，也在社会场域内施展能量。我们主要关注的“不是现状维护者是否有意识地运用他们的权力，而是他们如何运用权力以及权力对政治过程和政治系统内的其他行动者具有什么样的作用”①。媒介是权力的资源，话语是权力的象征。风险是话语的风险，追根溯源还是权力的风险。因此，在政治生活的方方面面，应将话语风险纳入到权力的风险体系中去考察，才能据此发展应对权力风险的种种话语策略。

媒介话语资源的掌握和使用，全方位考验政府管理者的执政能力。为了更好地驾驭媒介话语，政府管理者在长期治国理政的过程中，要明晰话语的社会效应。无论是积极影响还是消极作用，都应该根据传播规律制定具有战略性、前瞻性和风险抵御性的话语策略，要学习话语资源的组织协调与环境调适技术，并以民众为出发点进行话语的整合调度、动员渗透和自律纠错。政府管理者的媒介话语既要避免因蜻蜓点水、浮光掠影而言之无物，又要避免因枯燥冗长、言辞深奥而拒人千里。政府管理者作为执政主体，应该熟稔并掌握媒介话语的精义，深刻认知媒介的“话语风险”，修炼面对媒体的“话语技术”，开辟自己话语的“动感地带”。

（三）风险治理与危机传播

风险已成为我们这个时代的标志性特征和理解世界的无所不包的背景。在风险社会的现实背景下，风险因素异常活跃，风险局面纷繁复杂，传统的相对狭窄的技术性的风险管理越来越难以满足现代社会和未来社会发展的需要。只有尽快将风险治理纳入议程，实现对风险的有效治理，才能从根本上扭转危机频发的严峻态势，保护人民群众的生命财产安全，维护国家和社会的和谐稳定。风险社会的根本选择在于风险治理，它超越了纯粹管理的概念和范畴，成为整个国家和社会的治理问题。风险治理不同于单向性、技术性、

---

① ［美］史蒂文·卢克斯：《权力：一种激进的观点》，彭斌译，凤凰出版传媒集团、江苏人民出版社 2008 年，第 13 页。

客观性的风险管理，它有其遵循的行为法则：多元参与、开放透明、责任明确、公正合理。[①]

风险治理的范畴和内容可以从静态和动态两个角度考察。从静态来看，风险治理包括模式建立和能力培养两大范畴：一是在组织所处的政治、经济和文化背景下，结合组织内部的系统结构和系统环境，建立一套行之有效的风险应对模式；二是在组织的整个战略规划下，培养和拓展组织的危机预控能力、处理能力和恢复管理能力。[②] 从动态来看，风险治理是一种时序上的过程管理。风险治理的首要环节是强化风险意识、培养风险观念，充分认识风险、勇于直面风险、接纳包容风险、预防规避风险、敏锐觉察风险、积极利用风险。如果缺乏对风险的认知、判断和评价，结果可能出现两种对待风险的极端态度：一种是极端的恐惧，另一种是极度的漠视。[③] 其次，要建立起包括政府、企业、非营利组织、专家、公众等社会多元主体在内的风险复合治理体制，实现风险共担。由于现代风险的高度复杂性（超出了任何单一专家系统可以解释和控制的范围）和广泛影响性（波及每一个社会成员），因此风险治理的主体不能再像过去那样仅由政府来承担。在新的风险社会中，应该建立起双向沟通的“新合作风险治理”模式，在政府、企业、社区、非营利组织之间构筑起共同治理风险的网络联系和信任关系，建立起资源、信息交流与互补的平台。这样才可能充分动员一切社会力量，共同应对未来可能发生的风险。[④] 最后，还必须学习和掌握专业的管理手段和方式方法，包括如何进行风险的识别、分析、评价、预警、处置和日常监控等，使风险治理不断朝着更加综合、全面或整合的方向发展。

政府管理风险的水平和效果如何，影响到民众对政府执政能力的认同，影响到政府的合法性基础。因此，有效地管理和降低风险，保护人类安全和公民福祉，保障社会有序运转，是政府的基本职能，也是政府的基本政治责任。有鉴于此，政府不仅与风险治理利害相关，更在其中居于主导地位；政

---

① 张成福、陈占锋、谢一帆：《风险社会与风险治理》，《教学与研究》2009 年第 5 期。

② 胡百精：《危机传播管理——流派、范式与路径》，中国人民大学出版社 2009 年，第 16 页。

③ 倪明胜、纪宁：《风险社会与风险治理》，《求知》2010 年第 8 期。

④ 赵延东：《风险社会与风险治理》，《中国科技论坛》2004 年第 4 期。

府不仅要参与风险治理，更要切实承担起风险治理的主导职能。当个人或企业行为对他人构成风险时，政府扮演的是管制角色，旨在确定游戏规则；当风险不可抗且不能归结于任何主观故意因素时，政府扮演的是服务角色，提供保护和减轻影响；当政府处理自身事务带来的风险时，扮演的是管理角色，减少自身运行给外部带来的风险。[①] 在政治主导型的稳态社会结构中，中国的传媒是作为社会结构系统中的子系统而存在的。这样的角色决定了中国的大众传媒要在政府、传媒和公众的三角结构中发挥其社会功能。在风险社会中，公众迫切需要通过大众传媒获取有用的信息，而媒介一方面是风险议题的制造者，另一方面也可以作为政府管理社会的工具。

危机状态下的传播是一种变异了的传播系统，它是混乱符号和不确定性意义的共享过程，是信息传播主体与客体非秩序化复杂互动的过程，是各种信息碎片充斥的脆弱的杂合体。[②] 在危机形成初期，线形传播发挥主要作用，少数人的信息互动为后来多种传播内容和形态勾勒了最初蓝本。逐渐地，危机信息呈几何倍数的复制和流通，谣言滋生，源自各端的杂音汇成于组织不利的舆论压力，枝蔓丛生的树状链条式传播形成。在大众媒介插手危机事件后，危机信息汪洋恣肆，如光源一般覆盖了大规模的接收者，放射状传播链条得以形成。最后，多信源、多途径的信息加工和传递，造就了变幻莫测、难以跨越的传播漩涡，这种复杂的危机传播链从点到面、由表及里地影响着整个社会的话语生态。

政府部门在危机各个阶段应当具备的传播要素[③]

所处阶段	传播要素	备注
潜伏期	起草和准备预案； 建立和培养各种合作关系； 搜集相关建议； 对新闻发布渠道和反馈渠道进行检测	应当“自我施压”， 做到“未雨绸缪”

① 倪明胜、纪宁：《风险社会与风险治理》，《求知》2010 年第 8 期。

② 胡百精：《危机传播管理——流派、范式与路径》，中国人民大学出版社 2009 年，第 33 页。

③ 史安斌：《危机传播与新闻发布》，南方日报出版社 2004 年，第 14～15 页。

续表

爆发期	不隐瞒事实； 使用简朴的语言通报危机情况，表达关注； 努力树立和维护政府官员及发言人的公信力； 向公众及时提供切实可行的行动信息； 承诺保持沟通，及时传递最新消息	受到来自媒体和公众的“信息压力”
延续期	教育公众，使其了解面临的风险； 延续向公众提供行动信息； 提出各种应对方案，并进行解释； 接受反馈意见，及时纠正错误信息； 着手对收益和风险进行评估	受到来自媒体和公众的“舆论压力”
痊愈期	继续教育公众，增强其应对危机的能力； 对引发危机的原因和危机处理中出现的问题进行诚恳的解释； 及时通报恢复工作的进展情况； 说服公众支持政府的各项政策，服从各种资源的调拨	
评估期	对政府部门的危机传播有效性进行评估； 总结经验，发现问题； 对危机传播预案进行修订； 重点对发言人工作和应对媒体的工作进行评估	

在危机传播的各个阶段，政府管理者的媒介话语起着关键性作用：第一，突发性事件往往是在新媒体上最先公布的，此后随着事件的发展变化，政府管理者所设置的媒体议程始终影响着公众议程；第二，政府管理者可以通过及时、准确、客观地发出危机预警信号，保障公众的知情权，以免因信息不对称而造成社会恐慌和震荡；第三，媒介多元真实的信息传播，可以增强社会各阶层的沟通与理解，传媒有助于化解社会矛盾，增强政府的公信力，提高解决危机的工作效率；第四，就风险治理而言，媒介有可能促成政府尽快形成一个比较完善的风险治理系统，媒介对社会的影响已经开始进入到制度建构的层面。

综上，风险社会的到来，使政府管理者的媒介话语成为了一把“双刃剑”，它既积聚着巨大风险，又蕴藏着无限转机。执政权力依赖于制度性的权威，这种权威通过诱导、激励、劝说等实现影响力，而影响力又需通过政府管理者的媒介话语外化于形。风险社会超越了传统意义上的危机治理范畴和应对理念，如何建立一套科学、合理、高效的治理制度，增进政府与公民、社会的协同治理能力，推动风险社会善治格局的形成，是当前各国政府、社会以及有志于参与风险社会治理的人们共同思考和面对的问题。构筑“政府管理者—媒体话语—社会公众”三位一体的“执政三角”，这是一种极其可贵的执政自觉。在此基础上剖析现代风险社会中政府管理者媒介话语的问题，能够更好地应对新形势下执政主体所面临的机遇与挑战。

第四章　风险社会中政府管理者媒介话语的问题域

问题是病症和危机的凸起点，抓住了问题就抓住了突变和动因，进而可以把握整个媒介话语系统的动态。据调研结果显示，经过了“5·12”汶川大地震、甲型 H1N1 流感、金融危机等一系列突发事件的历练，有部分政府管理者对公共危机事件的认知能力得到了提高，已经开始关注和着手培育自身的媒介话语。但从政府管理者群体的整体特征来看，目前媒介话语的现状仍不容乐观，相当一部分政府管理者应对公共危机事件的能力还十分匮乏。这与新时期的媒介生态和社会环境不相适应，必须尽快在理论和实践领域大量开展政府管理者媒介话语的盘查、诊断和改进工作。

第一节　政府管理者媒介话语的现状考察

研究风险社会中政府管理者群体接触、认知、使用媒体的真实状况，可以较客观地呈现政府管理者对媒体环境的适应能力尤其是他们在重大突发性事件中的反应能力。四川大学国家重大社科招标课题“新形势下提升舆论引导力对策研究”课题组，经过充分论证和准备，于 2009 年 6 月至 11 月对中国四川省内各级政府管理者的媒介话语现状进行了一次颇具规模的问卷调查。[①] 本次调研主要考察政府管理者对媒体尤其是新媒体的接触时间、频度和

① 调查结果分析报告由四川大学国家重大社科招标课题“新形势下提升舆论引导力对策研究”课题组提供。

方式，利用目的、动机和需求，以及常用业务和使用情况。

针对四川省的具体实际，抽样方案主要是据四川省统计局2008年上半年各市州GDP排名：以GDP在300亿以上的（成都、绵阳、德阳）为经济发展的第一个层级，GDP在200亿以上的（达州、宜宾、乐山、南充、凉山、泸州、内江、资阳、自贡、攀枝花）为经济发展的第二个层级，GDP在100亿以上的（广安、眉山、遂宁、广元）为经济发展的第三个层级，GDP在100亿以下的（雅安、巴中、阿坝、甘孜）为经济发展的第四个层级。各层级按1/3抽样，抽样结果为：第一层级为成都（含省级机关），第二层级为宜宾、凉山、南充，第三、四层级为遂宁、甘孜、巴中。另据2008年年报，全省公务员（包括参照的）372272人，其中正省级6人，副省级52人；正厅级416人，副厅级1756人；正县级13000多人，副县级24000多人，乡级及以下333000多人。预定抽取的样本数是800，也即按总量的2‰抽样。如此，则省级（正省级和副省级）和厅级（正厅级和副厅级）抽5人；县级（正县级和副县级）抽80人；乡级及其以下715人。不过，考虑到省厅级的重要性，故将其样本量增加为50。

结合地区的经济层级，样本数量分布如下表：

样本量 / 地区	省级和厅级	县（正县和副县）级	乡级及以下
成都	20	13	105
宜宾	5	11	100
凉山	5	11	105
南充	5	11	100
遂宁	5	11	100
甘孜	5	12	105
巴中	5	11	100
总计	50	80	715

调研共发放问卷850份，回收有效问卷825份，回收率高达97.06%。现将SPSS的分析结果报告如下：

一、政府管理者媒介话语的单项分析

（一）受访者基本特征

1. 受访者性别比例

本次调查的有效问卷中，男女比例分别为76.6%和20.7%，具体分布如下表：

	Frequency	Percent	Valid Percent	Cumulative Percent
Valid male	632	76.6	78.7	78.7
female	171	20.7	21.3	100.0
total	803	97.3	100.0	
Missing 99	22	2.7		
Total	825	100.0		

（注：99表示“缺失”，以下各表同）

2. 受访者受教育程度

从受教育程度看，本次调查整体以大学及以上学历为主，累计占总量的98.1%。具体分布如下表：

	Frequency	Percent	Valid Percent	Cumulative Percent
Valid 高中	5	0.6	0.6	0.6
大学	511	61.9	62.7	63.3
本科以上	299	36.2	36.7	100.0
total	815	98.8	100.0	
Missing 99	10	1.2		
Total	825	100.0		

3. 受访者任职情况

按抽样方案，本次调查将受访者任职情况分科级、副处级、正处级、副厅级、正厅级及以上。具体分布如下表：

	Frequency	Percent	Valid Percent	Cumulative Percent
Valid 科级	451	54.7	56.8	56.8
副处级	102	12.4	12.8	69.6
正处级	138	16.7	17.4	87.0
副厅级	83	10.1	10.5	97.5
正厅级及以上	20	2.4	2.5	100.0
total	794	96.2	100.0	
Missing 99	31	3.8		
Total	825	100.0		

4. 受访者工作区域分布情况

按抽样方案，本次调查将受访者的工作区域分 1 级、2 级、3 级。具体分布如下表：

	Frequency	Percent	Valid Percent	Cumulative Percent
Valid 1	184	22.3	22.3	22.3
2	385	46.7	46.7	69.1
3	255	30.9	30.9	100.0
total	824	99.9	100.0	
Missing 99	1	0.1		
Total	825	100.0		

（二）受访者认知、接触和运用媒体的现状

1. 受访者获取信息的媒体情况

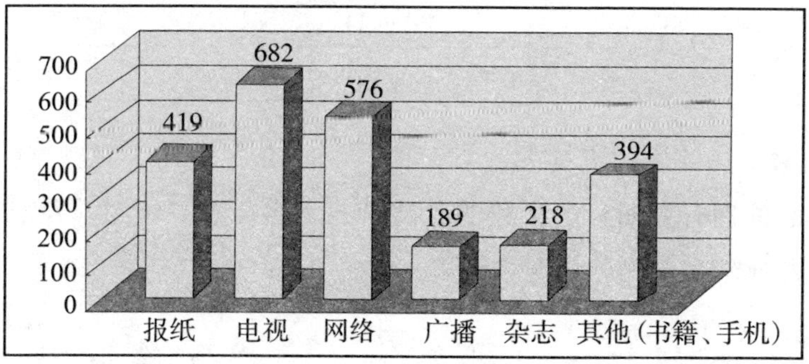

2. 受访者选择信息获取媒体的原因

在时效性强、信息量大、可信度高、使用方便、娱乐性强等选择动因中，受访者选择信息获取媒体的主要原因是时效性强，其次是信息量大和使用方便。

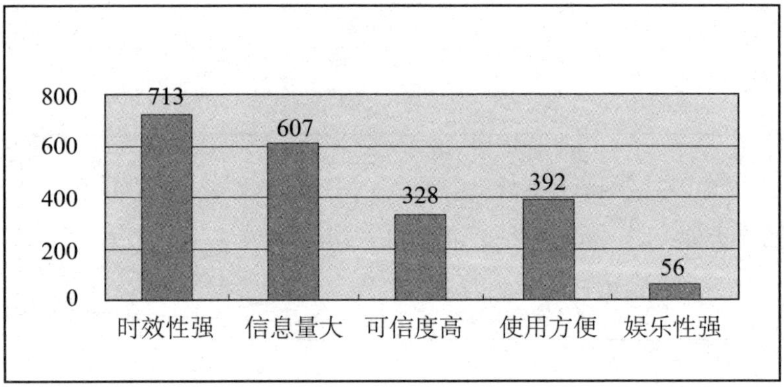

3. 受访者 QQ 或 MSN 的拥有情况

在 QQ 或 MSN 的拥有方面，多数受访者表示自己有，即便没有的，也表示自己希望有。具体情况如下表：

	Frequency	Percent	Valid Percent	Cumulative Percent
Valid 有	564	68.4	68.9	68.9
没有	12	0.15	0.18	69.1
希望有	244	29.6	30.9	100.0
total	820	99.4	100.0	
Missing 99	5	0.06		
Total	825			

4. 受访者的博客拥有情况

在博客的拥有方面，近半数的受访者表示自己有，不过，没有而表示不希望有的却比较多。具体情况如下表：

	Frequency	Percent	Valid Percent	Cumulative Percent
Valid 有	365	44.2	44.2	68.9
没有	380	46.1	46.1	90.3
希望有	80	9.7	9.7	100.0
total	825	100.0	100.0	
Missing 99	0	0.00		
Total	825			

5. 受访者的博客更新情况

在博客的更新方面，每一两周更新博客的相对较多。具体情况如下表：

	Frequency	Percent	Valid Percent	Cumulative Percent
Valid 两三天	39	4.7	10.7	10.7
一两周	148	17.9	40.5	51.2
一两个月	86	10.4	23.6	74.8
几个月	34	4.1	9.3	84.1
不确定	58	7.0	15.9	100.0
total	365	44.2	100.0	
Missing 98	380	46.1		
99	80	9.7		
total	460	55.8		
Total	825	100.0		

6. 受访者利用网络发布信息的情况

在利用网络发布信息方面，有超过半数的受访者表示经常或偶尔通过网络发布信息。具体情况如下表：

	Frequency	Percent	Valid Percent	Cumulative Percent
Valid 经常	233	28.2	29.1	29.1
偶尔	373	45.2	46.5	75.2
从不	154	18.7	19.2	94.8
还不行	42	5.1	5.2	100.0
total	802	97.2	100.0	
Missing 99	23	2.8		
Total	825	100.0		

7. 受访者对媒体功能的认知情况

在对媒体的功能认知上，过半数受访者认为媒体的主要功能是传播信息和舆论宣传。具体情况如下图：

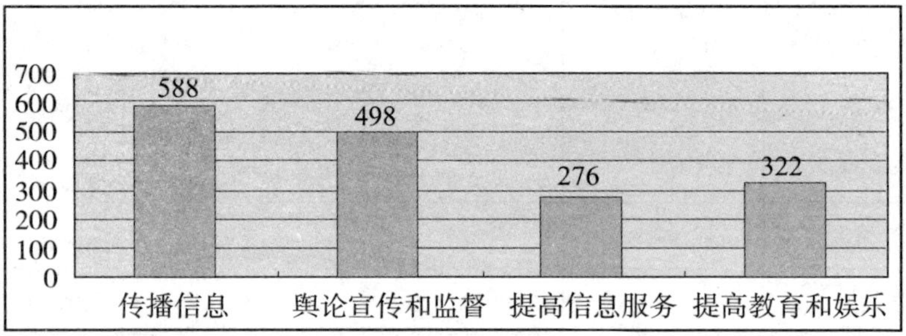

8. 受访者认为媒体对自己的影响情况

在媒体对自己的影响方面，近半数受访者认为媒体对自己的观点和思维有影响。情况如下图：

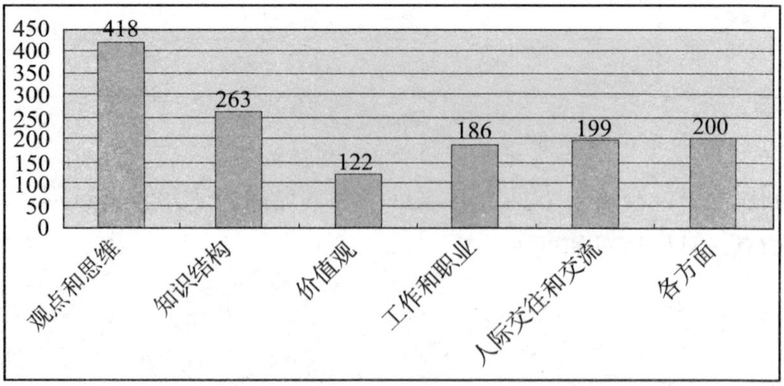

9. 受访者所在的单位与媒体打交道的方式

在与媒体打交道的方式上，多数受访者倾向于灵活选择。具体分布如下图：

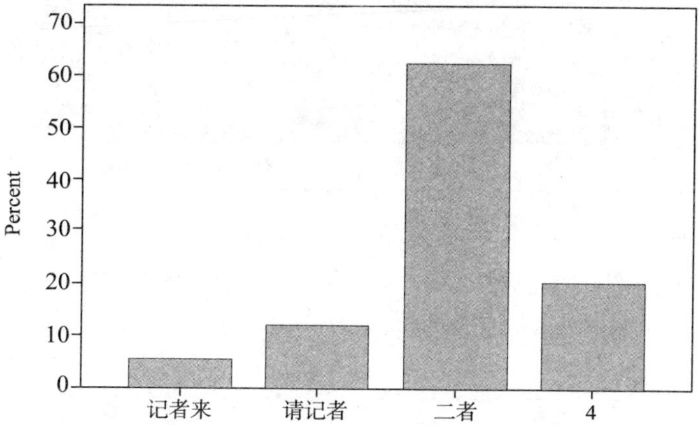

10. 受访者所在单位借助媒体及记者开展工作的频率

超过半数的受访者所在单位，在过去一年中有 10 次以上借助媒体及记者开展工作。详细的分布情况如下表：

	Frequency	Percent	Valid Percent	Cumulative Percent
Valid 5	151	18.3	21.9	21.9
10	166	20.1	24.1	45.9
10 以上	373	45.2	54.1	100.0
total	690	83.6	100.0	
Missing 99	55	6.7		
system	80	9.7		
total	135	16.4		
Total	825	100.0		

11. 受访者发布信息的首选媒体

在日常工作中，受访者作为发布信息的首选媒体主要是报纸和电视。其具体分布如下图：

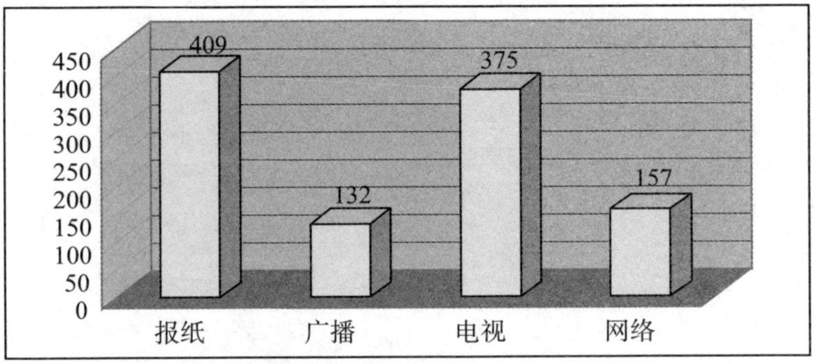

12. 受访者对危机事件的消息处理

在对危机事件的消息处理上，压倒多数的受访者选择尽快报告上级，也有部分倾向于尽快封锁消息。详细分布如下图：

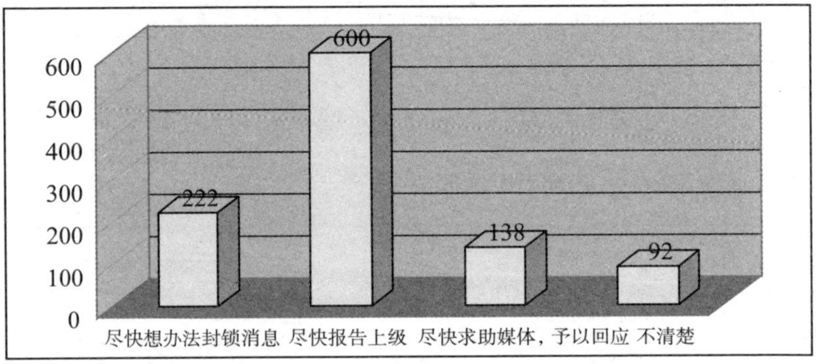

13. 危机事件发生之际，受访者发布信息的首选媒体

在危机事件发生之际，受访者发布信息的首选媒体主要是报纸和电视。其具体分布如下图：

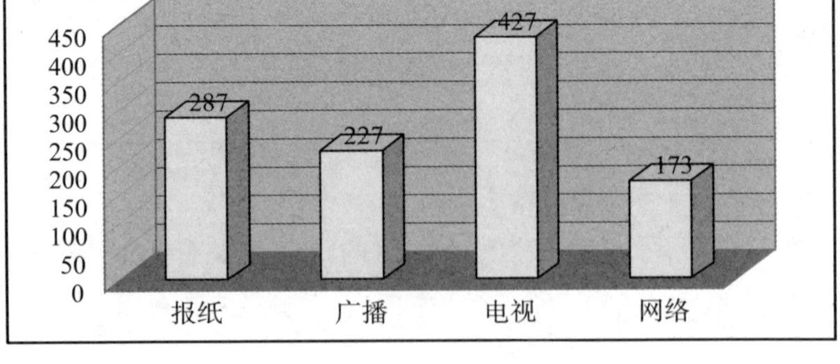

14. 在所在部门有负面消息首发在网络上时，受访者的处理情况

如所在部门有负面消息首发在网络上，半数以上的受访者选择尽快报告上级。详细情况如下图：

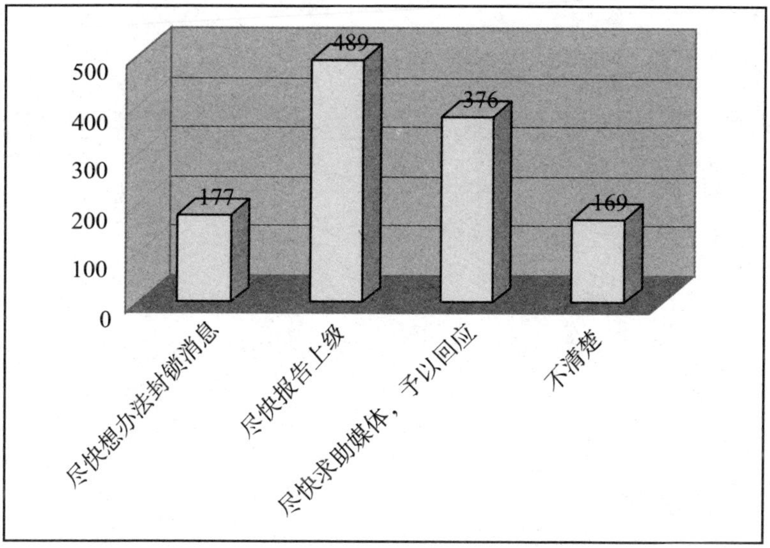

15. 受访者在工作中与媒体主动沟通的情况

在日常工作中，半数以上的受访者认为自己能主动或比较主动地与媒体保持沟通。具体情况如下表：

	Frequency	Percent	Valid Percent	Cumulative Percent
Valid 很不主动	38	4.6	4.6	4.6
不太主动	146	17.7	17.7	22.3
比较主动	394	47.8	47.8	70.1
主动	188	22.8	22.8	92.8
很主动	59	7.2	7.2	100.0
Total	825	100.0	100.0	

16. 受访者对自己在媒体面前作为影响者或参与者的认知情况

过半数的受访者认为自己在媒体面前，是一个积极的影响者和参与者。具体情况如下表：

	Frequency	Percent	Valid Percent	Cumulative Percent
Valid 很不主动	73	8.8	8.9	8.9
不太主动	244	29.6	29.8	38.7
比较主动	315	38.2	38.4	77.1
主动	158	19.2	19.3	96.3
很主动	30	3.6	3.7	100.0
Total	820	99.4	100.0	
Missing 99	5	0.6		
Total	825	100.0		

17. 受访者对新闻媒介与政府形象及工作之间的关系认知情况

(1) 受访者对“公务员个人形象对政府形象具有重要影响”这一说法的态度。

大多数受访者赞同或完全赞同“公务员个人形象对政府形象具有重要影响”这个说法。具体情况如下表：

	Frequency	Percent	Valid Percent	Cumulative Percent
Valid 完全赞同	448	54.3	54.3	54.3
赞同	270	32.7	32.7	87.0
部分赞同	84	10.2	10.2	97.2
不赞同	15	1.8	1.8	99.0
完全不赞同	4	0.5	0.5	100.0
total	821	99.5	100.0	
Missing 99	4	0.5		
Total	825	100.0		

(2) 受访者对政府机关接受媒体或者记者采访的认知情况。

在对“政府机关有权拒绝媒体或者记者的采访”这一说法的态度上，大半数受访者表示完全赞同、赞同或部分赞同。其详细情况如下表：

	Frequency	Percent	Valid Percent	Cumulative Percent
Valid 完全赞同	136	16.5	16.9	16.9
赞同	209	25.3	25.9	42.8
部分赞同	261	31.6	32.3	75.1
不赞同	192	23.3	23.8	98.9
完全不赞同	9	1.1	1.1	100.0
Total	807	97.8	100.0	
Missing 97	13	1.6		
Missing 98	5	0.6		
Total	18	2.2		
Total	825	100.0		

（3）受访者对“新闻媒体是社会舆论的晴雨表”这一说法的态度情况。

在“新闻媒体是社会舆论的晴雨表”这一说法的态度上，绝大多数受访者表示完全赞同、赞同或部分赞同。具体情况如下表：

	Frequency	Percent	Valid Percent	Cumulative Percent
Valid 完全赞同	204	24.7	25.8	25.8
赞同	415	50.3	52.5	78.4
部分赞同	163	19.8	20.6	99.0
不赞同	8	1.0	1.0	100.0
Total	790	95.8	100.0	
Missing 97	30	3.6		
Missing 99	5	0.6		
Total	35	4.2		
Total	825	100.0		

（4）受访者对“新闻媒体是公共管理的有效载体”这一说法的态度情况。

对“新闻媒体是公共管理的有效载体”这一说法，半数受访者表示完全赞同或赞同。详细分布情况如下表：

	Frequency	Percent	Valid Percent	Cumulative Percent
Valid 完全赞同	180	21.8	25.0	25.0
赞同	343	41.6	47.6	72.6
部分赞同	163	19.8	22.6	95.3
不赞同	34	4.1	4.7	100.0
Total	720	87.3	100.0	
Missing 97	35	4.2		
Missing 99	70	8.5		
Total	105	12.7		
Total	825	100.0		

（5）受访者对“新闻媒体是政府形象的塑造者与传播者”这一说法的态度情况。

在对“新闻媒体是政府形象的塑造者与传播者”这一说法的态度上，近半数受访者表示完全赞同或赞同。具体情况如下表：

	Frequency	Percent	Valid Percent	Cumulative Percent
Valid 完全赞同	166	20.1	20.5	20.5
赞同	377	45.7	46.5	67.0
部分赞同	234	28.4	28.9	95.9
不赞同	33	4.0	4.1	100.0
Total	810	98.2	100.0	
Missing 97	5	0.6		
Missing 98	5	0.6		
Missing 99	5	0.6		
Total	15	1.8		
Total	825	100.0		

（6）受访者对“善于和媒体相处是干部的重要能力”这一说法的态度情况。

在对“善于和媒体相处是干部的重要能力”这一说法的态度上，七成以上的受访者表示完全赞同和赞同。具体情况如下表：

	Frequency	Percent	Valid Percent	Cumulative Percent
Valid 完全赞同	230	27.9	34.1	34.1
赞同	380	46.1	56.4	90.5
部分赞同	48	5.8	7.1	97.6
不赞同	16	1.9	2.4	100.0
Total	674	81.7	100.0	
Missing 99	151	18.3		
Total	825	100.0		

（7）受访者对“主动发布信息是打造透明政府的条件”这一说法的态度情况。

在对“主动发布信息是打造透明政府的条件”这一说法的态度上，多数受访者表示完全赞同或赞同。详细情况如下表：

	Frequency	Percent	Valid Percent	Cumulative Percent
Valid 完全赞同	316	38.3	39.2	39.2
赞同	450	54.5	55.8	94.9
部分赞同	37	4.5	4.6	99.5
不赞同	4	0.5	0.5	100.0
Total	807	97.8	100.0	
Missing 97	5	0.6		
Missing 98	4	0.5		
Missing 99	9	1.1		
Total	18	2.2		
Total	825	100.0		

18. 受访者关于国外和境外媒体突发事件的报道方式的了解情况

半数以上的受访者表示很不了解和不太了解国外和境外媒体突发事件的报道方式。详细情况如下表：

	Frequency	Percent	Valid Percent	Cumulative Percent
Valid 很不了解	139	16.8	16.8	16.8
不太了解	307	37.2	37.2	54.1
比较了解	291	35.3	35.3	89.3
了解	84	10.2	10.2	99.5
很了解	4	0.5	0.5	100.0
Total	825	100.0	100.0	

19. 受访者获取新闻媒介知识的主要途径

在获取新闻媒介知识的主要途径方面，新闻知识读物、新闻讲座和公务员培训均占一定比例。详细情况如下图：

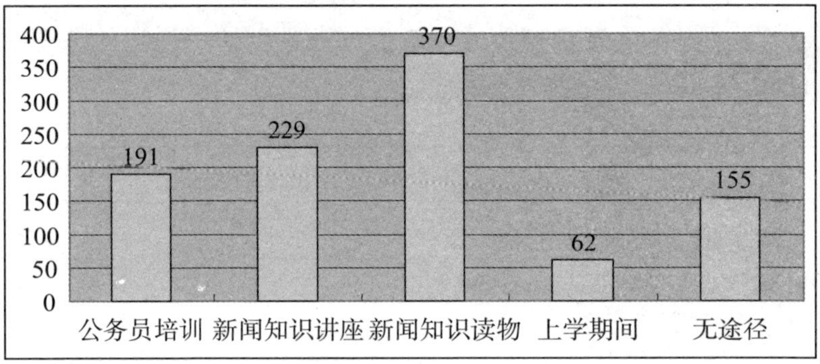

20. 受访者对学习新闻媒介知识和提升相关应对能力的机会期望情况

大多数受访者表示希望和很希望获得学习新闻媒介知识和提升相关应对能力的机会。具体情况如下表：

	Frequency	Percent	Valid Percent	Cumulative Percent
Valid 不希望	4	0.5	0.5	0.5
不太希望	18	2.2	2.2	2.7
比较希望	229	27.8	27.9	30.6
希望	395	47.9	48.2	78.8
很希望	174	21.1	21.2	100.0
Total	820	99.4	100.0	
Missing 98	5	0.6		
Total	825	100.0		

21. 受访者对现行的《中华人民共和国政府信息公开条例》的了解情况

在对现行《中华人民共和国政府信息公开条例》的了解方面，六成受访者表示了解和比较了解。具体情况如下表：

	Frequency	Percent	Valid Percent	Cumulative Percent
Valid 很不了解	28	3.4	3.4	3.4
不太了解	241	29.2	29.6	33.0
比较了解	294	35.6	36.1	69.1
了解	227	27.5	27.9	96.9
很了解	25	3.0	3.1	100.0
Total	815	98.8	100.0	
Missing 99	10	1.2		
Total	825	100.0		

22. 面对突发事件或公共危机，受访者可能会采取的措施情况

在面对突发事件或公共危机时，压倒多数的受访者表示要在第一时间组织相关职能部门及时处理、化解危机。具体情况如下图：

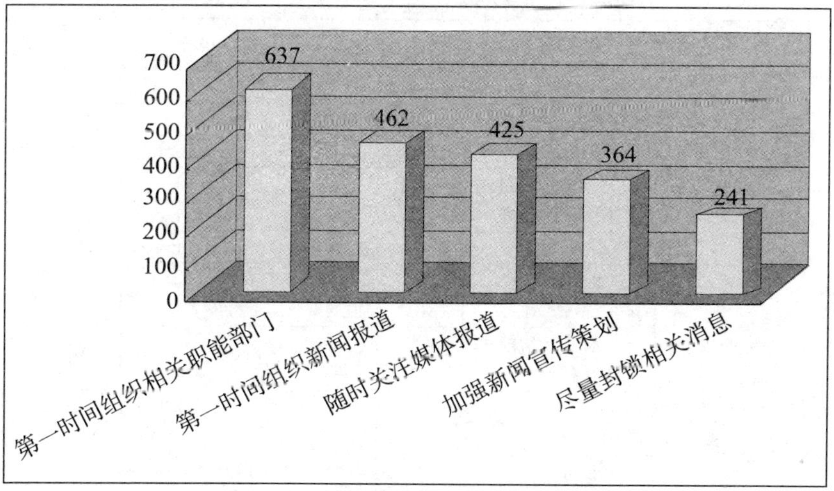

23. 面对包括互联网在内的新媒体带来的机遇和挑战，受访者的应对态度

绝大多数受访者认为应重视新媒体对社会舆论的影响、新媒体在收集民

意和舆论监督等方面的社会作用以及高度尊重新媒体自身发展规律。如下图：

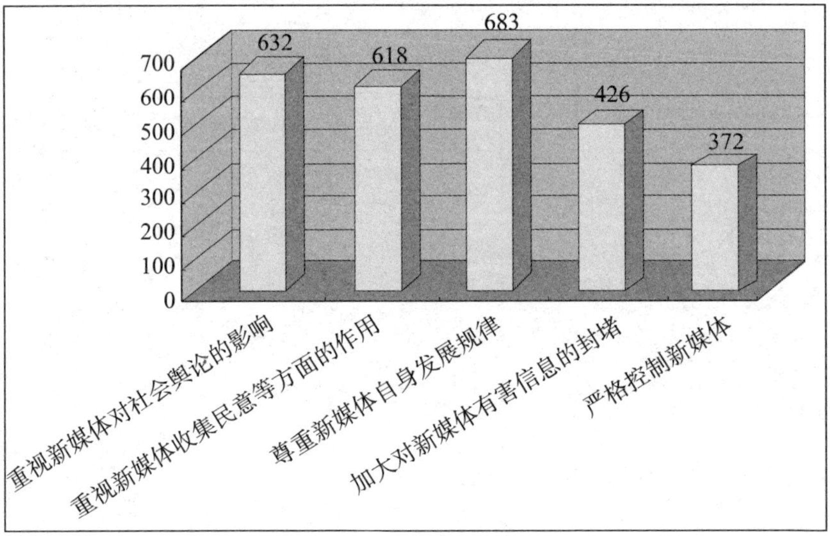

二、政府管理者媒介话语的相关性分析

（一）以受访者所在职位为变量的相关性分析

（1）受访者所在职位和主动与媒体交流、沟通程度的相关性：

title * 主动与媒体保持沟通 Crosstabulation

			主动与媒体保持沟通					Total
			很不	不太	比较	主动	很	
title	科级	Count	13	98	222	89	29	451
		% within title	2.9%	21.7%	49.2%	19.7%	6.4%	100.0%
		% within 主动与媒体保持沟通	39.4%	69.0%	57.5%	51.1%	49.2%	56.8%
		% of Total	1.6%	12.3%	28.0%	11.2%	3.7%	56.8%
	副处级	Count	0	15	42	25	20	102
		% within title	0.0%	14.7%	41.2%	24.5%	19.6%	100.0%
		% within 主动与媒体保持沟通	0.0%	10.6%	10.9%	14.4%	33.9%	12.8%
		% of Total	0.0%	1.9%	5.3%	3.1%	2.5%	12.8%
	正处级	Count	20	15	73	30	0	138
		% within title	14.5%	10.9%	52.9%	21.7%	0.0%	100.0%
		% within 主动与媒体保持沟通	60.6%	10.6%	18.9%	17.2%	0.0%	17.4%
		% of Total	2.5%	1.9%	9.2%	3.8%	0.0%	17.4%

续表

title	副厅级	Count	0	14	39	20	10	83
		% within title	0.0%	16.9%	47.0%	24.1%	12.0%	100.0%
		% within 主动与媒体保持沟通	0.0%	9.9%	10.1%	11.5%	16.9%	10.5%
		% of Total	0.0%	1.8%	4.9%	2.5%	1.3%	10.5%
	正厅级及以上	Count	0	0	10	10	0	20
		% within title	0.0%	0.0%	50.0%	50.0%	0.0%	100.0%
		% within 主动与媒体保持沟通	0.0%	0.0%	2.6%	5.7%	0.0%	2.5%
		% of Total	0.0%	0.0%	1.3%	1.3%	0.0%	2.5%
Total		Count	33	142	386	174	59	794
		% within title	4.2%	17.9%	48.6%	21.9%	7.4%	100.0%
		% within 主动与媒体保持沟通	100.0%	100.0%	100.0%	100.0%	100.0%	100.0%
		% of Total	4.2%	17.9%	48.6%	21.9%	7.4%	100.0%

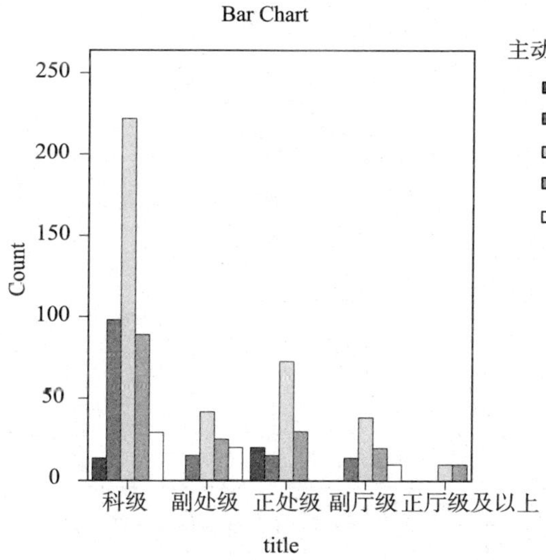

（2）受访者所在职位与在媒体面前的角色表现之间的相关性：

title * 影响者或参与者 Crosstabulation

			影响者或参与者					Total
			很不	不太	比较	主动	很	
title	科级	Count	18	107	195	110	16	446
		% within title	4.0%	24.0%	43.7%	24.7%	3.6%	100.0%
		% within 影响者或参与者	24.7%	46.3%	63.7%	73.8%	53.3%	56.5%
		% of Total	2.3%	13.6%	24.7%	13.9%	2.0%	56.5%
	副处级	Count	30	25	29	9	9	102
		% within title	29.4%	24.5%	28.4%	8.8%	8.8%	100.0%
		% within 影响者或参与者	41.1%	10.8%	9.5%	6.0%	30.0%	12.9%
		% of Total	3.8%	3.2%	3.7%	1.1%	1.1%	12.9%
	正处级	Count	20	85	33	0	0	138
		% within title	14.5%	61.6%	23.9%	0.0%	0.0%	100.0%
		% within 影响者或参与者	27.4%	36.8%	10.8%	0.0%	0.0%	17.5%
		% of Total	2.5%	10.8%	4.2%	0.0%	0.0%	17.5%
	副厅级	Count	5	14	34	25	5	83
		% within title	6.0%	16.9%	41.0%	30.1%	6.0%	100.0%
		% within 影响者或参与者	6.8%	6.1%	11.1%	16.8%	16.7%	10.5%
		% of Total	0.6%	1.8%	4.3%	3.2%	0.6%	10.5%
	正厅级及以上	Count	0	0	15	5	0	20
		% within title	0.0%	0.0%	75.0%	25.0%	0.0%	100.0%
		% within 影响者或参与者	0.0%	0.0%	4.9%	3.4%	0.0%	2.5%
		% of Total	0.0%	0.0%	1.9%	0.6%	0.0%	2.5%
Total		Count	73	231	306	149	30	789
		% within title	9.3%	29.3%	38.8%	18.9%	3.8%	100.0%
		% within 影响者或参与者	100.0%	100.0%	100.0%	100.0%	100.0%	100.0%
		% of Total	9.3%	29.3%	38.8%	18.9%	3.8%	100.0%

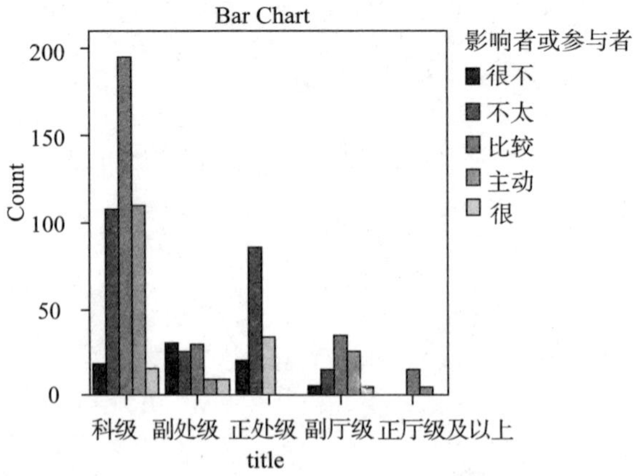

（3）受访者所在职位与其对国外和境外媒体突发事件报道方式的了解程度之间的相关性：

title＊对突发事件的报道方式 Crosstabulation

			对突发事件的报道方式					Total
			很不	不太	比较	了解	很	
title	科级	Count	34	166	187	60	4	451
		% within title	7.5%	36.8%	41.5%	13.3%	0.9%	100.0%
		% within 对突发事件的报道方式	24.5%	55.5%	67.3%	81.1%	100.0%	56.8%
		% of Total	4.3%	20.9%	23.6%	7.6%	0.5%	56.8%
	副处级	Count	45	40	13	4	0	102
		% within title	44.1%	39.2%	12.7%	3.9%	0.0%	100.0%
		% within 对突发事件的报道方式	32.4%	13.4%	4.7%	5.4%	0.0%	12.8%
		% of Total	5.7%	5.0%	1.6%	0.5%	0.0%	12.8%
	正处级	Count	60	74	4	0	0	138
		% within title	43.5%	53.6%	2.9%	0.0%	0.0%	100.0%
		% within 对突发事件的报道方式	43.2%	24.7%	1.4%	0.0%	0.0%	17.4%
		% of Total	7.6%	9.3%	0.5%	0.0%	0.0%	17.4%
	副厅级	Count	0	14	59	10	0	83
		% within title	0.0%	16.9%	71.1%	12.0%	0.0%	100.0%
		% within 对突发事件的报道方式	0.0%	4.7%	21.2%	13.5%	0.0%	10.5%
		% of Total	0.0%	1.8%	7.4%	1.3%	0.0%	10.5%
	正厅级及以上	Count	0	5	15	0	0	20
		% within title	0.0%	25.0%	75.0%	0.0%	0.0%	100.0%
		% within 对突发事件的报道方式	0.0%	1.7%	5.4%	0.0%	0.0%	2.5%
		% of Total	0.0%	0.6%	1.9%	0.0%	0.0%	2.5%
Total		Count	139	299	278	74	4	794
		% within title	17.5%	37.7%	35.0%	9.3%	0.5%	100.0%
		% within 对突发事件的报道方式	100.0%	100.0%	100.0%	100.0%	100.0%	100.0%
		% of Total	17.5%	37.7%	35.0%	9.3%	0.5%	100.0%

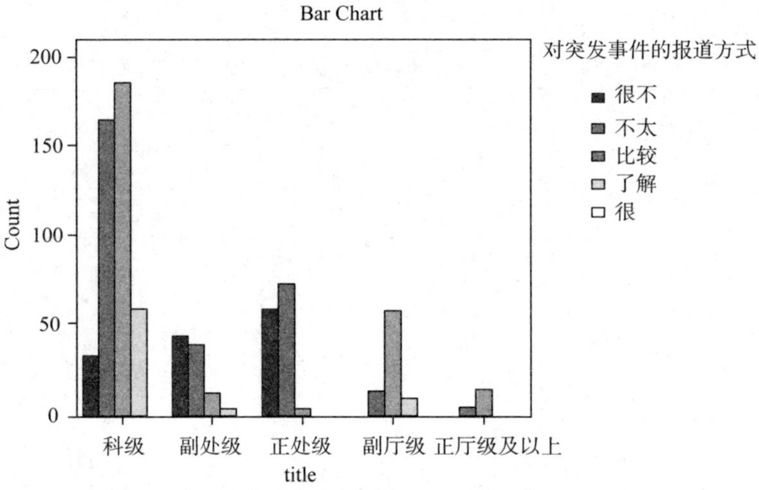

（4）受访者所在职位和其对《政府信息公开条例》的了解程度之间的相关性：

title * 政府信息公开条例 Crosstabulation

			政府信息公开条例					Total
			很不	不太	比较	了解	很	
title	科级	Count	8	135	168	115	20	446
		% within title	1.8%	30.3%	37.7%	25.8%	4.5%	100.0%
		% within 政府信息公开条例	28.6%	59.2%	57.9%	54.0%	80.0%	56.9%
		% of Total	1.0%	17.2%	21.4%	14.7%	2.6%	56.9%
	副处级	Count	5	39	24	29	5	102
		% within title	4.9%	38.2%	23.5%	28.4%	4.9%	100.0%
		% within 政府信息公开条例	17.9%	17.1%	8.3%	13.6%	20.0%	13.0%
		% of Total	0.6%	5.0%	3.1%	3.7%	0.6%	13.0%
	正处级	Count	15	45	39	39	0	138
		% within title	10.9%	32.6%	28.3%	28.3%	0.0%	100.0%
		% within 政府信息公开条例	53.6%	19.7%	13.4%	18.3%	0.0%	17.6%
		% of Total	1.9%	5.7%	5.0%	5.0%	0.0%	17.6%

续表

title	副厅级	Count	0	9	49	20	0	78
		% within title	0.0%	11.5%	62.8%	25.6%	0.0%	100.0%
		% within 政府信息公开条例	0.0%	3.9%	16.9%	9.4%	0.0%	9.9%
		% of Total	0.0%	1.1%	6.3%	2.6%	0.0%	9.9%
	正厅级及以上	Count	0	0	10	10	0	20
		% within title	0.0%	0.0%	50.0%	50.0%	0.0%	100.0%
		% within 政府信息公开条例	0.0%	0.0%	3.4%	4.7%	0.0%	2.6%
		% of Total	0.0%	0.0%	1.3%	1.3%	0.0%	2.6%
Total		Count	28	228	290	213	25	784
		% within title	3.6%	29.1%	37.0%	27.2%	3.2%	100.0%
		% within 政府信息公开条例	100.0%	100.0%	100.0%	100.0%	100.0%	100.0%
		% of Total	3.6%	29.1%	37.0%	27.2%	3.2%	100.0%

（二）以受访者所在地区为变量的相关性分析

（1）受访者所在地区和主动与媒体交流、沟通程度之间的相关性：

area * 主动与媒体保持沟通 Crosstabulation

			主动与媒体保持沟通					Total
			很不	不太	比较	主动	很	
area	1	Count	8	33	88	42	13	184
		% within area	4.3%	17.9%	47.8%	22.8%	7.1%	100.0%
		% within 主动与媒体保持沟通	21.1%	22.6%	22.4%	22.3%	22.0%	22.3%
		% of Total	1.0%	4.0%	10.7%	5.1%	1.6%	22.3%
	2	Count	18	72	184	85	26	385
		% within area	4.7%	18.7%	47.8%	22.1%	6.8%	100.0%
		% within 主动与媒体保持沟通	47.4%	49.3%	46.8%	45.2%	44.1%	46.7%
		% of Total	2.2%	8.7%	22.3%	10.3%	3.2%	46.7%
	3	Count	12	41	121	61	20	255
		% within area	4.7%	16.1%	47.5%	23.9%	7.8%	100.0%
		% within 主动与媒体保持沟通	31.6%	28.1%	30.8%	32.4%	33.9%	30.9%
		% of Total	1.5%	5.0%	14.7%	7.4%	2.4%	30.9%
Total		Count	38	146	393	188	59	824
		% within area	4.6%	17.7%	47.7%	22.8%	7.2%	100.0%
		% within 主动与媒体保持沟通	100.0%	100.0%	100.0%	100.0%	100.0%	100.0%
		% of Total	4.6%	17.7%	47.7%	22.8%	7.2%	100.0%

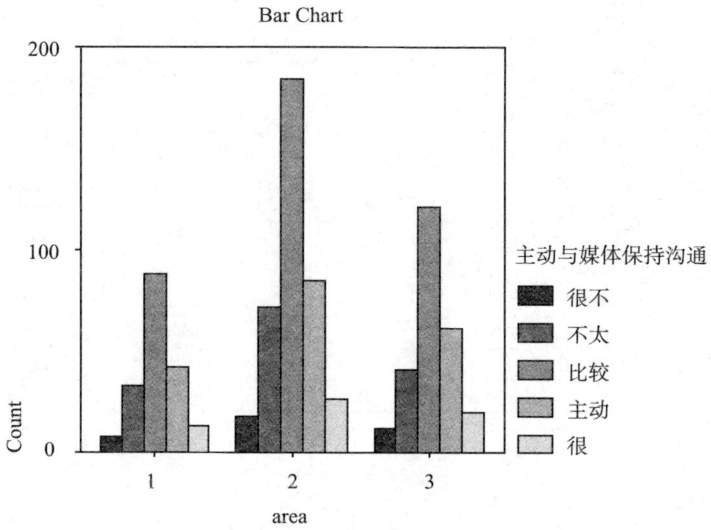

通过卡方检验，本假设的卡方值为 1.129，自由度为 8，皮尔森相关系数为 0.997，相关性强。通过检测，二者的似然比为 0.997，也表明其相关性强。

Chi-Square Tests

	Value	df	Asymp. Sig.(2-sided)
Pearson Chi-Square	1.129[a]	8	0.997
Likelihood Ratio	1.133	8	0.997
Linear-by-Linear Association	0.254	1	0.614
N of Valid Cases	824		

a. 0 cells (.0%) have expected count less than 5. The minimum expected count is 8.49.

（2）受访者所在地区与面对媒体的角色表现之间的相关性：

area * 影响者或参与者 Crosstabulation

			影响者或参与者					Total
			很不	不太	比较	主动	很	
area	1	Count	15	52	72	37	7	183
		% within area	8.2%	28.4%	39.3%	20.2%	3.8%	100.0%
		% within 影响者或参与者	20.5%	21.4%	22.9%	23.4%	23.3%	22.3%
		% of Total	1.8%	6.3%	8.8%	4.5%	0.9%	22.3%

续表

area	2	Count	34	114	147	74	14	383
		% within area	8.9%	29.8%	38.4%	19.3%	3.7%	100.0%
		% within 影响者或参与者	46.6%	46.9%	46.7%	46.8%	46.7%	46.8%
		% of Total	4.2%	13.9%	17.9%	9.0%	1.7%	46.8%
	3	Count	24	77	96	47	9	253
		% within area	9.5%	30.4%	37.9%	18.6%	3.6%	100.0%
		% within 影响者或参与者	32.9%	31.7%	30.5%	29.7%	30.0%	30.9%
		% of Total	2.9%	9.4%	11.7%	5.7%	1.1%	30.9%
Total		Count	73	243	315	158	30	819
		% within area	8.9%	29.7%	38.5%	19.3%	3.7%	100.0%
		% within 影响者或参与者	100.0%	100.0%	100.0%	100.0%	100.0%	100.0%
		% of Total	8.9%	29.7%	38.5%	19.3%	3.7%	100.0%

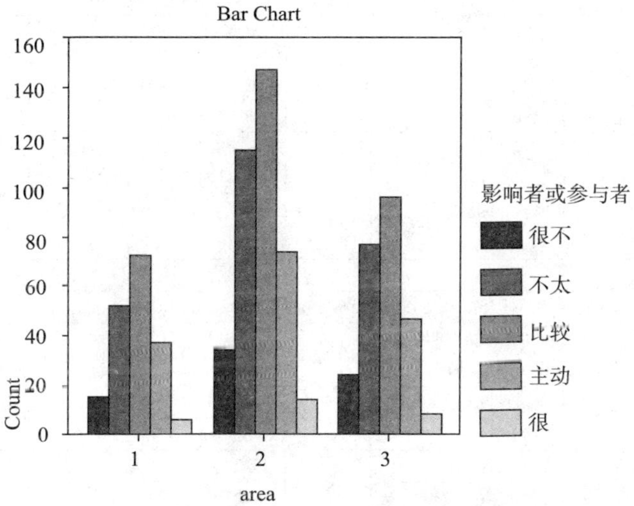

通过卡方检验，本假设的卡方值为 0.572，自由度为 8，皮尔森相关系数为 1.000，相关性很强。通过检测，二者的似然比为 1.000，也表明其相关性很强。

Chi-Square Tests

	Value	df	Asymp. Sig.(2-sided)
Pearson Chi-Square	0.572[a]	8	1.000
Likelihood Ratio	0.573	8	1.000
Linear-by-Linear Association	0.506	1	0.477
N of Valid Cases	819		

a. 0 cells (.0%) have expected count less than 5. The minimum expected count is 6.70.

(3) 受访者所在地区与其对国外和境外媒体突发事件报道方式的了解程度之间的相关性：

交叉和比对的分析的结果表明，受访者所在地区与其对国外和境外媒体对突发事件的报道方式的了解程度之间有很强的相关性。

area * 对突发事件的报道方式 Crosstabulation

			对突发事件的报道方式					Total
			很不	不太	比较	了解	很	
area	1	Count	28	68	67	20	1	184
		% within area	15.2%	37.0%	36.4%	10.9%	0.5%	100.0%
		% within 对突发事件的报道方式	20.1%	22.2%	23.0%	23.8%	25.0%	22.3%
		% of Total	3.4%	8.3%	8.1%	2.4%	0.1%	22.3%
	2	Count	63	146	134	40	2	385
		% within area	16.4%	37.9%	34.8%	10.4%	0.5%	100.0%
		% within 对突发事件的报道方式	45.3%	47.7%	46.0%	47.6%	50.0%	46.7%
		% of Total	7.6%	17.7%	16.3%	4.9%	0.2%	46.7%
	3	Count	48	92	90	24	1	255
		% within area	18.8%	36.1%	35.3%	9.4%	0.4%	100.0%
		% within 对突发事件的报道方式	34.5%	30.1%	30.9%	28.6%	25.0%	30.9%
		% of Total	5.8%	11.2%	10.9%	2.9%	0.1%	30.9%
Total		Count	139	306	291	84	4	824
		% within area	16.9%	37.1%	35.3%	10.2%	0.5%	100.0%
		% within 对突发事件的报道方式	100.0%	100.0%	100.0%	100.0%	100.0%	100.0%
		% of Total	16.9%	37.1%	35.3%	10.2%	0.5%	100.0%

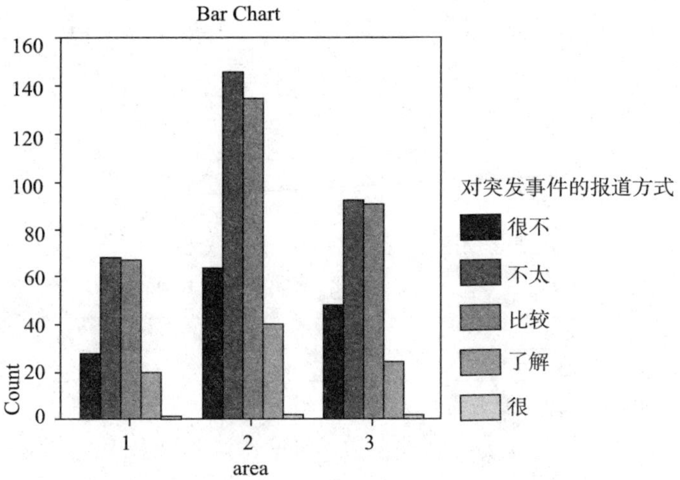

通过卡方检验，本假设的卡方值为1.485，自由度为8，皮尔森相关系数为0.993，相关性很强。通过检测，二者的似然比为0.993，也表明其相关性很强。

Chi-Square Tests

	Value	df	Asymp. Sig.(2-sided)
Pearson Chi-Square	1.485[a]	8	0.993
Likelihood Ratio	1.479	8	0.993
Linear-by-Linear Association	0.882	1	0.348
N of Valid Cases	824		

a. 3 cells (20.0%) have expected count less than 5. The minimum expected count is 0.89.

(4) 受访者所在地区与对《政府信息公开条例》的了解程度之间的相关性：

area * 政府信息公开条例 Crosstabulation

			政府信息公开条例					Total
			很不	不太	比较	了解	很	
area	1	Count	6	52	67	51	6	182
		% within area	3.3%	28.6%	36.8%	28.0%	3.3%	100.0%
		% within 政府信息公开条例	21.4%	21.7%	22.8%	22.5%	24.0%	22.4%
		% of Total	0.7%	6.4%	8.2%	6.3%	0.7%	22.4%

续表

area	2	Count	13	114	136	105	12	380
		% within area	3.4%	30.0%	35.8%	27.6%	3.2%	100.0%
		% within 政府信息公开条例	46.4%	47.5%	46.3%	46.3%	48.0%	46.7%
		% of Total	1.6%	14.0%	16.7%	12.9%	1.5%	46.7%
	3	Count	9	74	91	71	7	252
		% within area	3.6%	29.4%	36.1%	28.2%	2.8%	100.0%
		% within 政府信息公开条例	32.1%	30.8%	31.0%	31.3%	28.0%	31.0%
		% of Total	1.1%	9.1%	11.2%	8.7%	0.9%	31.0%
Total		Count	28	240	294	227	25	814
		% within area	3.4%	29.5%	36.1%	27.9%	3.1%	100.0%
		% within 政府信息公开条例	100.0%	100.0%	100.0%	100.0%	100.0%	100.0%
		% of Total	3.4%	29.5%	36.1%	27.9%	3.1%	100.0%

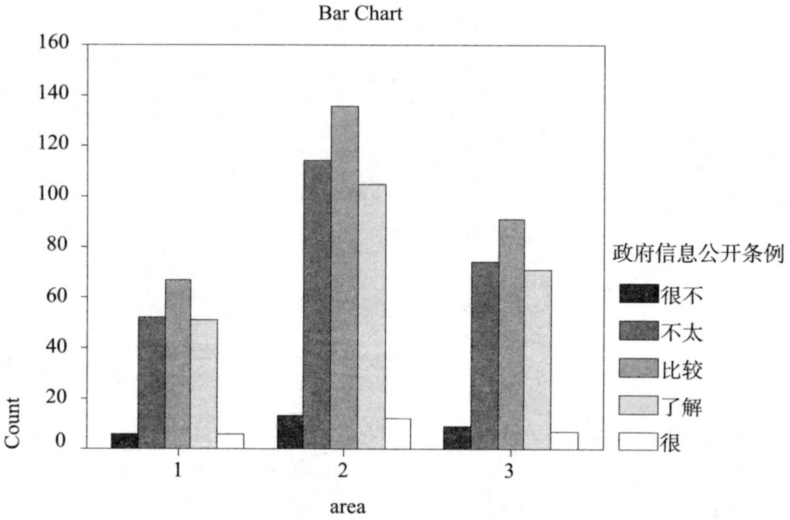

通过卡方检验，本假设的卡方值为0.274，自由度为8，皮尔森相关系数为1.000，相关性很强。通过检测，二者的似然比为1.000，也表明其相关性很强。

Chi-Square Tests

	Value	df	Asymp. Sig.(2-sided)
Pearson Chi-Square	0.274[a]	8	1.000
Likelihood Ratio	0.276	8	1.000
Linear-by-Linear Association	0.053	1	0.817
N of Valid Cases	814		

a. 0 cells (.0%) have expected count less than 5. The minimum expected count is 5.59.

（三）其他重要变量之间的相关性分析

（1）主动与媒体沟通、交流与面对媒体的角色认知之间的相关性：

交叉和比对的分析的结果表明，主动与媒体沟通、交流与面对媒体的角色认知之间有很强的正相关。具体情况如下表：

主动与媒体保持沟通 * 影响者或参考者 Crosstabulation

			影响者或参考者					Total
			很不	不太	比较	主动	很	
主动与媒体保持沟通	很不	Count	19	9	10	0	0	38
		% within 主动与媒体保持沟通	50.0%	23.7%	26.3%	0.0%	0.0%	100.0%
		% within 影响者或参与者	26.0%	3.7%	3.2%	0.0%	0.0%	4.6%
		% of Total	2.3%	1.1%	1.2%	0.0%	0.0%	4.6%
	不太	Count	15	104	27	0	0	146
		% within 主动与媒体保持沟通	10.3%	71.2%	18.5%	0.0%	0.0%	100.0%
		% within 影响者或参与者	20.5%	42.6%	8.6%	0.0%	0.0%	17.8%
		% of Total	1.8%	12.7%	3.3%	0.0%	0.0%	17.8%
	比较	Count	20	87	221	57	4	389
		% within 主动与媒体保持沟通	5.1%	22.4%	56.8%	14.7%	1.0%	100.0%
		% within 影响者或参与者	27.4%	35.7%	70.2%	36.1%	13.3%	47.4%
		% of Total	2.4%	10.6%	27.0%	7.0%	0.5%	47.4%
	主动	Count	0	39	53	87	9	188
		% within 主动与媒体保持沟通	0.0%	20.7%	28.2%	46.3%	4.8%	100.0%
		% within 影响者或参与者	0.0%	16.0%	16.8%	55.1%	30.0%	22.9%
		% of Total	0.0%	4.8%	6.5%	10.6%	1.1%	22.9%

续表

主动与媒体保持沟通	很	Count	19	5	4	14	17	59
		% within 主动与媒体保持沟通	32.2%	8.5%	6.8%	23.7%	28.8%	100.0%
		% within 影响者或参与者	26.0%	2.0%	1.3%	8.9%	56.7%	7.2%
		% of Total	2.3%	0.6%	0.5%	1.7%	2.1%	7.2%
Total		Count	73	244	315	158	30	820
		% within 主动与媒体保持沟通	8.9%	29.8%	38.4%	19.3%	3.7%	100.0%
		% within 影响者或参与者	100.0%	100.0%	100.0%	100.0%	100.0%	100.0%
		% of Total	8.9%	29.8%	38.4%	19.3%	3.7%	100.0%

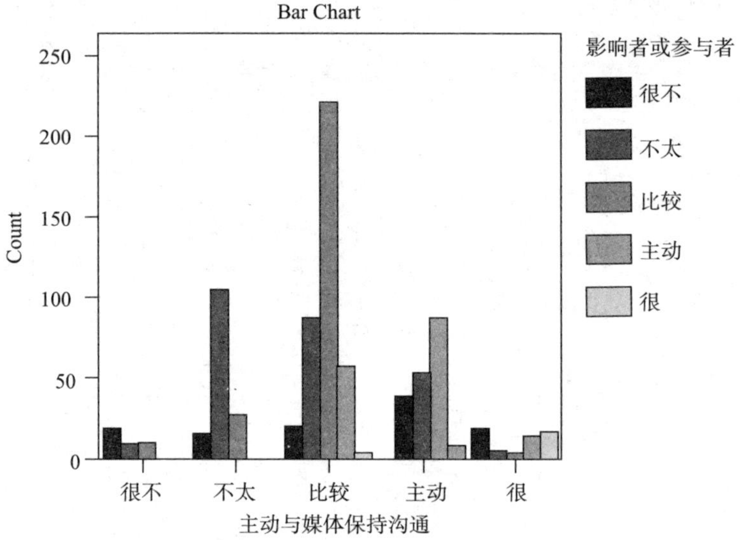

（2）对国外和境外媒体突发事件报道方式的了解程度与对《政府信息公开条例》的了解程度之间的相关性：

对突发事件的报道方式 * 政府信息公开条例 Crosstabulation

			政府信息公开条例					Total
			很不	不太	比较	了解	很	
对突发事件的报道方式	很不	Count	15	55	25	34	5	134
		% within 对突发事件的报道方式	11.2%	41.0%	18.7%	25.4%	3.7%	100.0%
		% within 政府信息公开条例	53.6%	22.8%	8.5%	15.0%	20.0%	16.4%
		% of Total	1.8%	6.7%	3.1%	4.2%	0.6%	16.4%
	不太	Count	13	129	107	58	0	307
		% within 对突发事件的报道方式	4.2%	42.0%	34.9%	18.9%	0.0%	100.0%
		% within 政府信息公开条例	46.4%	53.5%	36.4%	25.6%	0.0%	37.7%
		% of Total	1.6%	15.8%	13.1%	7.1%	0.0%	37.7%
	比较	Count	0	40	132	102	12	286
		% within 对突发事件的报道方式	0.0%	14.0%	46.2%	35.7%	4.2%	100.0%
		% within 政府信息公开条例	0.0%	16.6%	44.9%	44.9%	48.0%	35.1%
		% of Total	0.0%	4.9%	16.2%	12.5%	1.5%	35.1%
	了解	Count	0	17	30	29	8	84
		% within 对突发事件的报道方式	0.0%	20.2%	35.7%	34.5%	9.5%	100.0%
		% within 政府信息公开条例	0.0%	7.1%	10.2%	12.8%	32.0%	10.3%
		% of Total	0.0%	2.1%	3.7%	3.6%	1.0%	10.3%
	很	Count	0	0	0	4	0	4
		% within 对突发事件的报道方式	0.0%	0.0%	0.0%	100.0%	0.0%	100.0%
		% within 政府信息公开条例	0.0%	0.0%	0.0%	1.8%	0.0%	0.5%
		% of Total	0.0%	0.0%	0.0%	0.5%	0.0%	0.5%
Total		Count	28	241	294	227	25	815
		% within 对突发事件的报道方式	3.4%	29.6%	36.1%	27.9%	3.1%	100.0%
		% within 政府信息公开条例	100.0%	100.0%	100.0%	100.0%	100.0%	100.0%
		% of Total	3.4%	29.6%	36.1%	27.9%	3.1%	100.0%

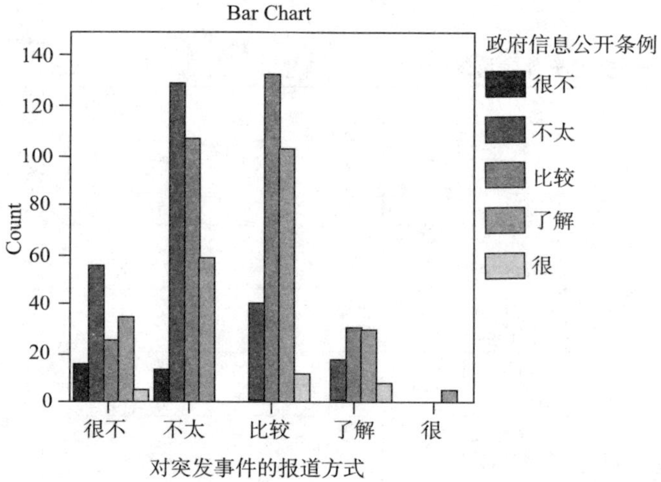

三、媒介话语现状调研的基本结论

综合以上的单项分析和相关主要变量之间的相关性分析，我们通过本次问卷调查得出如下结论：

当前，电视、报纸、网络这三者是四川省内各级政府管理者信息获取的主要媒介，而时效性强、信息量大和使用方便则是其选择媒介的要因。

各级政府管理者对QQ、MSN、博客等网络传播方式的应用已较为普遍。不过，与之不相适应的是，这个群体对网络各类传播方式的认知水平和使用水平还亟待提高。

各级政府管理者都能比较正确地认知媒体的功能。但与之相比，在对媒体功能的驾驭和利用上，却呈现出比较大的反差。这也就意味着，各级政府管理者亟须在具体实践中真正落实、深化乃至内化自己对媒体的功能认知。

在面对危机事件的消息处理和有负面消息首发在网络上等类似情形时，大多数的政府管理者都倾向于首先请示上级。这意味着，媒介环境的变化尚未带来相关信息处置体制和机制深处的思维的变化。

各级政府管理者在对国外和境外媒体突发事件的报道方式和《中华人民共和国政府信息公开条例》的了解程度上，都需更上一层楼。

各级政府管理者都能正确认识并面对包括互联网在内的新媒体带来的机遇和挑战，但在具体的应对措施上，却有较为明显的分歧。

各级政府管理者都希望能有机会学习新闻媒介知识和提升相关应对能力。政府管理者的媒介素养与其级别并不直接相关，而与其所在地区，尤其是地区的经济发展程度相关。

第二节　政府管理者媒介话语与风险社会失配的原因剖析

根据对政府管理者媒介话语现状的调研分析，尤其是考量政府管理者的媒介话语与风险社会的适配度，可以发现：风险社会中政府管理者的媒介话语有许多失配表现，而政府管理者媒介话语的真空地带恰恰就是社会风险的滋生地。本节从行为、观念和制度三个层面深入剖析政府管理者所身处的几重困境，以求挖掘政府管理者媒介话语与风险社会失配现象背后的那些“看不见的手”。

一、行为层表现：规避、瞒报与激化现象

目前，政府管理者普遍患有“媒体恐惧症”，尤其是在媒体监督或突发事件发生的时候，对媒体唯恐避之不及，甚至习惯于以各种借口回避和推辞记者采访、限制记者采访、以审稿为由限制记者发稿等；有的不熟悉突发事件的媒体应对策略，对突发事件信息实行封堵，甚至在引起媒体和公众的极大关注和强烈反响时，仍然装聋作哑，放弃舆论的引导权和话语的主导权；有的不掌握媒体应对技巧，在媒体面前要么大话官腔、行为粗俗，要么手足无措、无所适从。

（一）规避行为

表现为不主动合理运用媒介资源、不敢于与媒体打交道。一是担心害怕，敬而远之。一些政府管理者把传媒视为“洪水猛兽”，不愿意和新闻媒体打交道，“谈媒色变”。一旦不得不面对媒体，担心言多必失，尽量少说或干脆不说，对新闻媒体唯恐避之不及。二是误解怀疑，抵触戒备。有的政府管理者认为媒体过于求全责备，不体谅政府工作的难处，专门挑刺找岔子，所以不愿沟通、不愿配合、疏远媒体。有的政府管理者甚至抱着“防火防盗防记者”

的戒心，特别是在处理一些突发事件时不敢面对记者，把记者看作“麻烦的制造者”，面对媒体的采访、询问、质疑，往往不知所措，甚至缄口不言。三是冷漠轻视，消极应付。有的政府管理者对新闻媒体的地位、作用不了解，抱着无所谓的态度，对媒体调查被动敷衍应付，甚至不理不睬。遇到敏感问题缺乏思想准备和工作准备，反应滞后，碰见记者采访就推诿、扯皮，结果丧失了引导舆论的主动权和话语权。

人民论坛杂志在人民论坛网、人民网等做了关于“当代中国官员‘网络恐惧’”的问卷调查。从调查结果看，70％的受访者认为当代中国官员患有“网络恐惧症”。60％的受访者认为“网络恐惧”表现在“担心工作疏漏等不良现象被曝光，影响前途”；28％的受访者认为中国官员恐惧网络的主因是“担心私人信息被曝光，影响正常工作和生活”；17％的受访者认为是“担心网络舆论只看错误、不顾成绩，断章取义、以偏概全”；16％的受访者认为是“担心网络监督混淆是非、颠倒黑白，让人有口莫辩”；还有11％的受访者认为是“担心一些不良分子借网络监督为名，行敲诈勒索之实”。在回答“您认为‘网络恐惧’已到了什么程度?”的问题时，选择“有压力”选项的达55％，其中10％的受访者认为“压力很大，让人提心吊胆，严重影响正常工作开展”，有35％的受访者认为“没有压力，该干吗还是干吗”。①

近年来，中国经济社会发展进入了“转型期”和“调整期”，也是各种社会矛盾的“凸显期”和“高发期”。一些地方在出现突发性事件后，有些政府管理者总是千方百计捂着、掖着、盖着、拖着，千方百计地封锁信息，寄希望于自然平息事件，“内部消化”，慢慢处理。这种不遵循新闻传播基本规律的规避做法，使群众、网民得不到真实信息，流言和谣言在人群中肆意传播、满天飞舞，错误地引导了人们的情绪，造成极为不良的社会影响和巨大的社会财产损失。信息管制在当今社会已经越来越苍白无力，封锁消息反而会激发群众寻根究底的欲望。政府管理者怕与媒体打交道、不敢面对媒体的做法，是不懂媒体规则、不懂公众心理而采取的不明智举动。

---

① 刘旭涛、周晓燕：《中国官员的“网络恐惧”——多少官员患有“网络恐惧”症——当代中国官员“网络恐惧”问卷调查分析报告》，《人民论坛》2010年第9期。

（二）瞒报行为

表现为不树立诚实的政绩观、不乐于与媒体打交道。一是扭曲的政绩观，造成某些政府管理者“只报喜不报忧”，不诚实地对待记者的采访。一些区域的政府管理者，为了争取政绩，一味地对本地经济和社会发展成果进行大肆渲染、浮夸、吹嘘，甚至鼓励记者制造虚假信息。二是瞒报、虚报数据材料，不提供第一手的真实情况。对于负面数字的官场敏感反应，为地方官员对灾情数字的瞒报抉择起到了推波助澜的作用。对负面报道如惊弓之鸟，一有风吹草动，就想通过各种渠道“摆平”。三是在传媒面前大打“太极”，模糊化处理有可能不利于政府管理者本人及所在机构的一切信息。当新闻媒体触及了政府管理者的私人利益和机构声誉时，部分政府管理者会以种种托词和借口淡化事件进程的通报，甚者以各种手段隐瞒事件真相。

长期以来，那种扭曲的政绩观使面子工程层出不穷。秦岭在陕西省华县境内的山体被乱采乱挖，当地为了掩饰用蓝色围栏遮挡采石场，还将山体裸露的石壁用油漆刷成绿色。如此“改造自然、美化环境”的荒唐之举，竟被华县国土资源局矿产办的负责人称为“从网上找的”“国内最先进的经验”。[①]与此同时，“报喜不报忧”的执政心态，使抗拒真相和数据的公开成为了一种通病。在自然灾害和人为事故中，瞒报不止会带来心理“恐慌”，也是贻误善后救险时机、不断放大和恶化事故危害的渊薮。

近年来，中国矿难事故频发，中央政府三令五申要求加强煤矿生产，并严禁隐瞒事故情况，但“瞒报”现象却屡见不鲜。2008 年 9 月 17 日，时任国家安监总局新闻发言人黄毅就山西尾矿库溃坝特大事故接受新华社记者专访时指出：“国务院事故调查组确实怀疑这起事故存在瞒报现象，主要原因就是上报的遇难人数，与实际找到的遇难者之间有差距。9 月 13 日凌晨上报遇难者数字为 187 人时，实际找到的已经有 238 具遗体。”[②]

（三）激化行为

激化行为表现为不了解应对媒体的技巧、不善于与媒体打交道。一是对

---

① 陕西电视台：《第一新闻》，《华县裸露山岩被刷绿色引质疑》，2010 年 8 月 26 日。

② 杜宇：《安监总局新闻发言人就山西尾矿库溃坝特大事故接受新华社记者专访》，新华网，2008 年 9 月 17 日，http：//news. xinhuanet. com/newscenter/2008-09/17/content _ 10051900. htm.

媒体的甄别、接待、沟通等政府管理者行为不规范，面对铺天盖地的“媒体问责”，产生了媒体焦虑和本领恐慌。有些政府管理者不懂与媒体打交道的艺术，在媒体面前“单打独斗”或相互推卸责任，动摇了政府的公信力。二是轻视记者、蔑视媒体，甚至以权力打压媒体，往往会激化与媒体的矛盾，造成极其恶劣的社会影响。由于部分政府管理者媒介素养不高，对新闻报道的规律缺乏主动了解和把握，视记者为“对手”，在实际工作中就不能理性面对记者的采访。加上“倨傲”心理作怪，在发生舆论安全问题后一味责怪记者，容易引起媒体反感。三是漠视媒体监督，打击报复举报人。一些政府管理者不直面媒体，对舆论监督熟视无睹、闭耳塞听，被举报时则想方设法地逃避责任，甚至掩盖自己的严重错误，迫害媒体举报人，引发群众的激愤情绪，导致事件升级。在突发性事件发生之后，少数政府管理者会对事件经过进行“习惯性保护”，一些记者在采访中还会遭到关押、损害设备、扣押证件等威胁。

从 2008 年春季开始，中国浦东干部学院、新闻记者杂志社与复旦大学新闻学院对前来中国浦东干部学院学习培训的全国 31 个省市自治区的 500 多名领导干部进行了关于“中国领导干部媒体关系”的问卷调查。在“您觉得面对媒体的主要障碍是什么”的调查中，31.7％的受访者“担心说错话”，22.6％的受访者“不习惯面对媒体”，21.9％的受访者“怕记者做文章”，19.5％的受访者认为“环境不允许多说”，4.3％的受访者选择“不知该如何面对”。在问及“您对媒体监督的态度”时，56.2％的受访者“欢迎媒体监督”，27.4％的受访者表示“有限欢迎”，14％的受访者“看情况”，1.8％的受访者认为“无所谓”，0.6％的受访者表示“拒绝与抵制”。调查发现，60％的受访者认为记者是“合作者”，有极少数受访者“回避”和“拒绝”接受记者采访，还有 8％ 的受访者视记者为“对手”。当调查问及“领导干部如何看待和评价自己和本单位的对外宣传状况”时，53％的受访者认为是“外宣不足”，36.6％的受访者认为“还可以”，9.8％的受访者认为“适中”，只有 0.6％的受访者认为自己的单位“外宣过度”。当调查问及“自己单位外宣和传播不足的主要原因”时，53.3％的受访者认为是“重视不够”，25.9％的受访者认为“外宣人才缺乏”，10.7％的受访者认为外宣“能力不足”，10.1％的受访者认为以上几个原因都存在。在对外传播机构设置的调查中发现，

40％的受访者所在的单位没有专门设有媒体公关和对外传播的机构，36％的受访者所在的单位设有对外传播的机构，22％的受访者所在的单位正在考虑设立专门的机构，2％的受访者所在的单位认为“没有必要”。以上数据表明，目前仍然有不少的政府管理者在媒体沟通方面还存在着由于传播文化不开放、传播制度不完善以及社会宽容度不够等原因引起的各种心理障碍。各地的对外传播机构也存在着制度不完善、人力资源缺乏等问题。不少政府管理者认为他们在传播理论、特别是各类媒体具体的传播实践上的欠缺，正在影响他们对公众的有效传播。①

二、观念层障碍：惯性、偏见与惰性思维

政府管理者媒介话语与风险社会的失配，根本原因在于认识上、思维上和价值上。在各种问题束缚中，观念的束缚是最大的束缚，观念的突破也是最大的突破。行政干预思想的影响构成了政府管理者的惯性思维障碍，先入为主、自我本位是偏见思维在作怪，而对媒体与政府联动关系的集体无意识症候则是惰性思维的真实写照。

（一）惯性思维障碍

我们日常的生活和思考大部分是由一些已经成为习惯的反应模式组成的。“当一种因果关系重复出现后，反应机制就会建立，并且这种反应模式会被优先排为第一反应序列，这就是我们说的惯性。”② 杜威曾说，“人基本上是一种由惯性铸成的动物。”③ 大多数人总是习惯于凭自己的经验做出推断，这种经验一般而言是感性的、朦胧的、自闭的。“所谓惯性思维就是思维沿前一思考路径以线性方式继续延伸，并暂时地封闭了其他的思考方向。”④ 这是一种非常强大的保守力量，它的强大主要表现在它的顽固性，这是一种渗入人之本能的顽症，一种无意识的反应。人们只能在已经预设的或特定的语境、逻辑、

① 王石泉：《领导干部眼中的新闻媒体和新闻报道——来自中国浦东干部学院的调查报告》，《新闻记者》2010年第2期。

② 王健：《创新启示录：超越性思维》，复旦大学出版社2003年，第32页。

③ ［美］L. J. 宾克莱：《理想的冲突——西方社会中变化着的价值观念》，马元德、陈白澄、王太庆、吴永泉译，商务印书馆1983年，第28页。

④ 王健：《创新启示录：超越性思维》，复旦大学出版社2003年，第26页。

价值、常识中思考和行动。人们的思考和行为总是依附和受制于某种惯性期待，这种期待或多或少会干扰判断，使看似真实的判断蒙上些微的心理错觉。比如，人们常常用自己熟悉的语言去代替那些不常用的话语，人们记住的往往是其所愿意接受的东西，而那些与自己的期望和理解不符合的情节会被遗忘或歪曲。

经验导致了审慎的或成熟的心智，以获得可靠的预期。但是，经验永远只能是具体的，而一切具体的都是有限的。经验总是使后辈得以遵循前辈的记忆，也就不可避免地打上了偏见的烙印，自觉不自觉地根据自己的立场、观点、价值标准乃至兴趣爱好。有时某一特定经验越多，越容易形成定势，从而阻断了思维突变的可能。这样，“人们在获得知识和经验的同时，也获得了枷锁，在学会思维的同时，也学会了屈从于常规和惯例”[①]。群体的模式化思维一旦形成，比个体的惯性思维具有更惨烈的社会危害性，在新的危机出现前它具有强烈的、隐蔽的定势倾向，“人们常常是在不知不觉中接受并维护一种并未经过严格审视的开始”[②]。正如贝弗里奇在其《科学研究的艺术》一书中所述：“我们的思想多次采取特定的一种思路，下一次采取同样的思路的可能性就越大。在一连串的思想中，一个个观念之间形成了联系，这种联系每利用一次，就变得越加牢固，直到最后，这种联系紧紧地建立起来，以致它们的连接很难破坏。这样，正像形成条件反射一样，思考受到了条件的限制。我们很可能具备足够的资料来解决问题，然而，一旦采用了一种不利的思路，问题考虑得越多，采取有利思路的可能性就越小。”[③]

政府管理者的惯性思维障碍主要表现在对媒体进行封杀围堵等行政干预思想的影响。有一些政府管理者对媒体爱恨交加，却不知该如何处理与之的关系。尤其是危机、灾难临头，封锁真实消息、拒绝记者采访、封杀媒体报道成为了他们的思维定势和常规武器，结果往往适得其反，被动无奈。上文对中国四川省内各级政府管理者的媒介话语现状调研结果表明，在危机事件的消息处理上，多数的受访者（600 人）选择尽快报告上级，也有很大部分受

---

① 王健：《创新启示录：超越性思维》，复旦大学出版社 2003 年，第 25 页。

② 同上，第 44 页。

③ ［英］W. I. B. 贝弗里奇：《科学研究的艺术》，陈捷译，科学出版社 1979 年，第 69 页。

访者（222 人）倾向于尽快封锁消息，只有少数受访者（138 人）选择尽快求助媒体，另有部分受访者（92 人）表示不清楚应该怎么做。这意味着，媒介环境的变化尚未带来相关信息处置体制和机制深处的思维的变化。对旧价值的不断突破不仅是一种方法，更是一种品质。在今天这样一个知识和经验泛滥的时代，政府管理者的思维更需打破范型、摧毁桎梏。政府管理者的头脑里应放一只垃圾箱、设定一个删除键，不断更新执政理念和完善科学化、现代化的执政方式，才能适应风险社会对政府管理者提出的现实要求和严峻挑战。

（二）偏见思维障碍

每个人的判断都打上了自己的经验、地位、利益、知识、文化甚至阶层、宗教信仰等的印记，“事实经过观察而烫上了主观的烙印，这就为偏见埋下了种子”[①]。偏见思维就是以偏概全、一叶障目的类化倾向思维，根据自己的假设来选择某些信息，而剔除另一些信息。弗兰西斯·培根曾把人的认知看成是某种受控行为，即人们往往被一些自己并未察觉的假象所干扰，从而做出错误的判断。这些假象主要有四种：第一种是种族假象，由于人们的本性而产生的谬误看法，人总是从自己的感知和思维方式出发去判断事物；第二种是洞穴假象，人总是在自己个性和环境的影响下观察和理解事物，类似于柏拉图的“洞穴假象”，即人所看到的常常只是洞穴中自己的影子；第三种是市场假象，人在交往中所使用的语言就像市场中的交易一样被滥用了，由此便会生出诸多谬误；第四种是剧场假象，各种貌似真理的权威思想搅乱了人们的思想。[②]

人的认知有四个系统的盲点：关系的盲点（看不清所处系统中的各方利益相关者）、空间的盲点（看不清所处系统内上下左右的联系）、时间的盲点（看不清每个事件都有时效性）、过程的盲点（看不清每个事件都有自己独特的演化过程，不能一蹴而就）。“弗洛姆认为人在社会化的过程中逐渐积淀了特定的逻辑、语言和经验，三者构成了网状系统，只有那些能透过网状的事实和知识才能被我们看到和理解，因此不同的网就形成了不同的偏见。”[③] 偏见总是“在你不经意时，在你不承认时，在你不小心时，顽强地以他特有的

① 王健：《创新启示录：超越性思维》，复旦大学出版社 2003 年，第 6 页。

② 同上，第 7 页。

③ 同上，第 22 页。

形式到处渗透着”①。对我们不认识的人，我们常会根据他们的种族、性别、阶级、职业、衣着来分类，而将“类”的属性加在他们身上。我们的心理图式和经验假设决定了我们看人的角度和对人的判断，很可能在我们认定为“事实”的判断中就包含了我们并不知觉的“偏见”。“观察取决于观察者的理论前见，解释受制于解释者的解释模式。”②

政府管理者的偏见思维障碍主要表现在先入为主、自我本位的有限思维的影响。爱因斯坦曾说，“很少有人镇定地表达与他们的社会环境之偏见相左的意见。大多数人甚至无法形成这种意见。”有的政府管理者具有利益偏见，在执政过程中缺乏长远的规划；有的政府管理者具有文化偏见，有意识或无意识地受到自身所处文化环境的干扰，在决策和履责时出现由立场所决定的观点偏移；有的政府管理者具有位置偏见，以“我”为万物的尺度，形成了“一言堂”的强势思维；有的政府管理者具有经验偏见，或是唯国外经验至上或是固守本地的执政气候，而不根据执政生态的变化及时调整执政理念和方法。以上这些“排斥与己相左意见”的思考路径，会在其所处机构中构成一种不利导向，使整个政府机构的执政模式都难以逸出原来的轨道，政府决策就不是经过理智权衡后做出的最佳选择。

（三）惰性思维障碍

思维活动是人脑对各类刺激信号加工处理的动态过程，它经常处于积极状态，使人们对宏观事物的认识不断深化、不断提高。然而，思维活动亦往往出现惰性，将加工处理信息的过程简单化、图式化，使某些理性认识变为僵化的教条。惰性是指因主观上的原因而无法按照既定目标行动的一种心理状态，它是人懒惰的本性、不易改变的落后习性、不想改变老做法和老方式的倾向。“所谓惰性思维是指人类思维深处的一种保守力量。人们总是习惯用老眼光看新问题，用曾经被反复证明有效的旧概念去解释新现象。”③ 惰性思维又可分为两种：一是缺少积极主动的思维意识；二是缺少积极主动的思维心态。具有惰性思维障碍的人，往往不追求细节、不考虑推演、不重视过程。

---

① 王健：《创新启示录：超越性思维》，复旦大学出版社 2003 年，第 12 页。

② 同上，第 19 页。

③ 同上，第 40 页。

因循守旧、安于现状、迷信权威和怕犯错误，构成了惰性思维的心理动因。一旦形成了惰性思维，就会下意识地对变化的反应迟钝，就会像机器人一样，只懂得按照指令麻木地做事或被动地应付问题。

思维惰性的表现形态是多种多样的，其实质均为大脑对外来信息即刺激信号的抗拒或回避。一是抗拒接收，视而不见，听而不闻，把交互过程中遇到的刺激信号当耳旁风；二是只接收和储存信号，而不做任何加工处理，充当保管与看客角色；三则表现为沿用习惯化的固定流程或单一图式重复加工处理不同类型的信息，并将加工结果套入现成框架中；四是不敢正视强烈刺激信号，凡遇到同权威定势相悖异或同传统范型不同的信息，便畏惧退缩、尽力回避；五则表现为信息加工处理过程简单化、公式化，不对刺激信号进行具体细致的分析综合、排列归纳，只按照大脑中原有图式进行非此即彼、不是黑色便是白色的绝对化分类。比如，有的人打算做一件事情，但就是迟迟不行动，一旦有更吸引自己的事，便顾此失彼；有的人一面埋怨自己拖延时间，一面又总为拖延找借口；有的人已经觉察到拖延时间的害处，可仍在拖延已经决定要做的事；有的人勉强干一件事，干了一部分，还需再努力才能完成时却放弃努力。

政府管理者的惰性思维障碍主要表现在对媒体与政府联动关系的集体无意识症候。有的政府管理者因为主观依赖性严重或者消极悲观的人生态度，从而缺失了积极主动的主观思维能力，有的政府管理者面对旧有惯例与范型时不敢跨越、墨守成规、沿袭传统，表现出迁就、畏缩、退避等惰性思维；有的政府管理者具有较典型的从众心理取向，表现为“一窝蜂”似的群体性趋向；有的政府管理者对某一理论或某一要人形成迷信之后，尽管已经看到其中含有不合理的地方和自相矛盾之处，却不愿公开质疑，表现出盲目性的思维特质。诸如此类的思维障碍是屡见不鲜的，往往造成政府管理者思维活动徘徊停滞，其大脑皮层中业已形成的暂时联系程序化、公式化、概念化，对刺激信号的加工处理沿着固定轨迹循环往复并成为习惯定势，很难再做全新的排列组合，显示出固守常态的惰性特征。

三、制度层困境：层级制、把关制与问责制

风险社会的一大特点就是不确定性，因此要实现善政目标，应该在保证社会基本制度具有可持续性的大前提下，根据环境和需求进行实时的机制观测和调整。政府管理者媒介话语与风险社会的失配，究其制度层面的因素，主要缘于层级制与权力制衡的矛盾、把关制与信息公开的矛盾、问责制与有效沟通的矛盾。

（一）层级制与权力制衡的矛盾

层级制又称分级制，是指公共组织在纵向上按照等级划分为不同的上下节制的层级组织结构，不同等级的职能目标和工作性质相同，但管理范围和管理权限却随着等级降低而逐渐变小的组织类型。在层级制社会，政府管理者与其下属之间有统一的直线关系，指挥和命令从系统的最高层到最底层，按照垂直方向贯彻执行，从而呈现出一种自上而下的“金字塔”形的管理体系。层级制的权力集中、目标统一、责任明确，有利于管理和监督。但与此同时，层级制容易导致依附性的上下级关系，不利于充分调动下属的积极性。如果层级过多，还可能造成信息传递的缓慢或失真，致使决策失误。

“传统的政府内部信息传播机制在本质上是多极传播，一级一级的信息传递不仅造成时间滞后，也增加了信息变形的可能性。尤其是当危机负面影响涉及本地区、本部门利益时，变形的可能性几乎是百分之百，这样造成了政府最终管理部门，特别是一些领导决策的偏颇与失误。”[①] 传统的层级制使信息管理遵从严格的层层审批机制。政府管理者在遇事之后的第一反应往往就是报告上级，这不仅延误了处理事件的最佳时机，还可能由于上级的决策失误而影响全局。

层级制造成了权力的失衡，无论从技术还是社会舆情的角度，这种传统粗糙的信息处理方法肯定是低效的，甚至是效果相反的。在这个意义上，抓住制度的源头才能抓住权力的源头。为了还原传媒信息属性、改良审批制度，在特殊情况下突破层级限制、争取部门支持不失为一种可供政府管理者考虑

---

① 蒋晓丽：《传媒宣导抚慰功能——兼论在西部地区的特殊作用》，四川大学出版社2008年，第80页。

的制度选择。如果在制度设计上能促使政府管理者积极反思自身权力的运作，而不需上级管理者时时对下级耳提面命，那么即使风险依然，合理的机制也会全天候地制约实际的执政行为。

（二）把关制与信息公开的矛盾

“把关人”理论是由美国社会心理学家、传播学四大先驱之一的卢因率先提出的，他在《群体生活的渠道》（1947 年）一文中，首先提出“把关”一词。卢因指出：“信息总是沿着含有门区的某些渠道流动，在那里，或是根据公正无私的规定，或是根据‘守门人’的个人意见，对信息或商品是否被允许进入渠道或继续在渠道里流动做出决定。”信息传播网络中布满了“把关人”，只有符合群体规范或“把关人”价值标准的信息内容才能进入传播的渠道。政府管理者对信息传播的“把关制”，是指由政府管理者有意识地对信息进行取舍，决定哪些内容最后与受众见面，这种制度在一定范围和程度上或明或暗地影响和控制着新闻传播。

信息公开能否落到实处，与整个社会的舆论气候关系紧密。当今的话语体系基本屏蔽了政府管理者自身对权力的风险认知和自我提示。不对称的信息割裂了风险自省的机会，容易使政府管理者产生“只要低调做人，不犯事就没风险”的想法，容易让政府管理者轻视公共舆论的力量。即使事发以后，政府管理者也往往不能及时发布信息，结果造成主渠道的信息真空和信息死角，为各种猜测和谣传提供了方便。为了解决把关制与信息公开的矛盾，政府管理者应该从话语生成环节就开始构建社会表达与宣泄的舆论“安全阀”，应采取主动开放信息的做法，不断推进执政的透明化，为媒体和公众打造真正意义上的“阳光政府”。

（三）问责制与有效沟通的矛盾

问责制是指问责主体对其管辖范围内各级组织和成员承担职责和义务的履行情况，实施并要求其承担否定性后果的一种责任追究制度。首先，它区分了责任，是谁的责任由谁来承担；其次，它重点追问的是负有直接领导责任的领导者，既不会“一竹篙打一船人”，把所有的责任人同等处理，更不会“只拍苍蝇不打老虎”，只拿具体责任者问罪；第三，问责制问的是“责”，追究的是具体问题的具体过错，不问功劳苦劳，不搞将功抵过，是真正的赏罚分明。问责制对政府管理者构成了一定的监督作用。根据宪法和法律，政府及其公务员必须承担应由它（他们）承担的责任，包括道义责任、政治责任和法律责任。同时，政府还必须接受来自内部和外部的监督，以保证责任的实现。这是为增强官员的责任感而设置的一道“紧箍咒”，从而使这些人民公仆真正做到“权为民所用，情为民所系，利为民所谋”。

但是，问责制制度建设的不完善，也可能给政府管理者与媒体、与大众的沟通带来障碍。在中国，对问责制的认识，多数停留在有一事“问”一事、出一事“责”一事上。有的部门仅仅是为“平民愤”而去问责，这就容易使得责任追究并不是由民众以及由民众的代议机构——全国人民代表大会发动，而是由上级领导发动，在本质上仍属于传统的“自上而下”的组织处理手段。公民的监督和问责参与较匮乏，是中国问责制环境缺陷的最大表现。目前在不少地方，政府管理者为了优化自己的履职情况和施政效果，宁可疏远媒体和大众，也不愿冒着被问责的风险多接触民众、多反映民情。

近年来，确实有的地方在发生责任事故后，官官相护，为了给公众和上级一个交代，丢卒保帅，来个“假问责、真免罚”。先摘乌纱，风头一过，再戴花翎，几乎成了屡试不爽的潜规则。如此欺上瞒下，其后果定然使政府的公信力大打折扣。所以只要媒体和公众发现被问责者复出，就难以原谅。[①]

总之，政府管理者群体的媒介认知情况与媒体适应及使用状况存在强烈反差，这从制度层面讲，缘于层级制与权力制衡的矛盾、把关制与信息公开的矛盾、问责制与有效沟通的矛盾；从观念层面讲，受到了政府管理者惯性思维障碍、偏见思维障碍和惰性思维障碍的影响；表现在行为层面，规避、瞒报、激化等现象时常发生，总的看来政府管理者群体不敢于、不乐于、不善于与现代传媒打交道。

第三节　风险社会赋予执政能力建设的新内容

加强执政能力建设、提高执政能力，是历史与现实向政府管理者提出的一个崭新而又不容回避的重大课题。所谓“执政能力”，是政府管理者提出和

① 阎礼：《完善问责制才是打开“复出门”的金钥匙》，人民网，http://opinion.people.com.cn/GB/22045/9100555.html.

运用正确的理论、路线、方针、政策和策略，领导制定和实施宪法和法律，采取科学的领导制度和领导方式，动员和组织人民依法管理国家和社会事务、经济和文化事业，有效治党治国治军，建设社会主义现代化国家的本领。[①] 风险社会赋予了执政能力建设新的内容和要求，可以分解为媒介话语的风险认知能力、情境应对能力、技术掌控能力三个部分。

一、媒介话语的风险认知能力

政府管理者媒介话语的风险认知能力是执政能力建设的构成内容和推进动力。实施政府管理行为的过程是调研、决策、引导和影响的全环节，每一个环节都深度依赖于大众传播媒介。首先，科学而及时的决策，要求政府管理者具备全面搜集和准确鉴别媒介信息的能力。现代传媒是社会信息的集散地和舆论的放大器，是研究民生、沟通民意的最佳途径。通过媒体渠道政府管理者才能及时把握社会变动和舆论走向，制定适合社情民意的政策。其次，政府管理者的指令要进入大众，得到人民的支持和拥护，离不开媒介传播平台。第三，政府管理者要塑造良好的公众形象，扩大执政活动的关注和影响程度，也需要向媒体“借力”，将媒介作为自身形象的“梳妆台”。如果政府管理者缺乏对媒介话语风险的认知能力，就可能因对信息处理不当而放大危机的负面影响，甚至构成执政风险。

第一，政府管理者应培养日常话语风险的认知能力。现今，媒介话语已经从以往只报道政府管理者的政治言论和行为转为同时关注他们的日常生活。政治明星化现象在各国各地似乎并不陌生。政府管理者每天到哪里去、做什么、说什么、态度如何，都装入了媒介话语的潜台词，成为了公共议题。政府管理者作为公众人物，作为国家和民众利益的代言人，其日常生活的点滴话语（无论是语词还是身体）都能通过媒介的晕染成为政治社会学的研究对象。

第二，政府管理者应培养权力话语风险的认知能力。现代社会是充满权力话语氛围的时代，政府议程、媒介议程与公共议程是互生互构的关系。政府管理者的执政权力是由外部赋予的，其作为媒介话语掌控者拥有象征性权

① 中共中央文献研究室：《十六大以来重要文献选编（中）》，中央文献出版社2006年，第272页。

力，而这种话语既是权力的产物，又是权力的组成部分。风险社会背景下媒介话语主体不断下移，话语形态不断分化，话语价值也呈现多元化趋势。为此，政府管理者应理解话语生成、话语掌控、话语规训的原理机制，在面对重大突发性事件时辩证对待国家义务与公共理性，高度关注公共话语与个体话语。

第三，政府管理者应培养话语系统风险的认知能力。媒介系统有足够的内部运行能力以应对执政环境的复杂性，媒介系统内部的各因素也存在相互作用和影响。现代执政生态格局涵盖政治生态、经济生态、文化生态、社会生态等多方面，而媒介内外生态均要求政府管理者的媒介素养与之适配。在风险社会背景下，大众传播生态、人际传播生态和群体传播生态共生，媒介生态是政治生态的晴雨表，公众舆论和民主政治关系到媒介生态的文明程度。为此，政府管理者应建立应对重大突发性事件的媒介生态意识与传播策略，全景观测媒介实体与泛媒介传播形式，灵活调度传统媒体与新媒体，共建大众传播与人际传播、群体传播协调发展的媒介安全体系。

二、媒介话语的情境应对能力

风险社会下新的执政格局和环境，迫切要求政府管理者形成与之适应的媒介话语的情境应对能力。第一，政府管理者应培养不同话语空间中的情境应对能力。世界因传媒而存在，也因传媒而改变。现代传媒改变了我们的空间感和时间感。空间的选择和设计是一种报道程序的再造，也是一种媒介视角的更迭。在现代社会，政府管理者的媒介话语日益朝着倚重空间生产和重组的方向快速发展，政府管理者所处的空间一定程度上决定了其所运用的话语形态或传播方式。无论是在场情境、缺场情境还是空间转换情境，政府管理者的媒介话语总是以特定的方式带给受众不同的感官体验和心灵震撼。

第二，政府管理者应培养不同话语主体中的情境应对能力。如今，媒介以开放性的姿态拥抱了极其丰富的话语资源，但与此同时“主体性”却在媒介话语体系中逐渐消解，甚至面临被“碎片化”的危机。对政府管理者而言，媒介是一个自我观察和自我质疑的工具库，话语既是对象又是经验。因此，政府管理者不仅要学会设置话语议程，也要学会设置话语情境，根据单独出场、集体出镜和多维互动的不同情境使用适宜又能博采的媒介话语，追求自身话语与外在情境的同调和谐。

第三，政府管理者应培养不同话语文本中的情境应对能力。“语境是一个特殊的‘场’，在这个‘场’中，语用主体得以充分地运用语言规范进行信息交流，从信息的发出到接收之间不存在阻碍；语境是一个包含多层次语言文化集合的‘场’，在这些特殊的语言文化集合体中，语言文化的特定蕴意表现为表象、习惯化、沉淀三个层次，他们之间紧密结合，互为一体；语境是一个包含用语言符号编码（语码）的多层次语言文化集合体的‘场’，在这一‘场’中，语用主体依靠语码编织成信息流，以体现多层次语言文化的特定蕴意。没有语码就不能表述语言文化的蕴意，也就无法确定‘场’。”[①] 在一定的语境里，人们不是任意说话的，相反他们要选择语境所要求的语码、言语行为、话语特征和方式、文体风格、礼貌程度等。因此，人们说话既要符合语言规则，又要适应言语环境。

第四，政府管理者应培养不同话语事件中的情境应对能力。话语是语言运作的成果，是一种语言事件。“要关注、揭示、反思或评价那些借助语言所构建的或与语言使用相关的实际发生的，特别是那些具有现实社会文化意义的事件。”[②] 事件演绎意义。话语事件在传者与事件之间的反映与被反映过程中，不再仅仅是自然存在物，而同时是社会存在物和思维存在物。政府管理者职业和职位的特殊性，共同要求其应具有“现实敏感度”。这里所言职业敏感针对的“现实”，指的是——媒介话语在政客与公众之间的居间角色越发重要，是一种机会与风险并存的公共关系机器。而这种“居间政治”的功能集中体现在实实在在的话语事件之中。深刻理解常态、异态以及突发事件情境中的媒介风险效应，并努力将不同情境的风险预警、心理抚慰和危机传播的话语方略转化为执政优势，这是提升政府管理者对媒介话语情境适应能力的先决条件。

三、媒介话语的技术掌控能力

政府管理者媒介话语的技术掌控能力是其执政能力走向成熟的重要标志。

---

① 陈进：《语境的本质及其特征》，《西安外国语学院学报》1999 年第 3 期。

② 施旭：《文化话语研究——探索中国的理论、方法与问题》，北京大学出版社 2010 年，第 10 页。

第一，政府管理者应培养不同权力风格的话语技术掌控能力。在风险社会视域中，话语技术是一门随着情境、问题、矛盾以及目标变化而不断调整行为方式的艺术。政府管理者要善于在复杂的环境中辨别情势的发展变化，并根据不同的环境和追随者的需求，协调使用软硬权力资源和不同的话语风格。要巧妙选择时机，运用软硬兼施的权力战略，才能最大化地发挥软硬权力的功效，形成灵巧的领导力。这种建立在“环境智慧”基础之上的“情境智力”，为培育政府管理者媒介话语技术的转译能力提供了有益的启示和借鉴。

第二，政府管理者应培养不同对象的话语技术掌控能力。整合对内话语空间与对外传播场域，构建国际国内统筹的舆论引导创新体系，有利于提升传媒软实力，在国内使政府声音获得更多民众的理解和拥护，在国际上使中国声音获得世界舆论的尊重和认同。尤其需要注意的是，政府管理者应特别关注弱势群体的利益诉求，高度反思并积极改善涉及弱势群体的话语内容和话语方式。

第三，政府管理者应培养不同媒介载体的话语技术掌控能力。如今报纸、广播、电视、互联网和手机等各种媒介形态相融共生，多媒体融合并存。传统媒体虽然占据主导地位，但新媒体的话语权和影响力在不断扩大。尤其是重大突发公共事件中，新媒体打造的新的舆论平台逐步强势，影响着社会的议程设置。因此，在重大突发公共事件的危机传播中，只有新媒体与传统媒体融合互动，才能构建舆论引导合力。

第四，政府管理者应培养不同传播效果的话语技术掌控能力。现代传播语境下，话语事件和话语现象中总是蕴含着可转化的风险要素。而正是话语的调适性及话语效果的动态性，为政府管理者提供了将对抗性话语转变为合作性、协同性话语的可能，提供了“管理”不一致意见和反对意见的可能。风险体验和执政经验告知政府管理者必须直面危机，寻找“跳板”回避话语事件的真实过程反而会滋生和助长负面效应。因此，只有“激进地卷入”，根据情况选择使用强力单向主导的话语、双向兼顾平衡的话语或是弱化疏导抚慰的话语，才能驯服并驾驭风险这头“猛兽”，或至少能引导它，将后果和代价降到最低程度。

综上，执政能力最直观地看就是政府管理者执掌国家政权的能力。政府管理者是否具有媒介意识，是否拥有现代传媒运用能力和社会舆论影响力，决定着执政党是否拥有稳固的执政地位和强大的执政能力。执政能力的建设与提升，关系中国社会主义事业的兴衰成败、关系中华民族的前途命运、关系党的生死存亡和国家的长治久安，是我们必须正视、正在实践并将贯穿执政党建设始终的重大战略任务和伟大时代使命。作为政府管理、决策的主导者和国家公共权力的行使者，应当理性对待媒体、善于运用媒体，让媒体成为新时期党和政府科学执政、民主执政、依法执政的有力工具。

第五章　风险社会中政府管理者的媒介话语理念分析

风险社会应从两个层面进行理解：一是观念层面，即人类风险的意识在增强，要求对媒介话语的认知中要时刻贯彻话语能产生风险亦可化解风险的观念；二是事实层面，即现代社会的风险因素在不断增多从而使风险有扩大化的趋势，要求对媒介话语拥有相当的掌控能力和技巧，才能建立针对风险社会的有效预警系统和防御系统，实现风险的转化，变弊为利。本章主要针对观念意识层面的风险社会，研究深入到日常生活细节、政治权力结构和媒介生态系统的媒介话语是如何介入政府管理者的话语空间，从而构建起具有理论底色的话语风险认知基础。

第一节　“生活政治观”：风险认知与话语民主

“风险社会标志着一个在日常感知和思考中的推测时代的黎明。”[①] 话语是日常生活的外壳，也是其核心。“我们的日常生活大都是通过语言交际来实现的，大部分社会生活实际上就是语言生活。”[②] 媒介是日常生活的“传感器”。面对高风险和日益复杂而多变的生活世界，媒介话语越来越与日常生活话语交叉甚至重叠。日常生活话语主宰着媒介这个万花筒的旋律和色调，日常“生存性”关怀成为当下媒介话语的构建逻辑。日常生活的基础性变革会直接

① ［德］乌尔里希·贝克：《风险社会》，何博闻译，译林出版社2004年，第88页。

② 施旭：《文化话语研究——探索中国的理论、方法与问题》，北京大学出版社2010年，第7页。

影响社会结构的深刻变迁和转型。尤其是政府管理者在日常生活中经由媒介形塑的微观话语，已经波及政治参与和社会体验的广大空间，成为现代政治范式转换的重要力量。日常生活方式所形成的政治冲动业已融入社会主流，从而促进了新的政治范式——“生活政治”的出台。

一、自我之维：信任与认同

日常生活层面的东西一旦被纳入政治的视野，就开始获得了政治的话语权。在吉登斯看来，“生活政治”解决的是“关于我们如何在一个曾经一切都是自然的（或传统的）、而现在在某种意义上要通过选择或决定的世界上生活的问题”①。他认为“生活政治不是一种生活机会的政治，而是一种生活决定的政治”②。因此，其“关注的不是狭义上的‘政治化’，即生活方式的种种决定，而是对这些决定加以重新道德化——更准确地说，是把日常生活中被经验隔离且被搁置一边的那些道德和生存问题挖掘出来”③。生活政治是自下而上的真正属于大众的政治，它离个体最近，使人切身感受政治的生活价值和意义。吉登斯将“生活政治”正式定义为“关涉的是来自后传统背景下，在自我实现过程中所引发的政治问题，在那里全球化的影响深深地侵入到自我的反思性投射中，反过来自我实现的过程又会影响到全球化的策略”④。可见，生活政治是自我发展和自我实现的政治，自我之维应是生活政治的第一维度。“自我”是一个关系的范畴，而不是一个孤立的范畴，只有在与他人的关系中才能确立自我并实现自我。“自我”只有融入社会共同体中，作为政治的和社会的个体，才有生存的意义和价值。生活政治的自我之维，实质是要处理好自己与他人、自己与自己这两大关系，其核心要素就是“信任”与“认同”。

信任是自我的根本诉求。“信任”的实质是“对一个人或一个系统之可依

---

① ［英］安东尼·吉登斯：《超越左与右——激进政治的未来》，李惠斌、杨雪冬译，社会科学文献出版社2000年，第94页。

② ［英］安东尼·吉登斯：《失控的世界》，周红云译，江西人民出版社2001年，第115页。

③ ［英］安东尼·吉登斯：《亲密关系的变革——现代社会中的性、爱和爱欲》，陈永国、汪民安等译，社会科学文献出版社2001年，第251～252页。

④ ［英］安东尼·吉登斯：《现代性与自我认同》，赵旭东、方文译，生活·读书·新知三联书店1998年，第252页。

赖性所持有的信心，在一系列给定的后果或事件中，这种信心表达了对诚实或他人的爱的信念，或者对抽象原则（技术性知识）之正确性的信念”[①]。从根本上说，信任不是与风险而是与突发性联系在一起，对未来不可预测性事件的矛盾心理居于所有信任关系的核心。“积极信任”不仅建构了完整的、自主的“自我”，而且通过“认同感”的塑造会产生跨越时空的团结。

“生活政治”也是一种认同的政治。所谓“自我认同”，是“行动者自身的意义来源”[②]，是一种嵌入社会结构的个体反思性的投射，主要解决“我是谁”的问题。[③] 自我认同表现了生活的意义感和方向感，其目的在于“既要保持自我有充分的开放性、自主性和个性化的发展，又要保持自我与传统和历史的适度承继关系，避免自我的任意性和无根基性”[④]。哈贝马斯认为，自我同一性结构的形成要以“交往理性”为前提，而这种交往理性通过话语的透明能够达到“交往共识”。他说，“只有在一种具有普遍意义的话语的交往前提下，才能建构起一种较高层次的主体间性，让每个人的视角与所有人的视角相互重合。”[⑤]

自我的政治认同，通过对话使社会成员形成对政治体系心理上的归属感和实践上的政治行为支持，是利益认同、制度认同和价值认同三个层面的整合。根据英国学者迈克尔·奥克肖特的观点，个体认同是由社会共同体的社会文化所赋予的，源于“人在共同体的紧密结合中彼此承认的伙伴身份，以及透过集体目标来认同自己的深刻满足”[⑥]。可见，个体认同与集体认同始终处于相互塑造的过程之中。现代社会风险急剧增长的不确定性和转型期复杂多变的社会语境，使人类的“本体性安全感”开始崩塌，认同焦虑和认同危机已经浮现出来。尤其是网络话语的虚拟氛围，更容易引发归属感的匮乏和

---

① ［英］安东尼·吉登斯：《现代性的后果》，田禾译，译林出版社 2000 年，第 30 页。

② Giddens, *Modernity and Self-identity : Self and Society in the Late Modern Age*, Combridge: Polity Press, 1991, p. 68.

③ ［加拿大］查尔斯·泰勒：《自我的根源——现代认同的形成》，韩震等译，译林出版社 2001 年，第 37 页。

④ 许丽萍：《吉登斯：生活政治范式研究》，人民出版社 2008 年，第 143 页。

⑤ ［德］尤尔根·哈贝马斯：《对话伦理学与真理的问题》，沈清楷译，中国人民大学出版社 2005 年，第 85 页。

⑥ Michael Oakeshott, *On Human Conduct*, Charendon Press, 1975, p. 320.

自我价值的丧失。无论个体还是集体，“信任感”与“认同感”都需要通过反思性的自我建构和有组织的生活规划来实现，以便确定人的身份性质或编织人类记忆。因此，只有贴近日常生活的媒介话语才能引起广大民众的“信任”与“认同”，将政治兴趣转化为政治参与，进而上升为政治信念。

二、身体之维：隐喻的政治

身体是政治的最好语言。身体政治的问题凸显是现代社会的一大特点。“身体是由历史铭刻的，是带有权力和统治关系的，它植根于政治领域，浸淫在权力关系中，服从于控制它、装饰它、训练它、折磨它、强迫它执行任务、表演仪式、发出符号的权力关系。”① 身体是多维度和多层次的存在，体现着政治、经济、文化的历史积淀，镌刻着权力、知识、话语的歧异纷争，包容着复杂的社会关系和丰富的日常生活。“身体、社会和文化的互动是社会实践的关键特征。”② 身体是生活政治的基本要点，它既是话语和制度的基础，又是他们的产物。

梅洛·庞蒂认为，“身体是我们拥有一个世界的一般方式”③“事物总是处在与我的关系中，并烙上了身体的印迹”④，事物成了身体本身的附件。巴黎学派的重要人物高概把身体感觉视为话语符号学的首要研究对象。吉登斯也指出：“对身体轮廓和特性的觉知，是对世界的创造性的探索的真正起源。”⑤ 日常生活中的话语意义可以通过身体符号（如眼神、手势、动作等）来实现。身体层面的话语变化中，一个具有重要文化和社会意义的方面就是现实的“隐喻化”。隐喻不仅仅是话语的表面装饰，它“通过一种普遍的和根本的途径，构建起了我们的思维方式和行为方式，以及我们的知识体系和信仰体系”⑥。理解身体的政治隐喻，就是用媒介话语中的身体呈现来演绎生活政治。

---

① 王治河：《福柯》，湖南教育出版社1999年，第206页。

② 汪民安、陈永国：《后身体：文化、权力和生命政治学》，吉林人民出版社2003年，第10页。

③ ［法］莫里斯·梅洛一庞蒂：《知觉现象学》，姜志辉译，商务印书馆2001年，第139页。

④ 同上，第20页。

⑤ ［英］安东尼·吉登斯：《现代性与自我认同》，赵旭东、方文译，生活·读书·新知三联书店1998年，第62页。

⑥ ［英］诺曼·费尔克拉夫：《话语与社会变迁》，殷晓蓉译，华夏出版社2003年，第181页。

福柯将身体作为观察世界的眼睛，指出“身体是我们所拥有的最宝贵的创造性力量”[①]“身体是历史的刻印体”[②]。他进一步说，“人体之所以能够被置于政治领域，在权力关系的支配下变得柔顺和具有生产性，即能够产生政治和经济效益，这是通过知识造成的。关于人体的知识和对人体的驾驭构成某种支配人体的政治技术。”[③] 这就是所谓身体的“规训”技术。正是规训，渐渐通过复杂而精巧的日常生活渠道接近身体，使身体的微妙控制、使用和改造成为可能，身体化身为“权力所能摆布的微缩模型”[④]，变得“越有用，越顺从；越顺从，越有用”[⑤]。身体是权力的焦点。在身体既具有生产能力又被“驯服”时，身体展示了世界。被社会化的身体，受到日常生活情景的制约和规范。

身体话语能够凸显政府管理者的品位个性、处世风格、休闲爱好等多面形象。在媒介的身体隐喻中，热爱家庭生活、孝顺父母、关爱儿女的政府管理者容易让人产生有责任感的强烈印象，赢得民心；爱好运动、旅游、文学、艺术的政府管理者，能够更加贴近人们的生活经验，获得这些活动业余爱好者群体的青睐；平时态度谦逊、举止绅士、生活质朴、豁达乐观的政府管理者，让民众不由自主地会更关注其政治话语，也更认同其政治主张。

三、道德之维：乌托邦现实主义

对自我的标榜和对身体的凸显，难免会造成整个社会的价值缺失乃至道德危机。但生活政治作为一种具有深切道德关怀和强烈责任意识的政治方案，同时也高度关注日常生活中的道德和生存问题。生活政治是关于生活方式选择与决定问题的新型政治，这种选择与决定“几乎总是政治性的，并具有伦理或价值尺度”。[⑥] 在追问和反思“如何生活”这个核心命题的基础上，为了

---

① M. Foucault, *The History of Sexuality*, *Volume 2* : *The Use of Pleasure*, New York: Vintage Press, 1984.

② 高宣扬：《福柯的生存美学》，中国人民大学出版社 2005 年，第 241 页。

③ ［法］米歇尔·福柯：《规训与惩罚》，刘北成、杨远婴译，生活·读书·新知三联书店 2002 年，第 273 页。

④ 同上，第 154 页。

⑤ 同上，第 156 页。

⑥ ［英］安东尼·吉登斯：《失控的世界》，周红云译，江西人民出版社 2001 年，第 115 页。

回答“如何更好地生活”这一高级命题，生活政治呼吁社会生活的重新道德化，坚守被称为“乌托邦现实主义”的道德之维。

乌托邦现实主义是马克思的现实主义与乌托邦的理想主义的融合物，既立足于现实的制度性根基，又不抛弃开创理想中更加美好的社会这一价值追求。“乌托邦现实主义将‘打开窗口’以迎接未来，并与正在运作的制度化倾向连接起来，正是由于这种倾向，政治的未来才是内在地、是在场的。”① 乌托邦现实主义扎根于现在，又指涉未来，它是现实与期望的平衡。“之所以说是‘现实主义’，是因为一种批判理论，一种批判性政治必须把握实际的社会进程，提出具有某种根据的观点和战略；之所以是‘乌托邦现实主义’，是因为我们现在处在一种社会反思性越来越广泛的社会领域中，在这种领域中可能的未来经常不是限制现实，而是有利于现实的形成，现实的模式直接影响着即将出现的模式。”② 也就是说，政治策略和伦理考虑二者不可偏废，同等重要。

“人类命运完全取决于人们的精神变革和道德状态。”③ 让道德回归生活的核心，是乌托邦现实主义所描绘的未来美好愿景。德沃金认为：“如果真想把人们作为平等的人来对待，我们就必须设法做到使他们的生活对于他们来说同等地值得欲求，或给予他们做到这一点的手段，而不只是让他们的银行账号上有相同的数字。”④ 也就是说，平等不只是政治地位的确立、公民权利的平等和财富差异的缩小，而且还应该是个体在社会中的机会获得、资源享用、公共事务参与、社会群体认同、心理体验和感受以及其他精神层面的平等。也就是说，是道德与责任的平等。

面对现代风险环境，乌托邦现实主义观提出了四种构想，即“后匮乏经济”“人化的自然”“协商的政权”“对话的民主”。此处仅以“对话民主”为例简要分析。“对话民主是指双方对对方权威的互相认可，准备倾听他们的观

---

① ［英］安东尼·吉登斯：《现代性的后果》，田禾译，译林出版社2000年，第155页。

② ［英］安东尼·吉登斯：《超越左与右——激进政治的未来》，李惠斌、杨雪冬译，社会科学文献出版社2000年，第262～263页。

③ ［俄］尼古拉·别尔嘉耶夫：《论人的奴役与自由》，张百春译，中国城市出版社2002年，第185页。

④ ［美］罗纳德·德沃金：《至上的美德——平等的理论与实践》，冯克利译，江苏人民出版社2003年，第7页。

点和想法并与之辩论的这样一个过程——是对暴力的唯一替代。”① 对话是消解对立和隔阂的重要途径，也是社会成员达成共识的必要环节。对话民主以交往和沟通为基础，来建立风险决策的协商程序，重塑当代社会的平等秩序。吉登斯认为，生活政治不仅是理性的政治，更是情感的政治，对话民主必须渗入到日常生活的微观政治领域，以情感民主憧憬至善之境。“情感民主对于促进正式的、共同的民主具有十分重要的意义。”② 乌托邦现实主义带给政府管理者最大的启发，就在于它倡导执政方式由传统控制手段为主转向以对话民主和情感民主为纲。

目前，越来越多的政府管理者已意识到：管理者权能和职能的转变，使“政治话语”不仅仅是与普通大众日常生活割裂的抽象性的宏大叙事，而且像社会的放大镜一般，将其镜头对准了日常生活细节的微观事务和领域。要解决如何生活的问题，政治必须重视日常生活的微观元素，更多地诉诸于“生活政治”方案，但同时亦不放弃“解放政治”的优势政治思想与方略。借用吉登斯的话来说，实际上“生活政治观”就是“要求一种对解放政治的重大重构以及对生活政治事业的不懈追求”③。其目标在于不断地努力寻求完备和令人满意的生活的可能性。

“生活政治观”在新一代政治行动者的意识中，已然成为一种自觉的执政艺术理念。每一个政府管理者都是政府形象的生动载体，是政府形象的“人格化”。政府管理者形象的打造要同整个民族和国家的形象建构链接起来，媒介话语应从“一事一宣”型逐步转向“资源整合”型的立体化发展阶段。从话语控制的角度看，日常媒介话语是提高政府公信力、巩固执政基础的重要途径；从话语驱动的角度看，日常媒介话语是增强民族凝聚力、建设和谐社会的内在要求；从话语交往的角度看，日常媒介话语是加强国际交往力、提升国家形象的有力保障。

---

① ［英］安东尼·吉登斯：《为社会学辩护》，周红云、陶传进、徐阳译，社会科学文献出版社2003年，第61页。

② ［英］安东尼·吉登斯：《超越左与右——激进政治的未来》，李惠斌、杨雪冬译，社会科学文献出版社2000年，第123页。

③ ［英］安东尼·吉登斯：《现代性与自我认同》，赵旭东、方文译，生活·读书·新知三联书店1998年，第270页。

第二节　“权力话语观”：风险约束与话语规训

媒介场域是包含于权力场域之中的，要受到权力因素的裁制。在权力与媒介的胶合过程中，话语是非常巧妙的对接轨道，它确立了两者之间一种十分紧密的关系。权力试图经由话语收编媒介，媒介试图通过话语展演权力，在特殊的情境中权力话语与媒介话语可以相互转化甚至重叠。下文将主要探究执政权力话语与媒介话语之间相互转译的密码，这在相当程度上能够为政府管理者运用媒介话语创造执政资源提供新思路。

一、权力的话语：话语是权力的形式

话语的表达是一个过程，一个从思想观念向现实转换所必然经历的复杂的互动过程。影响、控制话语运动的最根本因素是权力。“正是在话语的实践运作中，福柯看到权力关系，话语在内部进行的调整，赋予内部事物的秩序和意义，本质上便是赋予它有产生意义的权力，获得进入特定秩序的权力。”[①]而媒介本身是一种权力的话语修辞，媒介的“入侵”掌握政治甚至颠覆政治。媒介话语一方面制约着权力话语，另一方面又对权力话语起使动作用。从某种意义上来说，话语使媒介成了权力之镜。

（一）话语是权力的技术包装

话语是一种被创造的技艺，对创造者与使用者而言，都是一种工具。话语能够呈现主体的思想，亦能够遮蔽主体的真实意图，它就像一个技术装置，在推理与被推理、解释与被解释之间，实现了超越性的话语智慧与具象性的话语方式。“话语是权力的一种形式。”[②] 也就是说，话语技术整合进权力形式之中，权力根据可控制的话语的膨胀或紧缩而得到表达，话语就成为了权力技术的一次展演。话语是权力的包装。“话语技术在有关语言和话语的知识与权力之间确立了一种紧密的联系。它们的目的是某些预期效果，也是在某些

---

① 陈晓明：《解构的踪迹：历史、话语与主体》，中国社会科学出版社 1994 年，第 65 页。

② David Couzens Hoy，*Two Conflicting Conceptions of How to Naturalize Philosophy*：*Foucault versus Habermas*，Germany ：Stuttgart，p. 766.

预期效果的基础上得到改进的。”[①] 哪怕是最精微之细节的预期效果，也反映了权力话语主体智慧、方式和行为的技术化特质。

话语本身普遍地服从于技术和技能。媒介是话语技术生成的装置，拥有差异性的代码和设置化的程序。通过不同装置看装置背后生成技术的不同，能够更加深刻地理解权力的技术化命题。不同媒介具有不同的话语技术特征，它造成权力的行动链和影响域成为开放和发展的系统。媒介话语是权力话语的技术包装，它以不同的程度不仅致力于现存的话语秩序的再造或改变，而且也通过现存的社会和权力关系达到这种再造和改变。媒介社会是“相互并置、连接、协调并形成等级的不同权力在实施着的群岛”[②]，媒介话语借助于权力特有的媒介代码，使政治权力的技术化，在社会历史发展的进程中成为一种事实上不可能逆转的演化成就。

（二）话语是权力的组成部分

权力运作在话语生产中起着重要作用。权力是生产性的而非压迫性的，它具有创造性的积极手段和力量。“权力所具有的首要功能绝对不是禁令、组织、说‘你不该’，而是产生效能、能力、产品。”[③] 权力事实上是所有行为发生的手段，话语运动也不例外。我们无法回避媒介话语背后权力主体的意识形态成分和制码痕迹，我们同样无法否认权力创造了媒介世界的众多领域和无数的话语仪式。影响、控制媒介话语的最根本因素是权力话语，权力话语生产媒介话语。“现代权力通过构建新的活动能力和方式起作用，而不是通过对预先存在的活动能力和方式进行限制。”[④] 在权力的深层结构中，话语是一种交往媒介，表达个人偏好和意志；话语是一种动力机制，嵌置群体目标和约束。实际上，媒介与话语的本质关系中，权力都始终在场。

权力生产话语，与此相对，话语也生产和传播权力。“‘话语’永远是具体的、历史的，‘话语’本身既是权力的产物，也是权力的组成部分。”[⑤] 媒介话语不仅是施展权力的工具，而且也是掌握权力的关键。“权力的施展，一方

---

① ［英］诺曼·费尔克拉夫：《话语与社会变迁》，殷晓蓉译，华夏出版社 2003 年，第 200 页。

② 莫伟民：《莫伟民讲福柯》，北京大学出版社 2005 年，第 227 页。

③ 同上。

④ 同上，第 224 页。

⑤ 王治河：《福柯》，湖南教育出版社 1999 年，第 185 页。

面不断创造知识（话语）的新对象和新形式，另一方面这些新对象和新形式也会导致和加固某种权力。”[①] 权力话语通过媒介话语来实现。“没有书写人们不可能创造政治和行政官僚制中的复杂权力结构，更不用说对政治权力的民主控制了。”[②] 权力话语既不是被给定的，也不是被交换的，更不是被发现的，而是在媒介话语中被使用的。在媒介网络中，权力话语之间相互交叉、相互联结、相互附加、相互取消、相互加强。媒介话语也许无法替代权力话语所有的意义和能力，但确是权力话语内核中的重要构成和基本支撑。

（三）权力与话语的共振效应

权力是生活世界社会实存的普遍因素。“正是由于生活世界——社会的普遍性背景，权力的分化、它的增长以及它的功能分化成为一个问题。”[③] 对于社会网络来说，话语是组织调节的方式。权力旨趣通过媒介话语渗透到社会成员点与点的每层关系中，社会个体在众多权力线之间循环，既承受权力又行使权力，使社会保持平衡秩序和凝聚力。权力与话语是协同的还是离散的，直接关涉权力分布的合理性和权力技术的科学性。话语可能由权力做主张，也可能束缚它，可能使它吸取风险和不确定性，甚至可能使它受诱惑甚至使它受挫折。在某种意义上，权力与话语只有实现共振才能推动社会的稳态发展和进步。

“权力的深层结构是界定和稳固一个社会或组织的界线。它们是与权力相关的组织现实。如果没有它们，那就只有个人的集合体，而不是其成员以稳定的、可预测的、以同步方式行动的社会集体。”[④] 这里的“深层结构”是指组织的两个层次之间的关系：其一是表层结构，代表符号和符号传播活动；其二是基础结构，代表群体旨趣、经济条件、劳资关系等社会现实。表层结构和基础结构的转换过程，事实上就是权力与话语获得交感和共振的过程。社会动态并非只是权力所决定的单一机体，而是表现为种种可能性（潜力、

---

① 王治河：《福柯》，湖南教育出版社 1999 年，第 183 页。

② ［德］尼克拉斯·卢曼：《权力》，瞿铁鹏译，上海世纪出版集团、上海人民出版社 2005 年，第 8 页。

③ 同上，第 99 页。

④ ［美］丹尼斯·K. 姆贝：《组织中的传播和权力：话语、意识形态和统治》，陈德民、陶庆、薛梅译，中国社会科学出版社 2000 年，第 27 页。

机会、配置等）。因此，权力的极化或软化，由不得政府管理者自身的喜好，必须深深扎根于社会关节之中，尤其应接受媒介的选择和检验。

总之，“话语作为一种政治实践，建立、维持和改变权力关系，并且改变权力关系在其间得以获得的集合性实体（阶级、集团、共同体、团体）”①。权力和话语的辩证互生关系，是一组在任何地方组织起来的和经过协调的实施着的关系。权力与话语相互依赖、相互包含、密不可分，两者之间的转换规则就像一组密码，为政府管理者打开了通往用媒介话语技术指导执政实践的社会治理之门道。

二、话语的秩序：权力的规则与程序

词语、存在物和需求的领域内存在着一种秩序科学。“在一个既定的行动领域之中，存在着一种最低限度的秩序，抑或最低限度的规则的建构与维系。”② 秩序和规则是话语最基本的功能。“话语不再是自律性的，而被放置进一个复杂变化的社会网络中，受到社会和历史条件的制约。”③ 考察话语的秩序，能够深入权力的社会结构以及控制权力运行的社会机制，发现权力话语与执政实践的深刻关联。

（一）话语秩序的基本特性

现代话语秩序的特性一个是“民主化”与“风险化”的共存，另一个是“商品化”与“技术化”的混合。话语秩序的特性集中体现于话语秩序的基本功能与作用之上。在《话语的秩序》一文中，福柯认为：“在每个社会，话语的制造是同时受一定数量程序的控制、选择、组织和重新分配的，这些程序的作用在于消除话语的力量和危险，控制其偶发事件，避开其沉重而可怕的物质性。”④ 话语秩序所要控制的对象，是话语中不可预测的、突然闯入的事件，即话语的偶然性。当感到在话语活动存有难以想象的权力

---

① ［英］诺曼·费尔克拉夫：《话语与社会变迁》，殷晓蓉译，华夏出版社2003年，第62页。

② ［法］埃哈尔·费埃德伯格：《权力与规则——组织行动的动力》，张月等译，格致出版社、上海人民出版社2008年，第177页。

③ 黄华：《权力，身体与自我——福柯与女性主义文学批评》，北京大学出版社2005年，第25页。

④ 谢立中：《西方社会学经典读本（下册）》，北京大学出版社2008年，第788页。

和危险时，组织和集体行动总是将实用的规则与诉诸团结一致的制约力量并置在一起。话语的物质性，用福柯的话说，“它不是外加的资料，而属于固有的特点”[①]。权力话语秩序始终具有那种调控冲突性合作的政治性以及策略性的功能。

权力话语秩序具有规范性。权力话语属于一个充满规则的范畴，权力话语技术被视为话语主体对一套潜在规则的掌握，正是这些秩序和规则使人们可以熟练而理性地行动。单纯的话语与它们的意义之间的关系并不是天然的，而是取决于一个社会习俗网络的存在。“行为发生学的核心假设就是人们拥有一套社会知识的储备，它使得人们能够去行动、去给出陈述，比如说对他们的行为做出解释或予以合理化。”[②] 权力话语秩序有着强烈的目标定向，而且所有的参与者对于他们之间的相互依赖关系以及规则的需要都有着充分的认识。权力话语对象的禁忌、权力话语环境的仪规、权力话语方式的控制，导引话语行为进入适当的轨道，产生有效、合法的话语活动。“在一定程度上，它们（规则）是协商的结构，因此不能够被还原为仅仅是相关利益群体的某一方的愿望、目标抑或规划。假如在某一时刻，它们事实上与参与者的决策相契合，那么一旦这些规则被制度化，它们就会呈现出其自身的生命形态，变成一种制约所有相关群体的力量。”[③]

权力话语秩序也具有可塑性。“一个话语秩序可以被看作是矛盾的、不稳定的平衡，可以通过现存的社会和权力关系达到再造和改变。”[④] 秩序能成为必然和自然的（相关于思想）同时，也能成为任意的（相关于事物）。在这个意义上，权力话语秩序是不完全的、异质的和不可简化的。它们最终可能会建立的普遍的均衡也始终在变化，而且不得不在局部的意义上加以解释。事实上，“行动者的行为是双向矛盾的，在很大程度上，既由诸种对规则的逃避的尝试构成（力图歪曲规则抑或绕开规则），又由对规则的肯定的努力构成

① ［法］乔治-埃利亚、萨尔法蒂：《话语分析基础知识》，曲辰译，天津人民出版社2006年，第118页。

② ［英］乔纳森·波特、玛格丽特·韦斯雷尔：《话语和社会心理学：超越态度与行为》，肖文明、吴新利、张擎译，中国人民大学出版社2006年，第54页。

③ ［法］埃哈尔·费埃德伯格：《权力与规则——组织行动的动力》，张月等译，格致出版社、上海人民出版社2008年，第185页。

④ ［英］诺曼·费尔克拉夫：《话语与社会变迁》，殷晓蓉译，华夏出版社2003年，第86页。

(以防卫的方式使用规则，作为一种对自己的保护，以防备其他人规避规则的尝试产生作用)”[①]。

权力话语秩序含义的表达，要适合于说话者的语境。权力话语的参与者是以因时、因地、因势利导的方式来使用规则，因此，研究权力话语秩序，关注点应该在权力话语事件和此类结构变化之间的轮流转换。“当生产者和解释者在创新出来的话语事件中以新的方式将话语习俗、代码和要素结合起来时，他们当然是在话语秩序中累积性地产生出结构的变化：他们使现存的话语秩序分离，重申新的话语霸权。诸如此类的结构变化可能仅仅影响一个机构的‘地方’话语秩序，或者它们可能通过各种机构影响话语的社会秩序。”[②]也就是说，权力话语秩序不是以模板或机械的指南方式运作，而是很大程度上取决于人们对语言的建构性使用，被作为一种符号资源用来达成具体的目标和任务。

（二）话语制造的程序控制

福柯将控制和限制话语的程序分为三个程序：一是话语的外部程序；二是话语的内部程序；三是话语的应用条件原则。福柯指出外部力量对话语的控制作用，主要表现为排斥程序。在福柯看来，任何陈述都是经过具有约束性的话语规则的选择和排斥后的产物。话语的首要排斥程序是禁止，第二个排斥程序是理性与疯癫之间的区别和拒斥，第三个排斥程序是真理和谬误之间的对立和约束。福柯说：“我们知道得很清楚，我们不是想说什么就说什么，我们不能无论何时何地都说我们喜欢的东西，谁也不能想说什么就说什么。”[③] 话语的场合、话语主体的身份等，都可以影响权力话语的方式和内容。

“当话语要求与一个真实的对象相联系，要怀着内在冲动成为指向对象的话语行为的时候，话语的内在规则出现了，话语为了有所指称才分裂为能指

① ［法］埃哈尔·费埃德伯格：《权力与规则——组织行动的动力》，张月等译，格致出版社、上海人民出版社2008年，第186页。

② ［英］诺曼·费尔克拉夫：《话语与社会变迁》，殷晓蓉译，华夏出版社2003年，第90页。

③ 黄华：《权力，身体与自我——福柯与女性主义文学批评》，北京大学出版社2005年，第25页。

和所指。……话语的内在规则包括作者的意图、文本的意图、读者的意图。”[①]开始于话语内部的程序是一种使话语意义局限化的过程，表现为对话语进行分类、排序和分配。按福柯的分析，话语的内部程序规则有三个，他分别称之为“评论原则”“作者原则”“学科原则”。评论原则关注初始意义的话语，即不断被从属话语复述的主导性的元话语；作者原则把纷乱的话语组织和统一起来置入现实之中，给话语提供源泉和凝聚点；学科原则控制话语生产，通过学科规则和方法的重新使用而规定话语的界限。

权力话语不是一个无根的封闭自足的系统，对话语的制约和控制，是在漫长岁月的社会交往结构中完成的。不同于主张单一主体性的现代主义话语观，也不同于主张话语自主无意义的后现代话语观，交往实践观的“话语—意义”理论认为“意义与话语的相对关联是在交往活动中后天建立的结构，它依赖于交往共同体的存在，具有具体的语境性和场依存性，是一种相对的话语秩序和游戏规则，是意义与交往共同体同进退的前提条件”[②]。这种理论提出，制约权力话语的秩序是一个交往系统，它是在多元主体的交往结构中存在的，它建立的前提是多元主体、多元话语及其多元意义的存在，形成的机制是在交往中的双向建构和双向整合。以此为依据，“话语的秩序可分为四个层级：话语的逻辑，语义的逻辑，精神交往的结构，交往实践的秩序”[③]。（见下页表式）

表式：话语秩序的交往系统[④]

		话语主体(作者) ——话语文本		话语主体(作者)		
工语指	↑	言语行为系统	话语文本	话语规则系统	↓	意解文
具用称		话语意义结构	意义结构	话语意义交往场		义释化
向过序		精神交往系统	精神结构	观念意义结构		序过向
度程列		交往实践系统	交往实践结构	交往实践意义结构		列程度

这里的权力话语秩序包括指称序列和解释序列：指称序列的扩展成为语用体系，逐条地再现话语所指示的对象，回到交往实践情境之中，完成一个

① 任平、陈忠：《当代视野中的马克思主义哲学》，人民出版社 2010 年，第 592 页。
② 同上，第 571 页。
③ 同上，第 591 页。
④ 同上，第 589 页。

语用行为；解释序列的扩展成为语义体系，它将各级主体语义凝聚起来，形成对话语的把握秩序。由于规范秩序不同，权力话语的交往结构产生了辩证性，呈现共性和个性、规范结构与反规范结构的矛盾运动，促使权力话语秩序的交往系统不断变构和发展。权力话语行为是执政者思维和言语之间的桥梁。权力话语制造一面是披上符号且为语词所显现的执政主体的思想，另一面是启动并产生意义效果的执政话语结构。二者之间的作用程序，构成了一系列正式与非正式，以及显在与暗含的规则、设计、机制、惯例与契约，塑造和界定着执政话语的应用原则。

三、话语的规训：权力的预警、监督与制约

权力是一种具有强烈扩张性和排他性的力量。历史经验表明，权力的盲目作用与不受约束必然带来社会灾难。媒介是政治权力话语的风险生产机器，对媒介中的权力话语进行规制和训导，就产生了政治权力话语的风险过滤方法和工具。为了有效地预警、监督和制约政府管理者的权力，必须对其媒介话语设限，使之在被规训与自我规训的基础上发展话语掌控和话语转译能力。下文将深入研究风险社会中政府管理者媒介话语的权力现象与话语实践，探索政府管理者政治权力话语的风险转化逻辑及媒介话语的规训理念。

（一）权力预警思想与媒介话语界限

预警就是预测和警示。权力预警思想的核心是防患于未然，是在权力危机处于“未然态”时就及时预警。历史上每个国度和区域的执政危机一次次重演，甚至有着爆发的阶段性和规律性。危机公关的最高境界，是提前对还未“分娩”的风险事件或者尚处在萌芽状态的风险因素，按风险级别做出预测、预报和预警。与传统理念不同，现代社会的危机公关思想倡导实时交互的多向度报告机制、捕捉危机苗头并在“止损点”处报警的新安全机制，以最大可能、最大程度的规避或减少灾难和损失。权力预警使风险显性化、具体化，唤醒了人们对细节的注意，在日常的执政决策中贯彻危机意识和风险观念，以积极的心态面对不可知的未来。

作为风险“雷达”，媒体是整个社会预警系统的重要一环。传播学者拉斯韦尔认为，监视是大众传媒的首要功能，这种功能通常表现为向人们发出危

险警报。在权力领域，媒体需要时刻警惕，用敏锐的嗅觉排除前方的“地雷”。传统的危机公关是指“事后反应”即所谓的“应急响应预案”，它是一种单向度的“风险反应”理念。其作用在于危机以后的一定程度的抚慰，其成效取决于媒体的反应速度、反应技术和反应能力。危机一旦发生，影响力之大，波及面之广，任何媒体都难以同一时刻做出完备的应对策略。我们的媒体需要及时转换思维，应该从异态环境下的“应急响应”转变为常态环境中的“积极预警”。

权力预警的重点在于明确设置权力的边界。特权现象之所以能够滋生，本质上源于权力界限的模糊化甚至缺失。18 世纪法国著名启蒙思想家孟德斯鸠在《论法的精神》中经典地论述说：“一切有权力的人都容易滥用权力，这是万古不易的一条经验。有权力的人们使用权力一直到遇有界限的地方才休止。”[①] 有限政府理论也认为：“权力有限的政府原则意味着政府的权力要受被管理者的权利和自由所限制。”[②]

执政权限集中体现于媒介话语领域，就是要求政府管理者准确拿捏话语的分寸。由于身份的特殊性，政府管理者在任何情境下都需要慎言，但在某些具体情况下又不能失语。话语权力的明晰是政府管理者权力界限的进一步细化。如话语由哪一层政府管理者来说、说到什么程度，话语的内容、形式、发布平台、发布时机等，都是权力的预警范围，一旦越过了范围界限，就达到了媒介话语的风险警戒线。对于权力边界的设置，只能以另一个权力的存在为逻辑前提。也就是说，政府管理者的媒介话语界限应置于整个社会话语系统来划分，界限之外的媒介话语权将由媒体本身和广大公众来享用和履行。

任何权力都有滥用的潜能和倾向。面对权力危机的肆虐和权力风险的梦魇，媒介话语的传播策略不能只是减轻、反应和恢复。预警是传媒的天然职责，它是一个可无限拓展的信息视域，扬弃现代文明中物理层面的“应急响应机制”，提供给我们一个科学预测系统和实用报警系统。如何既克服预警弱

---

① ［法］查理·路易·孟德斯鸠：《论法的精神（上册）》，张雁深译，商务印书馆 2004 年，第 184 页。

② ［美］加里·沃塞曼：《美国政治基础》，陆震纶、何祚康、郑明哲、杨景厚译，中国社会科学出版社 1994 年，第 26 页。

化，又避免预警过度，是今天媒体所面临的新课题。相应地，政府管理者必须时刻扮演一种自我预警的角色，关键在于建立一种边界意识，有所为有所不为，这也是话语规训的基本要求。

（二）权力监督机制与媒介话语掌控

监督就是监察和督促。权力载体和权力组织网络常常发生适应性危机，监督既针对权力载体，又针对权力运行过程。有效的监督必须建立起制度导向与程序优先的制度运行体制，这是检验政治现代性的指标。传统的监督往往依赖于外力，是一种强制性的检查方式。而现代社会的监督更为人性化，如领导接待日、市长信箱等便是权力监督的一种变体。权力监督机制就是给权力这匹野马套上了制度之缰。监督机制建立后成为一种程序行为，监督者与被监督者的交互作用突现出来。

权力监督关键靠制度而非单单靠人。对于政府管理者而言，仅仅依托他们在自我道德信任基础上执掌公共权力的诺言，而不加以严格的监督机制约束，就绝对不能期望杜绝以权谋私。而且，往往权力的链条越长，监督力越弱。强化对政府管理者的权力监督，要特别关注对重点问题、敏感领域和关键环节的监督，要运用制度的力量来限制他们权力的行使，从而使掌握权力的人在有效的制度框架内行使权力，时时、处处感到掣肘而无法随心所欲滥用权力。但是，监督不能取代管理，比如在问责制中，监督主体并不参与权力运行，不干预被监督主体的具体决策和执行行为，而是把监察结果反映给被监督主体及其授权者，让其来问责、修正。

作为政府的镜鉴和人民的喉舌，媒介是权力监督的利器。新闻媒介被称为国家立法权、行政权和司法权之外的“第四权力”，舆论监督是权力监督机制中至为关键的一环。舆论监督通过新闻报道手段对政府管理者的工作圈、生活圈和社交圈进行有效的监控和管理，把可能出现的问题和隐患消灭在萌芽状态，让权力在阳光下运行。媒体的舆论监督，使执政者不侵害人民的利益，为公共利益更好地服务，这是美国民主政治的重要逻辑。美国总统罗斯福给媒体起了一个绰号“扒粪者”，即指媒体热衷于挖掘政府管理者的丑闻，使政府减少腐败，变得更加清廉，从而使整个政治系统更加有效地运行。

媒体是信息的倍增器，更是思想的校平器。越能经受舆论监督的政府管理者，在广大民众中往往也越能赢得信赖。培养政府管理者自身媒介话语的掌控能力，是为了使其在民主监督的氛围下更好地行使执政话语权。政府管理者较之普通民众，应该具备更高超的媒介话语驾驭能力，这是他们作为执权者所必须深谙的“政治礼仪”。这种政治礼仪，包括掌握和控制两个层面。掌握话语，就是明确自身角色以及符合自己身份的话语类型，尽量搜集、理解多元态的社会话语；控制话语，就是接受话语规训，按照一定规范控制自己在媒介上所呈现的话语的质与量，并灵活应对话语冲突和矛盾。当政府管理者成功地掌控权力话语，媒介就会很难发挥一种独立的作用；当政府管理者失去或缺乏掌控能力，就为媒介提供了更大量的消息来源、更多可供选择的观点和更多元的解释框架。

日益分化的社会结构体系引发了社会权力关系的深刻变化，对政府管理者的权力监督势在必行。监督是为了更好地管理权力及权力执行者，是为了促使他们不断思考和改进话语实践。掌控媒介话语，要求政府管理者及时监测、发现并总结各种社会现象和事件出现的原因，迅速找出其内在规律，消除或减缓矛盾与冲突，使之达到平衡，不致使事态向恶的方向发展。尤其是在权力监督机制之下磨练出的谈话控制技能，赋予了这个时代执政者权力话语的新特征，这也应是政府管理者使用媒介话语时的决策目标和行为标准。

（三）权力制约逻辑与媒介话语转译

制约就是控制与约束。如果说监督类似于驾驶室里的各种仪表，制约则类似于刹车、离合器与档位。监督的目的在于反抗权力膨胀而失控，体现的是效率；制约的旨意在于防止权力结构倾斜或失衡，体现的是正义。“人类的权力存在着一种‘辩证法’现象，即在行使权力现象的同时，也存在着抵制权力的现象，‘许多格言都可以证明这一点：以火对火；以力对力；恶有恶报。’”① 为了消解权力的弊端，需要进行必要的制约，这是一种制度理性，是人类政治生活的铁律。倘若没有制约防线，权力就易被异化、被滥用。

权力制约的本质是对执政主体无限膨胀的权力欲望的制约。“政治权力制

① ［英］约翰·肯尼思·加尔布雷思：《权力的分析》，陶远华、苏世军译，河北人民出版社1988年，第62页。

约的原因是由于行使政治权力的人需要制约。人的利益要求和欲望是无止境的，而行使政治权力能够满足人的利益要求，因而，制约政治权力的目的是为了制约人的欲望。”① 权力制约的内涵是各司其职，即通过职能分解、机构分设和人员分工，实现对权力的赋予与对权力制约的赋予对应对等，以便当一种权力偏离了正轨时，与它相对应的权力能够自行予以制止。权力链条上的每一个人、每一个环节甚至每一个组织，既制约其他权力主体又被其他权力主体所制约。可见，制约是一种权力的共享、互补和牵制。

权力制约逻辑应用于政府管理者的媒介话语领域，主要通过话语的分权和制衡来实现。政府管理者既是话语权的归属主体，又是话语权的使用主体。政治权力话语体系的职能分置、机构分设、人员分离，是为了话语与话语之间能够相互制衡。政府管理者作为话语主体的角色职能正在扩展：在首次编码之后，再进行二次编码——首次编码是将原始信息转换为可被特殊受众接受的权力话语，二次编码则是将可被特殊受众接受的权力话语，转变为可被一般受众接受的媒介话语。简言之，二次编码就是权力话语的转译和政治文化与公民文化的对接。

总之，媒介是政治转译的密码。为权力披上媒介话语的外衣，突破了原来只是从监督层面来思考防止权力被滥用的单一路径，强调了政治权力与社会权力之间的相互制约性。规训政府管理者的媒介话语，是为了实现权力确立、运行及运行评价的各阶段和各环节的协调、配合，形成全方位、多层次的监督网络和制约合力，使权力的风险约束不流于虚化和空化。建立权力话语科学有效的风险约束机制，其焦点在于培育政府管理者媒介话语的掌控和转译技术，最终目的无疑使风险转化。今天，权力运作方式正由管理型向治理型转变，这导致了“治理话语”的产生。“治理话语反映了人们希望在无需政治强制的条件下达成共识和一致行动。”② 应该说，通过话语规训达到话语共识，才是治理型的政府和服务型的政府管理者所追求的权力风险转化的最高境界。

---

① 周平：《政治学导论》，云南大学出版社 2007 年，第 47 页。

② 吴素雄：《国家建构的社会逻辑：从权力结构的均衡考察——兼论哈贝马斯交往权力对社会权力的制约》，《浙江社会科学》2008 年第 12 期。

第三节 “媒介生态观”与媒介话语系统的风险认知

马克思写道：“人创造环境，同样环境也创造人。”[①] 生态思维作为崭新的现代文明，在政治领域要率先掀起，才能保证其他领域的顺利渗透。“媒介生态观”的核心命题在于，媒介传播是如何影响人的理解力、情感和价值观的，以及人和媒体之间的互动是如何影响人类的生存的。“媒介生态观”是一种分类观，它将条分缕析地全景展现媒介话语系统的种种风险元素；“媒介生态观”更是一种整体观，它又将分散的媒介话语整合起来以实现公众舆论、民主政治与媒介生态的三重“文明”，这是政府管理者最高层次的执政智慧。

一、媒介生态系统的构成：生态位、内生态与外生态

“任何媒介系统都将面临需求量的无限性与资源量（营养级的数量）的有限性这对永久矛盾，解决这对矛盾必须采用生态观念、和谐思想和绿色思路。”[②] 对媒介生态系统的话语资源进行适度整合、开发和利用，既能防止话语雪崩、话语超载、话语污染，也可以避免话语枯竭、话语危机、话语霸权。

“所谓媒介生态系统，是指在一定的时间和空间内人、媒介、社会、自然四者之间通过物质交换、能量流动和信息交流的相互作用、相互依存，而构成的一个动态平衡和良性循环的统一整体。”[③] 媒介生态系统既指媒介系统的内生态，也包括媒介系统的外生态。一方面，内生态使媒介系统具有自组织、自协调、自循环的能动性；另一方面，外生态又使媒介系统具有环境和他者的外干扰、外扰乱、外逼迫的被动性。媒介具有生命体一样的自我生态修复能力和重新整合能力，自我控制、自我组织的特性给媒介生态系统带来了显

---

① 中共中央马克思恩格斯列宁斯大林著作编译局：《马克思恩格斯选集》第 1 卷，人民出版社 1975 年，第 43 页。

② 邵培仁：《论媒介生态系统的构成、规划与管理》，《浙江师范大学学报（社会科学版）》2008 年第 2 期。

③ 邵培仁等：《媒介生态学：媒介作为绿色生态的研究》，中国传媒大学出版社 2008 年，第 110～111页。

著的能力，使之“能够排斥外来的污染物或异常物体”①，可以通过自调节、自适应、自组织和自更新的机制达到动态平衡。同时，媒介生态系统的运转并非是一种纯粹的自然状态的媒介生态，而是处于人类、社会、政治、文化等系统相互交织之中。尼尔·波兹曼曾在一次学术讲演中说：“我们将‘媒介’放在‘生态’前面，就是为了说明我们感兴趣的不仅仅是媒介，还有媒介和人类之间的互动给予文化以特性的方式。”② 因此，外部因素及其与媒介系统的互动也是媒介生态系统不可或缺的重要组成部分。

媒介内生态主要由媒介符号系统、信息处理系统、信息传输系统、信息接收和储存系统、媒介资源系统、媒介管理系统构成。媒介内生态系统是以传媒产品生产和传播为核心的相关要素的组合，包括信息传播的全过程，也包括“传媒通过版面和节目反映出来的外在形态、频道（率）、人力、受众、信息集纳渠道、广告支持，等等”③。媒介内生态反映媒介本身的属性、话语立场、人文精神，可看作是传播生态系统能量的内部流动定律。在健康的媒介内生态中，媒介各方面功能得到充分有效的发挥，能够推动社会的发展与进步；媒介内部结构合理，发展战略符合时代需要，有好的发展态势和前景；媒介之间的竞争正当、有序，舆论工具相互协调而不是彼此对立；媒介的数量和质量符合社会系统的要求，整体上维持了媒介内部系统的生态平衡。“只有充分发挥媒介生态系统的自控、自净能力和社会自动调节装置的监督作用，才能有效保持媒介生态的平衡和稳定。”④

媒介外生态的构成要素主要有实体环境、人类社会和拟态世界。媒介外生态系统是传媒开展传播活动以及自身生存发展所涉及的外部环境条件，包括一定时代的政治文化氛围、经济发展水平、社会生活形态等。媒介外生态反映媒体群落在社会大系统中的运动状态，可看作是传播生态系统能量的外

---

① ［意］奥尔利欧·佩奇：《世界的未来：关于未来问题一百页》，王肖萍、蔡荣生译，中国对外翻译出版公司 1985 年，第 5 页。

② Postman Neil，*The Humanism of Media Ecology*，Key note speech at the first annual convention of the Media Ecology Association，2000，p. 2.

③ 王秋馥、李铭：《由传媒生态危机引发的思考》，《新闻传播》2004 年第 12 期。

④ 邵培仁等：《媒介生态学：媒介作为绿色生态的研究》，中国传媒大学出版社 2008 年，第 67 页。

部流动定律。在和谐的媒介外生态中，政策、法规对媒介总体上是支持、鼓励和保护的；实体环境系统健康有序运转，社会大环境总体上有利于媒介发展；人类社会理智客观对待媒介的传播活动，正确对待媒介的批评和监督，形成人与媒介的双向交流与良性互动；拟态世界与实体社会形成协同关系，对媒介发展中的问题和困难积极帮助解决，成为媒介健康和谐发展的坚强后盾。

借用生态分析方法，可以把执政体制、执政方式、执政理念、执政本质看作执政的生命系统，而把执政的社会历史条件及各种因素作为执政的环境系统。执政的生命系统从狭义上讲就是执政主体，从广义上讲还包括信仰、宗旨、理念、纲领、政策和作风，等等；执政的环境系统从狭义上讲包括国家权力机关、参政主体、社会各界和社会各阶层民众、客观自然环境、政治环境、经济因素、文化条件等，从广义上讲还包括国外其他执政生态主体、国际社会环境等因素。因此，将执政生态视为一个庞大而又复杂的传播体系，明晰媒介话语的“生态位”（所谓“生态位”，是指媒介话语在执政生态中的地位和作用），阐释它与其所处的生态链、生态网和生态圈的关系，研究以最佳的投入形式、投入规模，以及科学的开发手段组织媒介活动，实现媒介话语系统的良性运行，应该成为执政领域一个十分重要且非常迫切的理论和实践任务。

二、话语生态的风险媒介：大众传播、人际传播与群体传播

现代社会的执政生态与媒介生态的重合部分正在扩大，我们可以从一个角度说执政生态是媒介生态系统的组成部分，也可以换个角度说传播生态是执政生态的重要构成。媒介话语以无处不在、无时不有的形式，成为一种反映并建构执政生态的媒介。反之，执政生态既与媒介话语表现为构成统一体的共轨范畴，又对媒介话语施加整体综合性的影响和作用。探讨执政生态与媒介话语的相关性，是从“媒介生态观”入手，为分析媒介话语系统的纷繁复杂、监测媒介话语生态的风险因素奠定认知基础。

媒介天然的话语优势，使媒介系统有足够的内部运行能力以应对执政生态的复杂性。媒介领域是反映社会变迁的晴雨表，而其中媒介话语又是表达

执政生态的显性杠杆。媒介话语是政治的“探测器”、信息的“倍增器”、意识的“校平器”和社会的“警报器”。和谐的政媒关系依赖于良性的媒介生态，而永续发展的执政生态有赖于媒介话语的建构和引导。媒介话语之于执政生态最大的影响力，就在于其对执政生态的形塑能力。“传播活动不是某种抽象的、纯粹的存在，它总是以具体的形貌或质的规定性存在于一定的生态环境之中。”① 传播生态是传播活动赖以进行的多种条件和状况的总和，也是一张无形的控制传播效果的网络。高明的政府管理者总是积极地对话语环境的影响加以鉴别、选择、转化、抵制，甚至营造适宜的话语生态，以充分发挥环境作用的正面效应。不同的传播生态下，生长出不同的话语风险媒介。由于这些媒介“在物质和符号形态，以及随之而来的理性或知识、感性、时间、空间、政治、社会、哲学思辨和内容偏向上的种种不同，所以不同的媒介具有不同的认知论的偏向”②。

（一）大众传播生态的风险媒介

大众传播生态是传统媒体与新媒体共生的传媒生态。“所谓大众传播，就是专业化的媒介组织运用先进的传播技术和产业化手段，以社会上一般大众为对象而进行的大规模的信息生产和传播活动。”③ 与其他类型的传播活动相比，大众传播具有以下重要特点：（1）大众传播中的传播者是从事信息生产和传播的专业化媒介组织；（2）大众传播是运用先进的传播技术和产业化手段大量生产、复制和传播信息的活动；（3）大众传播是公开的，对象是社会上的一般大众；（4）大众传播的信息既具有商品属性，又具有文化属性；（5）大众传播属于单向性很强的传播活动；（6）大众传播是一种制度化的传播。

根据麦奎尔的观点，大众媒介以社会的物质（如政治、经济资源与权力）为赖以生存发展的物质基础，同时社会集体关系（如国家、社区、家庭等）以正式或非正式的方式制约媒介所扮演的社会角色；大众媒介作为社会中的

---

① 邵培仁等：《媒介生态学：媒介作为绿色生态的研究》，中国传媒大学出版社 2008 年，第138 页。

② Casey Man Kong Lum，*Introduction*：*The Intellectual Roots of Media Ecology*，*The New Jersey Journal of communication*，Volume 8，Number1，Spring，2000，p2.

③ 郭庆光：《传播学教程》，中国人民大学出版社 1999 年，第 111 页。

一环，一头连着诸种社会体制，一头通向受众，社会诸方面、诸层次围绕媒介组织这一中心互为作用，纽结成一个整体，传媒不管是社会的塑造者还是反映社会的镜子，都是关于社会的主要信使。① 在环境监视方面，大众传媒既具有正功能，也具有负功能。对社会发展而言，一方面，传统媒体与新媒体的公开监督，使社会规范得以巩固和加强，保证人类社会的生存与发展；另一方面，大众媒介的信息流通也可能放大恶性的社会行为，引起不良的模仿效应或严重的社会恐慌，构成一种对社会潜伏的威胁。对个体受众而言，大众媒介一方面满足个人的日常信息需求，使人及时获知、把握并适应传播生态的变化；另一方面，“信息超载”会产生“麻醉”功能，使大众受到大众媒介话语的冲击，产生无所适从的感觉。对文化体系来说，因环境监视而产生的信息广泛流通，既能促进文化交流，推动社会的文化发展，也可能因此而出现文化渗透甚至文化侵略的后果。

对政府管理者而言，大众传媒为其“授予地位”，赋予他们社会威望，提高执政效率；然而，有些反映真实情况的新闻信息诸如战事失利、领导人的劣迹等消息，以及妖魔化的传媒报道，一旦扩散开来，就会严重影响执政者的威信，甚至危及执政的根基。

（二）人际传播生态的风险媒介

较之大众传播，人际传播更加关注个体交往者在传播中的人身处境。“人生存的基本事实是彼此关联着的人，人无法逃避与他人发生关系，我与你相遇，我和你彼此关联，即使我们的交往是一场相互斗争。即使在彼此的关联中，我已不完全是我，你也不完全是你。但只有在生动的关联中，才能直接认识人所特有的本性。”② 人际传播是人类生命伊始本能的传播，是建立人际关系网络的方式，是表达自我属性的渠道，也是对话交流思想的平台。

人际传播生态的典型风险媒介是身体媒介和行为媒介。这说明，除了语言、文字、图像、音响，人际传播更多是使用大量的非语言符号，如表情、

---

① ［英］丹尼斯·麦奎尔：《麦奎尔大众传播理论》，崔保国、李琨译，清华大学出版社2006年，第56页。

② ［德］马丁·布伯：《对人的问题的展望》，见熊伟主编《存在主义哲学资料选辑》（上卷），商务印书馆1997年，第162页。

姿势、语气、语调等。人的身体就如媒介一样，隐藏着许多“微表情”。比如，眼神代表着肯定或否定的信息；空间的距离取决于人与人的亲密程度；握手、拥抱、拍肩等直接的身体接触隐含着各自的象征意义。一旦身体密码透露出负面的信息，就会带来观者的不悦，影响人际传播的效果。比如，撇嘴有轻蔑的味道；目光接触的回避让人怀疑其话语的可信度；国际交往中拒绝握手表示国与国之间的政治态度及对某事件的特殊立场。行为媒介是更具风险性的人际传播媒介，如上访、集会、请愿、游行、示威、罢工、自焚行为等，对社会的稳定和执政的安全提出了挑战。对话和沟通是人际传播的典型方式，“人际传播中的‘我’只有在广泛的社会现实中，在与他人‘自我属性’的深切会晤中，才能实现对自己和他人的诉说”①。通过对话，个体展现了自己的个性特征并完成对人性的相互感知。人与人的相遇本身就是传播事件，而人与人的对话赋予了传播新的品质，具有提升人格的力量。对话之于传播是构成人类思想得以扩散、发展壮大的重要因素。对话中出现障碍、分歧或对峙，将导致人际关系的紧张甚至是人际冲突或人际危机。

人际传播对政府管理者的话语策略有诸多借鉴。罗伯特·伦格尔和理查德·达夫特在 20 世纪 80 年代末提出了“媒介丰裕度模型”，即“富有的传播方式总是面对面的，通常是一对一的”②。也就是说，政府管理者话语所能到达的境界，是其人际传播影响力所达到的范围。英国学者杰奎琳·穆尔和史蒂文·桑西诺经过五年关于领导人谈话的应用课题研究认为，无障碍领导的可靠性和真实性的价值观念，是组织中全部人际传播的基础。无障碍领导依靠三根支柱：战略性领导、做人的技巧和人际传播技巧，这些技巧通常以三个阶段的顺序进行：辩论、讨论和对话。③ 政府管理者一方面要密切观察和倾听，读懂民众的身体媒介和行为媒介，及时掌握社会动态；另一方面需要灵活应用人际传播的方法和技巧，成为优秀的沟通人才和理想的对话者。

---

① 王怡红：《人与人的相遇——人际传播论》，人民出版社 2008 年，第 54 页。

② R. L. Daft and R. H. Lengel, *Information richness: A new approach to managerial information processing and organizational design*, In B. M. Staw and L. L. Cummings, eds., *Research in organizational behavior*, Greenwich, CT: JAI Press, 1984.

③ ［英］杰奎琳·穆尔、史蒂文·桑西诺：《无障碍领导——价值导向的新文艺复兴观》，张来贵、卢玲冬译，经济管理出版社 2005 年。

（三）群体传播生态的风险媒介

群体概念的本意是指“二人或二人以上具有直接或间接接触的结合，是具有心理交互作用确定模式和特殊类型的集体行为，并通过一定组织形式紧密结合而成的整体”①。日本社会学家岩原勉认为，群体是“具有特定的共同目标和共同归属感、存在着相互关系的复数个人的集合体”②。群体具有两个本质特征：第一是目标取向共有性——有着共同的利益、关心、兴趣等；第二是具有以“我们”意识为代表的主体共性。③ 群体内部的各个成员，其传播活动既得到群体的支持，同时也受到群体压力的制约。在群体交流中形成的一致性意见会产生一种群体倾向，这种群体压力能够改变群体中个别人的不同意见，从而产生从众行为。群体传播在形成群体意识方面起着重要的作用，而这种意识一旦形成，又反过来成为群体活动的框架，对个人的态度和行为产生制约和规范，以保障群体的共同性。信息流量大、信息覆盖面广、群体成员间互动和交流频度高，群体意识中的合意基础就更好。群体意识越强，群体感情和群体归属感更稳固，群体的凝聚力就越强，也就越有利于群体目标的实现。

标语、检举信、公共场所和设施等都是群体传播生态中的风险媒介。任何一个群体都具有自己的传播结构，而传播结构中最关键的因素是“意见领袖”。群体中的某个人对真相的第一次歪曲，是传染性暗示过程的起点。如果群体中意见领袖的观点趋向极端化，群体的决策就会更加冒险。非理性的群体暗示和感染力下，往往发生社会暴力现象，而暴力行为往往是处于集合状态的人们在实施，危害更大。“在许多情况下，社会环境中集体的力量对某个个体来说，往往比亲眼所见更有分量。”④

群体行为中的传播包括信息本身的传播和情绪或感情的传播。标语、检举信、公共场所和设施等风险媒介会带来“群体暗示”和“群体感染”。群体暗示不通过直接的说服或强制，而是通过间接的示意使人接受某种观点或从

---

① 张光博：《社会学词典》，人民出版社 1989 年，第 563 页。

② ［日］见田宗介、栗原彬、田中义久：《社会学事典》，弘文堂 1988 年，第 439 页。

③ 郭庆光：《传播学教程》，中国人民大学出版社 1999 年，第 90 页。

④ 邵培仁等：《媒介生态学：媒介作为绿色生态的研究》，中国传媒大学出版社 2008 年，第 155 页。

事某种行为。它接近催眠暗示，表现为一味地盲信和盲从。群体感染指某种观念、情绪或行为在暗示机制的作用下以异常的速度在人群中蔓延开的过程，群体成员失去理性的自控能力，而对外部的刺激表现出一种本能的反应。当诸如自然灾害、政治动荡等危机状况产生结构性压力，或是触发性事件引起正常的社会化传播系统功能减弱、非常态的传播机制活跃化，就易发生社会集合现象。这种刺激条件下发生的非常态集合现象，多以群集、恐慌、谣言为特征，是一种非常态的群体行为，对执政安全构成了挑战。因此，要防范或减少集合现象和集合行为，就须高度关注群体传播生态中的各种风险媒介，做到及时回应、及时处理、及时疏通。

三、两个舆论场的话语监测与执政生态规划

任何媒介话语必然要以某种形式处于一定的执政环境之中，而一定的执政生态因素也必然要以某种方式影响、规定、制约着媒介话语的生产和传播活动。“环境对传播活动的影响程度，同它们之间的相关程度成正比，即它们之间的关系愈密切，环境的影响力愈大；其关系愈松散，环境的影响力愈小。”[①] 在现实的执政生态中存在着两个“舆论场”：一个是主流媒体着力营造的“媒体舆论场”；一个是人民群众议论纷纷的“口头舆论场”。这两个舆论场或是交叉，或是相向，或是部分叠合，或是趋于一致，不同的形态在很大程度上决定了舆论环境是否和谐。当两个舆论场叠合度加大，以至近乎叠合，社会舆论环境就相对和谐；反之，当错误思潮形成舆论场，在它的诱导煽动下，就可能出现上访、械斗、静坐、上街游行等过激行为，出现群体性事件，造成思想混乱，甚至产生社会动荡现象，扰乱社会稳定。

（一）两个舆论场话语格局的影响因子

信息发布形式和途径的不同形成了官方和民间两个舆论场：一是各级党委、政府通过权威发布和权威解读等方式，自上而下主动释放信息而形成的“主流舆论场”，其中，报纸、广播、电视等传统媒体是信息的主要来源，网络等新媒体只是传播载体；二是依靠网民自下而上的“发帖、灌水、加精、

---

① 邵培仁等：《媒介生态学：媒介作为绿色生态的研究》，中国传媒大学出版社2008年，第142页。

置顶”而形成的“民间舆论场”，网民和论坛版主、博主是这种传播模式的主体。目前，这两个舆论场从内容到语境都存在差别。“主流舆论场”在涉及国家大政方针等重大题材上占据统治地位，而“民间舆论场”在涉及贪污腐败、贫富差距、行业垄断、社会保障、城乡差距等涉及公平公正的话题上更容易被网民认可。①

主流舆论具有价值观的主流性、议题的主流性和影响力的主流性。“主流舆论是多数公众对关乎国计民生的重要议题的一种正向舆论，它反映社会发展趋向，并对社会发展产生决定性影响。”② 这里包含五层涵义：首先，主流舆论能够代表多数公众的意见，这是主流舆论得以成立的基本前提；其次，主流舆论的议题具有一定的重要性，一般应该是国家的政治、经济、文化领域内关乎大政方针、公共决策、内政外交等重要议题的公众意见；第三，主流舆论能反映时代主流与本质，体现社会发展方向；第四，主流舆论是一种建设性的正向舆论而非破坏性的负向舆论；第五，主流舆论具有主流的影响力，在设定社会目标、建构政府权威、整合社会意识等方面具有积极功能。

来自民间的舆论力量通过互联网不断迸发激荡、绵延不绝，成为社会舆论场一股强大的内生力量。新媒体引导下的时代是一个泛在的时代。泛在时代的传播方式具有网状和弥散性特点，充满了诸多的不确定性和无序性，传播速度呈“爆炸式”，极易迅速产生集聚与放大效应，形成网民情绪高密度的舆论场，这已然改变了中国的舆论生态。③ 伴随着网络的迅速崛起和大范围普及，借助各类网络论坛、BBS、个人博客上的网络评论及数量巨大的新闻跟帖，网络民议以其迅速、尖锐、互动的特点，显示出不可忽视的力量。网络民议已经不仅仅局限于网上，而是延伸和投射到现实生活之中，直接影响和改变着我们的社会生活。④

任何媒介的产生和发展，都深深地植根于一系列独特的政治、经济、文化和讯息环境。“凡是同媒介生存与发展有关的各种生态因子，都可以从一定

① 肖培：《互联网成新舆论场》，《新闻与写作》2010 年第 5 期。
② 吴丰军、黄基秉：《主流舆论的概念辨析》，《成都大学学报（社会科学版）》2007 年第 5 期。
③ 范玉刚：《“民间网络舆论场”改变中国舆论生态》，《青年记者》2010 年第 11 期。
④ 刘学英、张振江、尤秀斌：《网络民议与主流媒体的舆论引导力》，《新闻战线》2008 年第 10 期。

角度和窗口进入媒介生态系统，事实上也没法拒绝这些生态因子的影响和渗透。”[①] 媒介生态系统不仅是物质交换和能量流动的枢纽，还是信息传播与信息共享的中心。媒介生态系统对各种话语具有广泛接纳性和普遍辐射性，由此形成的媒介话语格局也必然受到无限性的生态式的影响。对于媒体和口头两个舆论场而言，话语格局的影响因子有政治因子、经济因子、文化因子、讯息因子和科技因子等。政治因素包括政治制度及政治状况，如政局稳定情况、公民参政状况、法制建设情况、决策透明度、言论自由度、媒介受控度等；经济因素关系到经济制度和经济状况，如实行市场经济的程度、媒介产业化进程、经济发展速度、物质丰富程度、人民生活状况、广告活动情况等；文化因素是指教育、科技、文艺、道德、宗教、价值观念、风俗习惯等；讯息因素包括讯息来源和传输情况，讯息的真实公正程度、讯息爆炸和污染状况等。[②] “这些媒介生态因子不是单独的和封闭的，而是集群的和开放的；也不是个别的、独自发挥作用的，而是相互联系并共同发挥作用、释放效能的。”[③]

影响两个舆论场话语格局的生态因子，从物质—精神层面可分为硬环境和软环境。硬环境是存放、容留传播活动的由有形物质条件构成的空间和场所，如出版大厦、发射塔、大礼堂、会议室、演播厅等；而软环境是围绕、弥漫在传播活动四周的由无形的精神因素构成的境况和气氛，如社会风气、媒介管理、群体风貌、生活状况、信息交流等情况。[④] 影响媒介话语格局的生态因子，从行为—心理层面可分为行为环境和心理环境。行为环境是行为或活动所组合而成的影响传播的情况和条件，如宏观层面的价值观念、文化习俗、宗教信仰、人口素质、人群关系、生活水准等，微观层面的媒介行为准则、纪律制度、工作气氛等；而心理环境是心理活动所构成的情感状态，如喜悦、愤怒、悲哀、痛苦、怜悯、欢乐等。[⑤]

---

① 邵培仁：《论媒介生态系统的构成、规划与管理》，《浙江师范大学学报（社会科学版）》2008年第2期。

② 邵培仁等：《媒介生态学：媒介作为绿色生态的研究》，中国传媒大学出版社2008年，第154页。

③ 同上，第139页。

④ 同上，第144页。

⑤ 同上，第145页。

在执政生态所处的两个舆论场中，所有对媒介话语的生产、传播、分配等有着直接或间接影响的生态因子，既具有紧密联系、协调运作的结构和机制，也具有互动互助、共进共演的特点：第一，各种生态因子是以相互影响、相互依赖、相互制约的态势对媒介话语的生存与发展产生作用；第二，诸多生态因子的影响力有强有弱，在媒介话语的交流与博弈中有起主导或决定作用的因子；第三，生态因子虽非等价，但因互补都有不可替代性；第四，在不同的话语发展阶段往往需要不同类型或不同强度的生态因子；最后，在这些生态因子对媒介话语产生影响的同时，媒介组织的行为也会对生态因子产生反作用。[①]

（二）两个舆论场的话语风险监测

传播学者拉斯韦尔认为，监视是大众传媒的首要功能，这种功能通常表现为向人们发出危险警报。作为风险“雷达”，媒体是整个社会预警系统的重要一环。新时期的社会环境，使媒介话语的雷达功能日益凸显。知媒者生存，政府管理者需要时刻警惕，用敏锐的嗅觉排除前方的“地雷”。媒介的环境监测功能，在任何一个社会都是必要而且必然的。媒体是一种社会公器，它的重要性首先在于它是公共信息的平台。同时，新闻媒介的运作特点，也使它适宜于担当监测重任。从生态学角度来看，媒介话语的体系思维“揭示了生态系统的整体统一性、丰富多样性和开放循环性”[②]。它倡导一种全方位的生态关怀，强调政府、媒体与公众的和谐相济，开启了新的风险监测的理念和方法。

两个舆论场的话语风险潜伏在国际环境、国内形势、区域发展以及日常生活的方方面面。化解、驯服、控制风险的前提是知道什么是风险、风险在哪里，这需要有基本的风险感知与监测能力作为支撑。虽然话语危机的爆发具有不确定性和难以估量性，但从执政生态整体去考量，任何一次危机的爆发都有根源：在话语危机爆发的背后，我们都可以找到种种细微的危机萌芽的蛛丝马迹——这种分析方法被称为海恩法则分析法。建立全面的风险监测

---

① 邵培仁：《论媒介生态系统的构成、规划与管理》，《浙江师范大学学报（社会科学版）》2008年第2期。

② 任暟：《生态思维与科学发展观》，《光明日报》2006年6月5日。

体系，及时识别有损政府声誉、民众信任的危机信号，遵循海恩法则分析的路径，将危机之火扼杀在萌芽状态，这对于每一位政府管理者来说都是至关重要的。具体来说，对两个舆论场的话语进行风险监测，主要有以下的方法和策略：

第一，绘制危机重点警戒图，全天候监测风险高发区。由于区域发展的失衡与城乡发展的差距，造成风险发生的频度、程度都视区域的不同而有所差异，危机的起因、类型也可能随所在地的特殊性而有所变化。这就要求必须采取“分区预警”的策略。各类执政危机发生的时间难以预料，因此应该“全时预警”以积极防患风险。要对所辖区域进行全面盘查，并根据以往的报道经历和风险热点，罗列出危机的警戒区域；对危机的警戒区域设置警戒等级，重点关注被设为中高风险级的区域，并在这些地区安排常驻记者；绘制危机重点警戒图，研究区域性及全球性的风险周期和规律，有计划地在一定阶段投放预警新闻；全天候监测风险高发区，及时发现突发性重大事件的征兆，并第一时间进行报道；动态更新危机重点警戒图和风险高发区，在科学调研基础上审慎调整重点警戒范围和地带；将风险全时监测的行为长期化、制度化、固定化，派遣专业的监测人员，实行风险监测值班制度和风险提示的报告制度。

第二，关注公共领域舆论场，定期编制风险评估报告。根据社会整体情势的发展变化来及时调整相关的传播策略，保证媒体有效而又有力地服务于社会和公众。新媒体的出现和兴盛，给人类社会的风险预警提供了极大便利，网络论坛等公共领域已成为功能强大的“舆论预警器”，这为话语风险的预警功能带来了提升的空间。我们应抓住新媒体机遇，顺势而为。要充分利用新媒体的信息搜索技术条件和综合分析能力，通过网络、手机等新媒介反馈民情民意和公共领域的舆论焦点，提升风险预警能力；掌握过去的危机模式、损失数据，进行科学化的概率分析和趋势分析，做出损失预测报告；建构由评估主体、评估对象、评估方法和评估标准等组成的完整的舆论评价体系，采集舆论评估指标的现实样本；根据公众舆论样本的内容和数量，划定下一阶段的舆论警戒点位和警戒线，在警戒线处建立实时警报系统；制定风险传播预案，汇编资源和团队，以应对突然而至的危机；定期编制风险评估报告，通过内参或其他形式上报政府相关部门和机构。

第三，设立危机专家智囊库，权威解读发布预警信息。预警新闻由权威部门发布，是避免公众恐慌的首要条件。即便最终预测的情况没有发生，也应由预测部门予以澄清，才能不失信于民。权威信息源有两种：一种是政府，一种是权威的学术研究机构。“官方预警”能让重要的经济讯息在众声喧哗中获得主音地位。但对普通受众来说，“专家预警”的效果更胜一筹。媒体需要向“术业有专攻”的专家借力。应有意识地约请专业人士撰写报道或评论，及时对现实中的重大热点问题、突发事件和争议问题，做出专业性、权威性的评析；在媒体的内部制度设计中，合理搭建一个多领域、有代表性、多选择性的专家队伍；专家资源库要储备各个领域的知名专家，以便有针对性地邀请相关专家对疑难问题释疑解惑；一般情况下应尽量选择重量级权威人士，选择具有深厚研究实力、知识背景以及巨大影响力的对象，以避免产生根据不足的预言或故弄玄虚式的危言耸听；要组建多梯队的专家队伍，当一个专家由于某种原因不能及时对事件发表意见时，可以选择其他专家临时补位；专家的权威解读应兼具知识性和生活性，将宏观分析和微观指导、将信息量和深度很好地结合起来。

第四，畅通政策制度传播流，开发群体利益诉求渠道。随着民主参政议政体系的不断建立与完善，政治领域每一个显著或细微的变化，都足以吸引受众的“眼球”，触动百姓的“神经”。新的媒介技术和环境打破了传统上政策议题对媒介议题与公众议题的优先顺序，媒介议程设置的主要操盘手已经从官方逐渐转向了广大民众。数量庞大的大众类和专业性媒体，可以编制出密集的风险预警网络和传播渠道。媒体要高度关注政策动态，在“硬新闻”中寻找相关性和贴近性，对政治领域的气候变化保持高度敏感性；重要的预警新闻可以第一时间上网或传布给手机报用户，以提高预警信息的覆盖率和传播的及时率；运用头脑风暴，鼓励受众参与政策的互动交流，及时反馈群众诉求，汲取民智民声；征募社会观察志愿者，采集各区域、各城市、各阶层的生活情报，从中筛选真正源自民生的媒介选题；增强媒介话语的民生化，注重平民式的语言风格和故事性的叙事方式，以鲜活生动的案例和通俗易懂的媒介话语吸引和感染受众；加大调查性报道、体验性报道的比例和篇幅，展演和分享政府管理者个体的经历或体验，让政治新闻洋溢生活的气息。

第五，重视媒介素养培育网，催化监测长效机制构建。政府管理者的媒介话语要达到良好的传播效果，对传媒人和受众的媒介素养培育至关重要。然而由于种种原因，媒体记者的专业素养（包括政治和传播等复合专业知识背景）远远落后于执政生态的发展需要，知识结构的不甚合理使记者的预警新闻的发现力极其薄弱。为此，政府、媒体和公众应共同努力，建立全社会的媒介素养培育网络。要打破传统报道思维的束缚，转变按部门设置报道内容、按工作成就选择报道对象的传统模式，倡导预警新思维；调整媒体记者的应聘条件，鼓励具有跨学科背景的人才投身政治新闻领域；创新记者的绩效考评指标，将对新闻事实的鉴别力、预见力与对新闻价值的判断力、挖掘力同等列入考评体系；通过各种渠道定期举办政治讲座或课堂，为记者“充电”，以专业的政治知识“反哺”受众；在各级媒体上开通观众热线和百姓论坛，为受众的疑难问题提供交流互动的平台；建立媒介素养培育的长效机制，在全社会开展政治知识竞赛或论坛，关注特殊群体的媒介素养教育，开创监测预警“进政府、进校园、进家庭”的多层次传播格局。

（三）执政话语格局的资源整合与生态规划

执政生态是一个开环系统，以便从媒介系统中获取执政资源以及所有实现政治目标可资利用的积极因素。媒介话语是执政资源中重要的生长点，也是一种可再生的执政资源。有效集结正向的媒介话语资源，同化或吸收反向异质的话语资源，能够降低政治系统运转的资源消耗和维持成本，将资源配置到效率和产出最高的领域。媒介话语处于执政生态之中，其自身也是构成执政生态的要素，或者说能够建构一种执政生态。一方面，政府管理者通过各种媒体对其思想和行为的报道与评论，建构出自身的媒体形象，继而被投射到受众中，呈现出“政府管理者→媒体→受众”的链式结构；另一方面，受众的媒介话语与媒体的注意力品牌组成共盟，影响着政府管理者的思想和行为，建构起“受众＋媒体→政府管理者”的执政生态。

话语资源是政府管理者执政的第一战略资源。基于媒介话语格局的诸多影响因子，政府管理者应该积极地进行执政话语的资源整合：坚持意识形态的政治整合，实现利益协调的经济整合，拓展价值认同的文化整合，提高民主功能的制度整合。执政生态的变化对政府管理者媒介话语的合法性、渗透力、凝聚力、控制力等提出了挑战，社会生态变量不断流转变迁，使原有的社会政治、经济、文化、讯息因子之间的平衡互动关系遭到破坏，旧的格局被打破而新的秩序尚在酝酿之中，社会正处在一个变化无序和多元重组的新时期。“所有的系统都渴望生存与成功。这一论断可以被描述为优化—适应—健康。其对立面是恶化—不适应—病态。”① 在转型期，建设适宜而健康的政治生态、经济生态、文化生态、社会生态，有赖于政府管理者对执政话语格局的科学规划与生态整合。

“媒介生态规划就是对一定时期内媒介愿景和媒介生态建设的对策、目标和措施所做的规划，其目的在于提高媒介产品质量，维持生态平衡，优化人与媒介、社会和自然的关系，实现媒介的和谐、高效、持续发展和良性循环。”② 政府管理者要意识到对执政话语资源进行精心储备和有序开发同等重要，把握核心的话语资源与拓宽执政话语的传播场域应并驾齐驱。要重视对执政话语资源进行挖掘和梳理、集聚和置换、分类和整合，并在科学分类的基础上，建立起适应于自身工作的执政话语应用模块，建立起一套合理的执政话语量化评估指标体系，不断检视执政领域内话语生态传播、生态文化和生态管理规划的绩效。

第一，对媒介内生态与媒介外生态的整合规划。媒介内生态和媒介外生态在系统组合上具有“可区分性”，在功能影响上又具有“通透性”。媒介生态作为同社会系统相关联的一个有机体，一方面要张扬自己系统的独立性，另一方面又要强调它同周围环境诸因素的复杂关联性。媒介内生态“较多地强调物理环境（如书房环境、办公环境、制播环境）和媒介环境（如媒介声誉、集体精神、干群关系）”③，媒介外生态“较多地强调社会环境（如社会稳定、经济繁荣）和文化环境（如国民素质高、文化气息浓）”④。通常，内生态

---

① McHarg I, *Human ecological planning at Pennsylvania* [J], *Land-scape planning*, 1981 (8), p. 109～120.

② 邵培仁：《论媒介生态系统的构成、规划与管理》，《浙江师范大学学报（社会科学版）》2008 年第 2 期。

③ 邵培仁等：《媒介生态学：媒介作为绿色生态的研究》，中国传媒大学出版社 2008 年，第 143 页。

④ 同上。

对媒介话语的作用是直接的、显性的，释放出来的能量较大。如果外生态中的某些生态因子与内生态中的某些生态因子产生共振，引起共鸣，那么它也会转化为显性的、直接的影响力。

第二，对主流舆论与非主流舆论的整合规划。舆论是社会的皮肤，复杂的社会舆论场承载着多元的思想、观点和意见。在公共舆论的引导中，主流舆论引导对于正确的舆论导向起到了关键作用。但是，新时期尤其是互联网环境中，非官方的尤其是民间舆论中的意见领袖，在舆论传播中扮演了重要角色。非主流舆论迫切需要正确的引导，并与主流舆论形成共鸣。所以，要提升舆论引导力，就必须研究如何有效协调主流舆论与非主流舆论引导的统一。只有做到既尊重差异、包容多样，又有力抵制各种错误和腐朽思想的影响，在多元中立主导、在多样中谋共识，才能达到“善治”的目标。

第三，对现实社会与媒介社会的整合规划。现实社会是实实在在的物质环境，也是媒介社会的母本。大众传媒催生了与现实社会彼此交融互构的全新的媒体社会，制造了一种“媒介现实”。虚拟的传播工具和技术手段，使人与真实之间楔入了一个象征性的“拟态环境”，或者说是世界在人们内心形成的图像。类似地，“新媒体执政”对现实的执政话语格局影响巨大：在新媒体所建构的这个由数字技术支撑的“虚拟社会”，悬挂在现实执政空间之外，与大众的观念意识联机。这里的“虚拟”并不等同于“虚假”或“虚幻”，更多的是对现实社会的“观念化模拟”，是形式虚拟性和内容真实性的结合。我们的政治生活更多地由媒介为我们构筑，而非我们真正的亲身体验，我们所理解和定义的“政治”，也是来自媒介。因此，对当下生存的现实社会与无法逃离的媒介空间进行整合性的建设与创新，也是政府管理者应高度重视的生态规划范畴之一。

廓清执政话语格局这个复杂的综合体，需要建立执政的生态思维，遵循传播规律对话语资源进行体系化的分类和整合，以话语空间和话语框架的形式抽丝剥茧、由里到外、层面分明地体现执政生态中话语元素的结构和数量。媒介是一种意义的符号环境，也是一种风险的感知系统。从生态语境透视人、媒介、社会各种力量的共栖关系，需要深入研究话语风险系统的系统生态（环境与组织）、系统行为（适应、互动、传播）及系统控制（前馈、反馈），努力以媒介话语体系中的“循环式食物链”代替“单程式食物链”，以“绿色生态链”替代“灰色生态链”和“黑色生态链”。

总之，执政生态系统是一个和谐、协调、可持续的开放系统，具有扩容、整合、升级的功能，既存在通畅的反馈回路，又具有自我修复和自动平衡作用。在当前社会，媒介生态与社会政治生态的良性互动会产生巨大的社会效益，政府管理者应该把生态学的基本原理引入政治层面，依照生态系统和谐的原理与状态来确立和执行执政理念、行政策略与思维方式。只有建立执政的生态思维，才能实现执政方式与制度建构的“绿色化”；只有不仅关注现实也思考未来，才能杜绝与避免对未来政治和社会发展留下不良的“后遗症”。全景观测媒介实体与泛媒介传播形式、灵活调度传统媒体与新媒体、共建执政安全体系是“媒介生态观”的重要理念以及媒介话语系统风险认知的理性方法。

第六章　风险社会中政府管理者媒介话语的情境分析

权力话语的变幻莫测性很大程度上取决于其所处的媒介情境。媒介重新排列了人们获知他人行为的方式，同时也改变了决定人们行为的社会环境。媒介的广泛使用，超越了场所和地点的限制，开创和重新建构了新的情境，并要求产生一系列新的社会行为。约瑟夫·奈指出：“我们不应把领导和权力关系简单地视为某种英雄式人物的行为，而应综合考虑构成领导问题的领导者、追随者和环境这三方面因素。”[①] 政府管理者就像冲浪者一样，既要随时做好准备，又要感知波浪的运动规律；既要制定明确的目标和路线图，又要跟着环境、问题和派系的变奏而“跳舞”。政府管理者对政治环境控制的技术水平决定其在不同情境下的媒介话语运用能力。

第一节　话语空间与话语情境

空间生产了情境。从加拿大传播学派创始人哈罗德·伊尼斯对人类传播技术之时间或空间偏倚的关注，到享誉全球的传播学怪杰马歇尔·麦克卢汉对电子传播媒介作用下的媒介影响空间——“地球村”的形象比喻，再到约书亚·梅罗维茨的媒介对于空间的作用如何改变人的行为表现和角色扮演的研究，等等，都昭示着人类传播行为与空间之间的复杂关系。在实践领域，处于不断发展和持续更新的话语空间形态对于媒介而言，其被利用程度和开

① 方堃：《灵巧领导力：软硬权力的完美结合》，《领导科学》2010 年第 8 期。

发价值更让人惊讶。可以说，在空间价值及其议题不断凸显的当今社会，空间要素成为媒介话语情境开发的重要策动力量。

一、在场情境中："身体"的秘语

我们这个时代，政治在历史上第一次成为了一种大众观赏运动。生机勃勃的、对信息如饥似渴的媒体和公众市场，使政治过程更加开放。"随着政治行动者与媒体越来越相互依赖，政治已经不仅仅成为一门劝服的艺术，它还变成了一种表演艺术。政治生活中，参与者们需要考虑风格、出场方式和市场营销手段，其重要程度不亚于考虑政治内容与问题实质。"① 也就是说，政府管理者在场情境中的媒介话语风险来源不单单是"说什么"，而更多地在于"怎么说"。人们从政府管理者的身体表演政治中所得到的信息，与聆听他或她对于问题的直接言论时所获取的信息同样多。

各种各样的政治技术和权力技术包围着身体、管理着身体、制服着身体。比如，人的服装具有规训身体的社会功能。服装作为物化的人与场合的主要坐标，影响着人们的观念意识，是身体政治的重要表征。

> 中山装是中国现代民族国家建构过程中出现的具有特别意义的服装，既体现出民族性，又具有现代性。早在1928年3月，国民党内政部就要求部员一律穿棉布中山装；次月，首都市政府"为发扬精神起见"，规定职员"一律着中山装"。1929年4月，第二十二次国务会议议决《文官制服礼服条例》："制服用中山装。"就此，中山装经国民政府明令公布而成为法定的制服。1930年，广东省政府提倡用国货，穿国货中山装。1933年1月，国民党中央委员会执行委员陈肇英向中央提交《重厘服制严用国货案》，指出"吾国近来男女服装"多用洋布制作，导致"利权外溢，风俗内偷，为立国之大病"，因此，建议"重厘服制，以定人心，顾及本源，以崇国货……文职公务员党员须一律着用国货中山装"。行政院批

① ［英］布赖恩·麦克奈尔：《政治传播学引论（第2版）》，殷祺译，新华出版社2005年，第214页。

复，除党员服装须党务系统批准外，其余均穿中山装。此后，各地均将中山装定位为制服。1934 年，陈仪“入主闽政，公务人员均先后加以训练，中山装风行一时”。次年，南京特别市政府规定“办公时间内一律穿着制服”，严厉“取缔奇装异服”，穿中山装，且质料“必须国货”。随后，江西省政府颁布《江西省公务员制服办法》，中山装成为全体公务员的统一着装，而且规定“制服质料，以本省土布或国货布匹为限”“春秋两季灰色冬季藏青色”。1936 年 2 月，蒋介石下令全体公务员穿统一制服，式样为中山装。从此，中山装正式成为全国公务员的统一制服。①

具有三民主义象征意义的“代码”透过穿着中山装的身体实践嵌入身体空间而化约为无意识，而这种无意识实际上对人的影响最为深入。中山装的流行，一方面源于国家权力的推广（人们在政治因素的影响下，逐步形成中山装代表爱国、革命、进步、文明的社会认同）；另一方面体现出作为国民革命领袖和民主共和制度化身的孙中山在人们心目中的地位。中山装作为服装的功能已经被弱化，而其隐含的政治意义却被强化。“服装系统，不仅象征了行为范畴的存在，而且造成了这些行为范畴的存在，并通过塑造体形，规范举止，成为习惯。”② 可见，中山装对于引导人们通过身体实践、实现意识形态隐性化规训具有重要影响。从某种意义上说，中山装是时代的镜子，通过推广国家服装重塑中国人的身体政治。

身体不仅仅是受动的被规训者，也是主动的知行负载者。麦克卢汉在《理解媒介：论人的延伸》一书中对身体与媒介的关系提出了一个重要论点：媒介延伸了人的感觉，从而形成人对世界的知觉和经验，“人的感觉——一切媒介均是其延伸——同样是我们身体能量上‘固持的电荷’”③。笔是手的延伸，书是眼的延伸，广播是耳的延伸，电视是眼和耳的延伸……媒介即人体的延伸。构成人身体的典型器官有眼睛、头发、脸、手、脚、皮肤，等等，

---

① 陈蕴茜：《身体政治：国家权力与民国中山装的流行》，《学术月刊》2007 年第 9 期。

② ［美］保罗·康纳顿：《社会如何记忆》，纳日碧力戈译，上海人民出版社 2000 年，第 33 页。

③ ［加拿大］马歇尔·麦克卢汉：《理解媒介：论人的延伸》，何道宽译，商务印书馆 2000 年，第 50 页。

这些都是身体政治可利用的资源。身体在政治语境中表征了人们的思想和行为，揭示了人类生存困境的一些原委。“身体秀”被广泛运用于政治场域和政治实践，人们通过身体去理解抽象的政治概念与复杂的政治形势，以身体的方式反映政治抱负和社会关系。政府管理者借力媒介的展示效应，将政治思想、政治主张和政治目的隐喻于身体之中，避免了单调乏味的政治说教，往往能产生奇效。透过身体，我们装置的不仅是衣着、表情、姿态，而且更多地体现了言语、人格、伦理。而这一系列身体元素，决定着政府管理者的媒介形象和公众定位。

用身体“说话”是今天各国政府的常规器官，是一种大众化的政治时尚。这种政治时尚“或许会改变，然而使政治信息变得时尚的需要却不会”①。尤其在因竞选或媒体化事件的公开亮相中，政府管理者获得了一种“可信的曝光”②。以竞选为例，媒介中的身体政治话语包含了竞选层与普通民众之间的一系列复杂信任关系。如此，“选举体系不应只被看成是确保利益表达的工具，而且也应被看成是制度化联结政治家与民众的交汇口的途径”③。选举宣传为了表明竞选者具有可信任性，通常总带有大量的再嵌入话语（冲孩子们微笑，与大家握手，等等)，受众意识到这种身体话语是直播的，即使有政治秀的成分，但至少比完全按照稿件的生硬讲话来得真实。竞选者身体的自然展露提升了媒体话语的公信力。

政府管理者的身体语言在民众中引起的震撼绝不亚于言词。如果有心观察西方国家领导人的公众演讲，会惊奇地发现他们用着极其相似的身体语言在阐释和加强自己的观点。比如被称为“箱式”、用双臂下砍的姿势，被认为是强化语言力度的动作，仿佛是政治家的专利，被反复地运用。在同一天的电视节目上，英国前首相布莱尔和在不同会议上的美国前总统克林顿，用着同样的演讲动作，以致观看电视的受众认为他们一定参加了同一个“身体语言培训班”。表情和姿态也是政府管理者的秘语，他们的神情、姿态和行为常

① ［英］布赖恩·麦克奈尔：《政治传播学引论（第2版）》，殷祺译，新华出版社2005年，第214页。

② 同上，第132页。

③ ［英］安东尼·吉登斯：《现代性的后果》，田禾译，译林出版社2000年，第79页。

常喂给媒体需要的新闻素材。

身体是政治的“秘语”，身体语言被广泛地应用于管理、沟通、自我展示、树立优秀的领导者形象之中。政府管理者应把自身打造成身体语言的专家。无论是进入会议室还是谈判场，无论是接受电视采访还是亲自视察调研，身体语言已经悄然地发出信号了。通过衣着、姿势、表情、目光、行为举止，丰富的身体语言在告诉人们你是谁、你有什么心态。身体就是如此微妙，它所揭示人的内心世界往往比语词表达更真实、更可信，甚至可以表达语词所不能表达的内容。

二、缺场情境中：“语词”的力量

在场情境使得话语主体本身充分地展开，缺场情境则是以话语主体的消失为前提的。在任何身体缺席的情境下，政府管理者唯有通过语词的使用，来表达自己的关注点、价值观或对某事物的认识、看法、立场、目的。在这个意义上，语词被冠以重任：它是一种政治的表情。语词的力量是巨大的，语言永远是一种遗产，对此，佛朗西斯·培根说过：“人们以为心智指挥语言，但经常有这样的情况：语言控制着人们的心智。”[①] 人类的心智是由语词所创造的，而政治是建立在心智之上的人为产物。正如霍布斯在《论人》中提到，“语言的获得，并不会使人类变得更好，而只是带来了更多的可能”[②]，语词创造了政治的可能性。语言本身就是一种社会制序，这里的社会制序是一种多人同意下的产生和存在，在现代社会，政治现象大部分是话语现象，“话语政治”和“秩序化语词的国家”由此而生。“人与人的联合，实际上等同于在一个集体代表或代言人的语词下的联合。”[③] 政治变成了话语的联合体，话语运动的结果之一就是创造了政治的复杂性。

语词是构成语言的基本构件，是用来表达意义的语言基本单位。文本意

---

① 陈嘉映：《语言哲学》，北京大学出版社 2003 年，第 1 页。

② Philip Pettit，*Made With Words：Hobbes on Language，Mind，and Politics*，Princeton University Press，2008，p. 97.

③ ［爱尔兰］菲利普·佩迪特：《语词的创造：霍布斯论语言、心智与政治》，于明译，北京大学出版社 2010 年，第 3 页。

义上的语词，其传播媒介有四个层次：口头、印刷、电子、网络等“媒型层”媒介，语言符号、自然符号、人工符号等组成的“符号层”媒介，在以上两个层面中呈现出富有特征和独特魅力的文本核心即“兴象层”媒介，还有由兴象层迅速指向多层次生存体验的“意蕴层”媒介。社会意义上的语词，反映的是时代的价值取向和生活状态。在历史的洗汰过程中，辉煌一时的语词逐渐褪色、转义乃至消隐的情况很多。然而正是这些词语，静态地记录过我们社会生活的点滴，也在流变中舞动过我们的神经和思绪。

缺场情境下清晰地组合语词、恰如其分地用语词表达观点的能力是政府管理者必须演练的。思想栖身于语词，对语词的聚焦、解构、剖析、言说，是一门甚有趣味的思想作业。当人们普遍认为一位政府管理者思想深刻的时候，往往是受到了其丰富语词的震撼和熏陶。在国际交往中，当遇到一些敏感的政治问题时，政府管理者往往会运用“委婉语词”来加以调和与装点，以求达到礼节上的认同。比如，发达国家与发展中国家、南北对话等，这些词汇的创造与表达，消除或掩饰了许多刺激性的政治观点与事件，建立了国家之间、人与人之间平等交往、对话沟通的平台。在对内传播中，政府管理者越来越重视运用社会流行的“公民语词”。雷、囧、山寨、被、民生……这些语词更多的是民生情态的描摹，是公民主张的显影。一个简单的“被”字，就有“被捐款”“被涨薪”“被自杀”“被艾滋”“被幸福”诸多涵义，可以联袂串起的一幕幕现实社会大片，其间有辛酸、有痛苦、有挣扎、有博弈、有社会进步的坚实步履，也有历史前行的曲折与悲情。政府管理者的媒介话语应该及时翻新，从社会舆论中去挖掘取之不竭的语词资源，甚至重新引入和创构一些能体现现代人精神面貌、个性气质的语词。

下例是法国总统萨科齐的竞选演讲，他在政坛上以“直言敢干”的强势作风著称。

今天，让我们谈谈谁是法国人。

我们成为法国人，不光因为我们生在法国，更因为我们选择留在法国。

我父亲是匈牙利移民、外祖父是希腊移民，很荣幸今天可以站在这里与各位以兄弟相称。

因为诸位跟我父兄一样，离开了自己生长的地方，远离了珍贵的童年、记忆、初恋，远道而来追寻更美好的未来。

因为“成为”法国人追寻的不仅是身份，更是情感上义无反顾的抉择，需要自我克服、参与、爱护法国不变的心意。

我们“选择”成为法国人，因为我们爱法国人、敬爱法国。法国是我们共同居住的大家庭，我们有共同的记忆、理念、个性，喜欢彼此的优点、包容彼此的缺点。我们需要尊重彼此的习性、共享对方的历史，开创我们共同的未来。国家认同不需要抹灭记忆，这不是要求我们忘记各自的过去、抹灭我们对自己故乡的记忆。成为法国人，不需要建立在每个人都抛弃自己的过去，更不是建立在抹灭个人良知上。而是建立在个人以国家认同为基础的自我认同上。成为法国人，是希望多元的参与能一加一大于一，而非小于一。

对于法国这个大家庭来说，我们希望每个人的加入，都能让她变得更丰盛。

今天法国的面貌，跟五十年、一百年、二百年前，都有了很大的不同。

法国也从未刻意要隐藏自己历史的进程，因为我们从来就不是由单一家族、民族或种族组成，而是由志愿选择共同生活的一群人组成。法国是一种理念，是一群有不同历史背景、记忆、经验、生活、梦想的人，共同经营的理想国度。

我希望跟诸位共有的法国，不是被囚禁在过去历史、传统中的法国，而是不断更新、与时俱进、每个人都能发挥贡献的法国。

今天的法国，有各种不同的肤色、宗教，是多元历史、文化、记忆的结合。今天的法国，是由各种不同元素组成的多元混合体。

今天，法国开始质疑自己、质疑我们的价值、我们在世界的角色、梦想、团结。这些怀疑，需要靠我们每个人进一步的思考，因为，未来的法国，是我们共同憧憬的圣殿，需要我们的参与、承诺。

民主共和需要彼此了解、尊重彼此的独立。更要每个人都觉得公平正义：每个人都有努力追求财富的自由，尽管出身低，却有向上提升的能力。

法国强调人道主义，但有时，这种人道措施却牺牲了公平正义。未来的法国应更强调公平正义，让孩子都可以接受教育、贫穷疾病可以接受照顾、老弱可以独立生活、工作者受到尊敬。更重要的是，国家应承认工作才是拥有财富的正途、财富是工作努力的象征。

这样，才是个理性、进步的国家。这样，才是对不同背景、想法的人公平的做法。

让我们努力为机会平等打拼，让我们努力为弭平贫富差距打拼。未来的补助除了针对区域、房地产，更应针对个人。以往协助地方振兴的做法当然不错，但未来针对有需要的个人提供补助也是必须。虽然成本较高，但比大规模社会救济便宜，而且公平。

让我们为学校教育改革打拼，因为学校教育才是推动社会阶层流动、改善贫富差距、走出种族藩篱的基础，也是父母有能力改善的地方。

若未来法国年轻人受限于所学、所思，被禁锢在单一语言、思维中，而无法跟世界上其他人沟通、交流、共同达成梦想，那真是很危险的事。

让我们为卓越的学校教育打拼。好的学校可以释放下一代法国人的才能、雄心，也才是推动社会阶层流动、走出种族藩篱的正途。教会孩子为平等的工作机会打拼，这才是赢得尊严、尊重的正途。

这是过去法国为我的家族、我个人做过的事，也希望未来法国可以为你们、你们的下一代做同样的事，但如果你什么都不想要，你就什么都不会有。

你的未来掌握在你自己手里。

在这里，我想向大家承诺：希望未来移民到法国的孩子们，真的会觉得法国是世界上最美好的国家！[①]

语词的元素及其微观系统组织了整个语言材料。从语态学方面分析，形

① 苗发勇、艾仁：《领导干部不可不读的精彩讲话》，广西人民出版社2009年，第239～241页。

容词、动词、副词、连词等不同词性，表达了肯定、否定、疑问、命令、感叹等不同语气。“语态汇集了所有的语言手段，正是通过它们，说话者才表现出与其说话内容相应的态度。”① 比如，“义无反顾的、珍贵的、不需抹灭的、最美好的”等形容词，显示了语词发出者的感情及对事物的评估。“希望、想、祝愿”等表达性的语态动词、“考虑、发现、质疑、强调”等认识性的语态动词、“许可、禁止”等伦理性的语态动词，使语词陈述过程与语词发出者的思想目的完全吻合，同时调节或支配着语词发出者和其他人之间的关系。“可能、肯定、明显地”等副词，明确了语词发出者附着于语词内容的程度。从语用学方面分析，语用词素是意义及互动的最小单位，其划分根据有两个标准：首先是厚度的形式上的标准，另一个就是话语效益的功能性标准。“词语表达一种观念的厚度，这是相对于它们作为指示（第三级的语用词素），指示及/或完成言语行为（第二级的语用词素），或是仅完成言语行为而丝毫没有指示的价值（第一级的语用词素）。”② 而话语效益建立在意义估量之上，一个词语单位的效用可以从其基本的表达可能性出发来理解。无论从语态学还是语用学方面看，萨科齐的竞选演讲都是一场成功的“语词秀”。

总之，话语是被语词符号所表象的表象本身。语词逐个地把思想安排进线性的秩序，语词是可以勾勒和提取的话语要素。“如果我们想要阐释的话，那么，词就成了一个将被砸碎的文本，以便我们看到隐藏在其中的其他意义完全清楚地呈现出来。”③ 语词作为标记，反映了讲话者的观念。政府管理者要处理好缺场情境中的话语现象，应该致力于发挥语词的本性和功效。因为语词在这个意义上，既是话语形式，又是话语内容。

三、空间转换情境中：“策划”的艺术

“媒介话语中，话语言说者身份出场与离场，构成了话语表达的倾向性意

---

① ［法］乔治-埃利亚、萨尔法蒂：《话语分析基础知识》，曲辰译，天津人民出版社 2006 年，第 18 页。

② 同上，第 25 页。

③ ［法］米歇尔·福柯：《词与物——人文科学的考古学》，莫伟民译，上海三联书店 2001 年，第 397 页。

味。‘身份’的‘在’与‘缺’的不同，实质上，体现的是媒介话语表达者的社会性存在的特征。”[①] 身份缺场是一种空间释放，也是一种情绪释放。它不刻意表明身份与话语之间的社会性联系，不谋求以身份来增添话语的分量，因此缺场情境的言说是一种自在自存的话语方式。而身份在场是一种角色标示，也是一种义务言说。它有着清晰而明确的社会能指，约束并规范着言说者的话语指向，因此在场情境的言说是一种角色意识的话语方式。政府管理者所处的空间环境往往是营造氛围的舞台道具。英国保守党早在80年代就聘请娱乐界企业家哈维·托马斯设计一年一度的保守党会议。托马斯认为，在政治的讲坛上，讲的话仅有几秒钟能上BBC新闻，因此必须保证那几秒钟“绝对完美”。为了寻找完美性，政党会议的发言人与领袖所做的主席台被精心布置，其位置摆设与色彩搭配绝不输给大型舞台的布景。1983年撒切尔政府赢得福克兰群岛战役之后的第一次保守党会议上，主席台几乎就是一艘大型灰色战舰的翻版。就座的保守党领袖们就好像是得胜归来的将军。[②]

空间转换情境中的话语活动是一种媒体策划。“媒介的‘话语活动’会邀请一部分人走近‘话语活动’的中心，形成形式上的会议环境和气氛，构建一种共同参与活动的表象。参与到‘话语活动’现场的受众，既担负着观赏媒介‘话语活动’，并在观赏的同时对观赏的对象做出及时地反应，如鼓掌、欢笑、回答提问等即时性的应对行为。更为重要的是，他们与媒介‘话语活动’的组织者结成一个会场主体，在意识行为上形成共谋，成为向广大媒介受众发出邀请的邀请主体，让更多的‘不出场’观赏‘话语活动’的受众，造成某种错觉，即出场的受众与他们‘不出场’的身份是一致的，大家共同在观赏并接受媒介‘话语活动’的内容及表述。”[③]

媒体策划的类型多样：以报道客体发生状态作为分类标准，分为可预见性策划和非预见性策划；根据报道策划的运行状态，划分为周期性策划和非周期性策划；以报道策划的运行方式为标准分类，有独立型策划和非独立型

① 杨效宏：《媒介话语：现代传播中的个体呈现》，四川大学出版社2007年，第139页。

② ［英］布赖恩·麦克奈尔：《政治传播学引论（第2版）》，殷祺译，新华出版社2005年，第140页。

③ 杨效宏：《媒介话语：现代传播中的个体呈现》，四川大学出版社2007年，第175页。

策划。空间的转移和联动，往往是事前精心设计的或是为了达到最佳传播效果而特别安排的，空间的组合配置本身就是一种媒介话语的呈现。所谓“空间策划”是一项理性、感性兼具的创造性活动，它的核心是人，调和人与空间方方面面的关系，它涵盖生理、心理、物质、精神等多方面因素；它以空间意识为前提，关注空间结构的功能，它运用空间的转换，进行有目的的视觉创造；它要求策划者具备极强的综合素质，把空间设计作为一种应用性的情境艺术。最典型的空间策划对象是庆典、活动、比赛、会议等具有固定选题的媒介事件。以中国的“两会”为例，会场内和会场外的现场直播，不仅跟踪了代表在会议中的提案、讨论、投票的完整过程，也记录了会议前后代表们言语、风采的点点花絮。全媒体的策划不仅全景式、零距离地展示了政府管理者关于会议的同步动态，也将他们的媒介话语延续到了“E 两会”“博两会”“G 两会”等网络空间。“两会”还有很多的分会场，由专门的媒体小分队驻守，这样呈现在观众面前的政府管理者的媒介话语就不再单一和静止，甚至可以在主会场与分会场之间来回穿梭。

近年来，自然突发事件的媒体策划也往往采用了空间转换的情境。

> 2010 年 8 月 7 日晚，甘肃舟曲发生特大山洪泥石流灾害。8 月 8 日，胡锦涛对抢险工作做出重要指示，他强调：“各级领导干部要迅速奔赴灾区第一线，切实加强对救灾工作的领导；要把维护灾区群众生命安全放在第一位，千方百计做好受灾群众的搜救、转移和安置工作；迅速组织力量抢修灾区道路、供电、供水、通信设施；科学处置堰塞湖，警惕再次发生泥石流等地质灾害；军队、武警部队要全力支援舟曲灾区抢险救灾，发挥突击队作用。”8 月 8 日中午 12 时，温家宝率国务院有关部门负责人赶赴受灾地区，在专机上成立国务院舟曲抗洪救灾临时指挥部并做出部署：自 8 月 8 日 14 时起紧急启动防汛Ⅱ级应急响应；相邻地区和其他地区紧急调警 3000 人火速驰援灾区；某陆航旅 4 架直升机拉运某工兵团 2 个爆破小组，赴舟曲执行爆破排险任务；新疆军区抽调 2 架直升机也前往灾区……在受灾最严重的三眼峪，温家宝和回良玉踩着淤泥和碎石，一步一步艰难地察看着灾情，随时向正在抢险的解放军指战员、武

警官兵负责人询问抢险的进度，鼓励大家。在舟曲县医院重症受伤群众的病床前，温家宝几次对受伤群众说："我已经部署了，如果今天天气条件允许，就用直升机把你们转移到兰州的大医院去。"8月11日下午4时，国务院新闻办公室在发布厅举行新闻发布会，请水利部副部长矫勇、民政部救灾司副司长张卫星、国土资源部地质环境司司长关凤峻、卫生部卫生应急办公室副主任张国新介绍甘肃舟曲特大山洪泥石流灾害抢险救援工作的有关情况，并答记者问。8月15日5时28分，天安门广场下半旗，对甘肃舟曲遇难同胞表示深切哀悼。同时，全国和驻外使领馆均下半旗志哀，并停止公共娱乐活动。从刚得到消息的及时指示，到专机上的紧急部署；从灾情现场的深切慰问，到新闻发布会的情况介绍；从天安门广场的半旗志哀，到全国各地的集体悼念……①

空间情境在不断地发生变化，媒体策划紧紧抓住时机，高清呈现了一场心脉相连的全国大救援以及政府管理者在灾难中的一举一动。

情境的分离和结合形式是一个可变因素，而媒介是制约此情境分离和结合形式的重要因素。媒介本身是一种环境，情境的转换使媒介行为的分离成为可能。媒介不仅改变了人们"亲身参与"社会事件的重要程度，打破了交流"在场的有限性"，也使他们下意识地受到媒介所建构的情境的影响。约书亚·梅罗维茨说，"电子媒介将许多不同类型的人带到相通的'地方'，于是许多从前不同的社会角色特点变得模糊了。由此可见电子媒介最根本的不是通过内容来影响我们，而是通过改变社会生活的'场景地理'来产生影响。"②也就是说，媒介能促成原来不同情境的合并，促成不同类型受众群的合并，促成原先接受情境、顺序和群体的改变，还能使原来的私人情境并入公共情境。

① 《众志成城　抢险救灾——甘肃舟曲特大山洪泥石流灾害报道专题》，新华网，http://www.xinhuanet.com/politics/zqnsl/.

② ［美］约书亚·梅罗维茨：《消失的地狱：电子媒介对社会行为的影响》，肖志军译，清华大学出版社2002年，第6页。

第二节　话语主体与话语情境

主体是由人的语言身份所决定的。主体性要素是言语行为中具有首要根源特征的概念。“言语活动只能是在每个说话者确认为主体的时候才有可能，主体在他的话语中把他自己看作我”。[①] 人们所表达的话语有赖于他们在社会体系中的地位，话语根据使用者的地位而改变其意义，而社会主体“是在与特定的话语结构及其意义的关系中得以构建的”[②]。政府管理者的媒介话语主体中的“我”，可以是个体，可以是集体，也可以是“个体—集体”多维互动所形成的多元化的话语发出者。不同的话语主体，使话语情境也产生了分化：个体情境重在演绎“个性风格”，集体情境重在勾勒“整体形象”，而多维互动情境关注的是“对话交流”。

一、个体情境中：演绎个性风格

个体情境是政府管理者个人单独应对媒介的各种场合，比如接受媒体采访、发表电视讲话等。个体情境分现场接触和非现场接触：在现场接触的特定情形场合下，政府管理者“常会下意识地问：‘谁能看到我？谁能听到我的声音？’这些问题的答案，有助于他们决定自己的行为举止”[③]；在非现场接触的情形下，政府管理者知道有成千上万的人在各自的房间观察着自己，在听他们的言语，也会格外留心自己的媒介形象。从受众的角度出发，人们“难以平心静气地去探究政府管理者的内心世界，也没有真正可靠的手段去了解政府管理者的内在素质”[④]，只能遵循传媒逻辑，通过有限的媒介话语去做出感性判断和情感倾向。尽管这些表面认识可能肤浅甚至错误，但是媒介话语正是这样真实地、迅速地渗入了政治舞台和公众评价体系。个体情境下的媒

---

① ［法］乔治-埃利亚、萨尔法蒂：《话语分析基础知识》，曲辰译，天津人民出版社 2006 年，第 14 页。

② ［英］诺曼·费尔克拉夫：《话语与社会变迁》，殷晓蓉译，华夏出版社 2003 年，第 30 页。

③ 张国良：《20 世纪传播学经典文本》，复旦大学出版社 2009 年，第 519 页。

④ 秦德君：《领袖形象的政治艺术》，复旦大学出版社 2009 年，第 111 页。

介话语运用能力，勾勒了政府管理者个体政治生涯的形象主线。

政府管理者个体的媒介话语需要满足公共预期、上级预期和角色预期。“在政治舞台上，当戏剧的最后一幕落幕时，观众从剧院鱼贯而出，回到家中又开始他们的正常生活。然而，当一位领袖人物的政治生活的帷幕下落时，观众的这种正常生活就发生了变化，历史的进程也许就有了深刻的变更。”[①] 政府管理者的话语应该尽量合乎社会公众的期待，得到平民百姓的认同。在任命制和选聘制体制下，上级期待也是影响政府管理者话语的重要因素。服从上级要求、履行上级命令是担负管理职位的人必尽的义务。环保局局长往往为环境污染大发感慨，体育局局长会因重要赛事接受询问，这些都是角色的规定。角色的内质在于决定了身处其位的人能做什么不能做什么、该做什么不该做什么。

个体情境下的政府管理者出演的是“独角戏”。由于单独出场，其媒介话语在时间上是连续性、无断裂地呈现，在空间上也是一次性、无转换地展示。个体情境中没有其他人的提示和补充，没有任何回旋的余地，对政府管理者的个人素养和话语技术要求甚高。个体情境的媒介话语运用，事实上是一个角色扮演的历程。从角色领悟到角色进入，从角色践行至角色修正，整个过程一气呵成，都由政府管理者自己独立完成。所有的局外人都是观众，所有的媒介手段都是陪衬，政府管理者自身既是主角又是道具，既是策划人又是布景师。

1941 年 11 月 7 日，法西斯德国的百万大军兵临城下，将莫斯科围得水泄不通，国家、民族处于生死存亡的关键时刻，为鼓舞士气、庆祝十月革命 24 周年，苏联红军在莫斯科红场举行了盛大的红场阅兵式。斯大林发表了气度恢弘和充满激情的政治演说，鼓舞士气。以下是“红场演说”的全文：

> 红军和红海军战士们，指挥员和政治工作人员们，男女工人们，集体农庄的男女庄员们，智力劳动者们，在敌后暂时陷在德国强盗压迫下

---

① 秦德君：《领导者如何成为公共舞台上的优秀“艺术家”》，《中国党政干部论坛》2010 年第 3 期。

的兄弟姐妹们，我们那些破坏德国侵略者后方的光荣的男女游击队队员们，同志们！

我代表苏维埃政府和我们布尔什维克党向你们致敬，并庆祝伟大的十月社会主义革命二十四周年。

同志们！今天是在严重情况下庆祝十月革命二十四周年的。德国强盗背信弃义的进攻和强加于我们的战争，造成了对我们的威胁。我们暂时失去了一些地区，敌人已经进犯到列宁格勒和莫斯科的门口。敌人认为，在第一次打击之后，我们的军队就会崩溃，我们的国家就会屈膝投降。可是，敌人大大地失算了。我们的陆海军虽然暂时失利，但仍然在整个战线上英勇地反击着敌人的攻击，使敌人损失惨重，而我们的国家，我们全国已经组成了一个统一的战斗阵营，同我们陆海军一起共同来粉碎德国侵略者。

我们的国家曾经经历过比现在的处境更加危急的时日。试回忆 1918 年我们庆祝十月革命周年纪念时的情形。当时我国四分之三的领土都在外国武装干涉者手中。我们暂时失去了乌克兰、高加索、中亚细亚、乌拉尔、西伯利亚和远东等地区。当时我们没有同盟国，我们没有红军(那时我们才刚开始创建红军)，我们缺乏粮食，缺乏武器，缺乏被服。当时有十四个国家围攻我国。可是，我们不曾灰心，不曾丧气。当时我们在战争的烈火中组织了红军，并把我国变成了一座军营。当时，伟大的列宁精神鼓舞了我们为反对武装干涉者而战。结果怎么样呢？结果我们粉碎了武装干涉者，收复了全部失地，争得了胜利。

现在，我国的状况要比二十三年前要好得多。现在，我国无论工业、粮食和原料，都比二十三年前丰富许多倍。我们现在有同盟国，他们同我们一起结成反德国侵略者的统一战线。我们现在拥有精锐的陆军和精锐的海军，他们正在挺身保卫着我们祖国的自由和独立。我们无论对于粮食、武器或被服都不感到严重的缺乏。我们全国，我国的各族人民都一致支援我们的陆海军，帮助他们粉碎德国法西斯分子侵略匪军。我们有源源不断的人员后备。现在伟大的列宁的精神和他的胜利旗帜，就像二十三年前一样，仍然鼓舞着我们去进行卫国战争。

我们能够并且一定会战胜德国侵略者，这难道可以怀疑吗？

敌人并不像某些惊慌失措的知识分子所形容的那样强大。魔鬼也不像人们所描述的那样可怕。谁能否认，我们红军曾屡次把大受吹捧的德军打得仓皇而逃呢？如果不是根据德国宣传家大肆吹嘘的声明来判断问题，而是根据德国的真实状况来判断，那就不难了解，德国法西斯侵略者正面临崩溃。现在饥饿和贫困笼罩着德国，在四个月的战争中，德国已损失士兵450万，德国血流殆尽，人员后备宣告枯竭，不仅陷于德国侵略者压迫下的欧洲各国人民，而且连看不到战争尽头的德国本国人民都充满了愤怒的情绪。德国侵略者正在作垂死挣扎。毫无疑问，德国是不能长久挣扎下去的。再过几个月，再过半年，也许一年，希特勒德国一定会由于其罪行累累而崩溃。

红军战士和红海军战士，指挥员和政治工作人员，男女游击队队员，同志们！全世界都注视着你们，把你们看作是能够消灭德国侵略者匪军的力量。处在德国侵略者枷锁下的被奴役的欧洲各国人民都注视着你们，把你们看作是他们的解放者。伟大的解放使命已经落在你们的肩上。你们不要辜负这个使命！你们进行的战争是解放战争，正义战争。让我们的伟大先辈——亚历山大·涅夫斯基、季米特里·顿斯科伊、库兹马·米宁、季米特里·波札尔斯基、亚历山大·苏沃洛夫、米哈伊尔·库图佐夫的英勇形象，在这次战争中鼓舞你们！让伟大的列宁的胜利旗帜引导你们！

彻底粉碎德国侵略者！

消灭德国占领者！

我们光荣的祖国、我们祖国的自由、我们祖国独立万岁！

在列宁旗帜下向胜利前进！[①]

在演讲中，斯大林回忆过去前辈在艰难条件下勇敢抗击入侵者的光辉岁月，分析现在敌我双方的心理状态、装备情况和后方资源等状况，并展望未

① 许辉：《斯大林的红场演说》，《领导文萃》1996年第1期。

来战争取得胜利的美好前景。演讲最后他列举了俄罗斯民族的精英人物——政治家、思想家、哲学家、文学家、诗人、科学家，这些人物即使放到全世界都是大师，并以此作为论据表明法西斯妄图消灭产生了如此之多伟大人物的俄罗斯民族的想法是多么荒谬，话语极具感召力，极大地鼓舞了反法西斯的精神和斗志。

今天，在全球范围内都已进入了真正意义上的传媒政治时代、领导者平民时代和行政包装时代。[①] 政府管理者个体要对媒体的影响认同、适应以至于自觉运用，要倡导平民特质和平民取向的话语方式，要根据形势实施谋略、策略和战略层面的媒介话语印象管理。个体情境下政府管理者的媒介话语的优化，是强健管理者个体领导效能的关键。越是单独出场的机会，越能发挥政府管理者个体的媒介智慧和特长；而同时越是单独应对的场合，越发考验政府管理者个体的综合媒介素养和能力。作为政府管理者，在个体情境中的媒介话语要尤其注意把握话语规范性与创造性之间的关系。每一个领导岗位都是“规范性角色”，必须按照规定行事，不触及底线；每一个政府管理者又具有“创造性角色”，可以在一定尺度内发挥个人想象、演绎个人风格。总之，真情对待每一次“独角戏”，精心构筑每一段媒介话语，认真修炼每一种政治礼仪，这在感性层面上是政治艺术，在理性层面上是政治设计。无论从哪个层面上讲，个体情境下的媒介话语技术，是现代执政者必须具备的个人能力。

二、集体情境中：勾勒整体形象

集体情境是政府管理者集体出场面对媒介的场合，比如新闻发布会、记者招待会、各类论坛等。今天，集体的力量更加显性了。在集体出场的环节，每个成员都具有在合适时机、运用适宜话语而使相互的话语不矛盾、不中断、不走样，从而维持集体目标的义务。其中，每个政府管理者都占据着特定的位置，个体的话语成功与否依赖于同伴的合适行为，整体的话语效果取决于个体之间的搭配和合作。欧文·戈夫曼把“在表演某种剧情时进行合作的一

---

① 秦德君：《领袖形象的政治艺术》，复旦大学出版社2009年，第3～4页。

些人”称之为“剧班”[①]。在政府管理者集体出场的情境中，话语的凝合力、协同力是实现话语目标的关键。

政府管理者集体出场时的媒介话语需要考虑话语边界、话语流程和话语责任。所有的出场者必须明确何种话语应该说、何种话语有选择地说、何种话语暂时不宜说。话语的自主权是在遵守话语边界的前提下才有意义，话语赋权和授权也是严格按照《信息公开条例》等相关文件的要求来操作。话语流程管理包括事前准备、事中实施和事后评估。只有周密的事前准备、妥善的事中实施和认真的事后评估才能从根本上保证话语发布的质量。建立对称的话语责任制度，明确在何种情况下做出责任追究、由谁追究、追究谁、如何追究等一系列规则，能够更好地约束和引导政府管理者人尽其责，不管说还是不说，相关责任由这个特定情境下组建的话语群体来承担。

集体出场讲究协同和配合，而核心问题是“程序”。不参照程序而立即行动表面上似乎提高了工作效率，但会带来执行面上的盲目。将集体情境中的政府管理者话语纳入程序化管理，可以提高可操作性和执行力。程序控制相当于政府管理者媒介活动的路线图，包括活动节奏控制、话语流量控制、前台后台配合。以新闻发布会为例，发布会策划阶段需要确定发布时间、制定发布内容、选择发布形式，发布会中有会议总调度设置、掌控整个发布会的议程并应对现场的各种突发事件，有专门的布景师负责材料放置、桌椅摆设、音响和灯光调试以及其他的场景布置，有专业的礼仪人员有序接待、引领与会者并组织、安排座次，有后台工作人员按事先计划提醒主讲人和提问者控制话语长度，甚至会场空间的划分、提问媒体的顺序、哪个领域的问题由哪位政府管理者负责回答都有相当慎重的考虑。“对手戏”有主角有配角，他们话语的戏份多少也是根据发布会主题事先设计和基本框定的。

三、多维互动情境中：关注对话交流

多维互动情境指的是调研、视察和出访等存在多维参与主体的场合。多维互动情境恰似一部“情景剧”，它通常有完整的、相对稳定的结构（剧本），以及参与媒介事件或媒介仪式的相互沟通的主体（演员和受众）。如果说集体

---

① ［美］欧文·戈夫曼：《日常生活中的自我表演》，徐江敏译，云南人民出版社1988年，第63页。

情境的焦点在于话语角色之间的配合，那么多维互动情境就更强调演员与受众之间的互动与交流。多维互动情境较之个体情景和集体情境，从参与主体、话语内容到情境设置、对话方式，都更加开放、自由，有利于政府管理者在最自然和最亲民的状态下施展语言天赋，通过媒介话语自身的品格魅力辐射受众的感官和心灵。

> 1992年1月至2月间，88岁高龄的邓小平毅然到南方视察，分别在武昌、深圳、珠海、上海等地，发表重要谈话。1月18日，邓小平到达武昌，在会见湖北省委书记关广富和省长郭树言时说：谁反对十三大路线谁就下台。1月19日，邓小平所乘的专列抵达深圳。在深圳视察一圈后，邓小平的讲话很有针对性："改革开放迈不开步子，不敢闯，说来说去就是怕资本主义的东西多了，走了资本主义道路。要害是姓'资'还是姓'社'的问题。判断的标准，应该主要看是否有利于发展社会主义社会的生产力，是否有利于增强社会主义国家的综合国力，是否有利于提高人民的生活水平。"1月20日上午，在深圳国贸大厦53层的旋转餐厅，邓小平面窗而坐，俯瞰深圳全貌。他指着窗外的高楼大厦对随行人员说："深圳发展这么快，是靠实干干出来的。深圳的重要经验就是敢闯，没有闯的精神，就走不出一条好路、干不出新的事业。"在渔民村支部书记吴柏森家里时，邓小平称赞渔民村率先进入"小康"。1月23日上午，邓小平坐船离开蛇口港，前往珠海。在船上，时任广东省委书记的谢非摊开一张广东省地图，向他汇报工作。听完广东改革开放的工作汇报，邓小平很激动，讲出了那句震撼世界的名言："发展才是硬道理！"在上海视察时，他又叮嘱上海市的负责同志："要克服一个怕字，要有勇气。什么事情总要有人试第一个，才能开拓新路。试第一个就要准备失败，失败也不要紧。希望上海人民思想更解放一点，胆子更大一点，步子更快一点。"整个南方视察历时36天，行程5706公里，专列运行103小时。①

① 李伟：《陪同邓小平视察南方的11个昼夜——访广州市政协原主席陈开枝》，《解放军报》2008年10月8日。

在上例中，邓小平总是在某地参观和实地考察后，针对特定的随访对象或考察对象，说出了一些经典的话语。没有实地的体验感受，就没有这些生动的话语；没有与随行人员或考察对象的沟通交流，话语就难以承载如此深的感情。邓小平的南方视察，给民营经济发展带来明媚的阳光。专家学者普遍认为，邓小平的南方讲话，标志着新时期历史发展进入新阶段，是解放思想的宣言书。事实证明，人们需要在多维互动情境中建立对政府管理者的信任和认同，尤其是在灾难来袭或国家困难等特殊时刻，看到政府管理者走到人民中间、与人民同甘苦共患难，是最能鼓舞人心的，也是最能赢得人民拥护的。

2009年2月15日，美国国务卿希拉里·克林顿将她的出访处女行放在了亚洲，先后对日本、印度尼西亚、韩国和中国进行了国事访问。17日，希拉里与日本外务大臣中曾根弘文举行会谈，双方签署了驻冲绳美国海军陆战队迁移至关岛的协定，以此加快驻日美军的整编进程。此后，她拜会了日本首相麻生太郎、日本最大在野党民主党代表小泽一郎、日本防卫大臣浜田靖一、日本皇后，阐述奥巴马政府重视日美关系的外交方针。18日，希拉里离开日本抵达印度尼西亚，翌日同印度尼西亚总统苏西洛·尤多约诺会晤。希拉里在记者招待会上说："从现在起，我将在这一年内访问许多国家，我将向人们表白，假如你们想知道伊斯兰与民主、现代化和妇女平等地位是否能结合在一起，那么，你们就去印度尼西亚看看。"她在与苏西洛总统会晤之后向记者们说："美国希望从印度尼西亚听到建议和咨询，怎样同穆斯林国家打交道，怎样深入走进亚洲，以及世界其他地方。"19日，希拉里与韩国总统李明博讨论了朝核问题等两国共同关心的问题，并就G20峰会前后可能举行的韩美首脑会谈，进行会前磋商。20日，她前往韩国首尔的梨花女子大学与学校师生进行现场交流，并在韩国龙山驻韩美军基地与驻韩美军司令夏普及一名韩国军官交谈。2月20日至22日，带着经贸、环境、能源以及气候等议题，希拉里来到了首次出访的"压轴剧目"——中国。早在13日的亚洲协会纽约总部演讲时，希拉里就为对华政策定调：美中两国保持积极的合作关系十分重要，这符合双方的利益。她引用了中国成语“同舟共济”称：“中国有句谚语，意旨在同一艘船上的人必须以和平方式才能共同过河，这则中国古谚语在今天将继续指引我们前进的方向。”20日晚抵达北京首都国际机场后，希拉里对记者说：“我希望人权、台湾和西藏问题不会妨碍其他更广泛问题的解决。”21日，在与中国国家主席胡锦涛会见时，希拉里说，美中双方就建立战略与经济对话达成原则协议，并将为此而努力，希望奥巴马总统和胡锦涛主席在伦敦会晤时能正式予以宣布。此后，她与国务院总理温家宝会晤，与中国外交部部长杨洁篪共同会见记者，与国务委员戴秉国会见并共进工作午餐，还参观了京能集团北京太阳宫燃气热电有限公司，并在现场与来自清华大学的师生座谈。22日，在接受东方卫视《杨澜访谈录》专访时，希拉里就中美两国关系表示，“相对于辞令来说，我更重视行动。我们现在需要证明的是美国和中国能够进行有效的合作，这不限于双边事务，而是要在世界上扮演领导的角色。”她来到北京基督教海淀堂与1200多名教徒一同参加礼拜，并在美国驻华使馆与中国妇女界人士会面，甚至在离华时还不忘呼吁中国继续购买美国国债。①

希拉里的亚洲四国访问，所到之处，有阐述奥巴马政府的外交方针，有聆听他国政府管理者对美国的看法，有讨论金融危机、气候变化等国际问题，有与各国师生的面对面交流……在多维互动的情境中思维缜密，展现了一位政府管理者的政治智慧和外交话语。特别有趣的是，访问四国时希拉里的着装也非常考究：当她身着宝蓝色的外套出现在日本首相官邸的时候，似乎明白无误地告诉大家，此次访问日本的心情是十分放松而愉快的；深蓝色休闲套装的理智、忧郁，似乎表明了奥巴马政府改善与印尼等国家关系的诚意；访韩时的红色外套含有警告的意象，提示韩国尽管是美国的盟友，但过去几年来，美韩关系一直有点别扭；黑色永远是高贵、稳重、庄严的主题，在亚

① 《美国外交发力：希拉里首访亚洲四国》，央视网，http://news.cctv.com/special/xilalifangsiguo/1/.

洲之行的最后一站，希拉里选择了正式的黑色职业套装来与中国的国家领导人见面，显示了她对到访中国的重视和严肃，黑色还代表着神秘，具有浓郁的戒备色彩。对“全面的中国政策”建立在对中国更加全面深入了解之上，而且这不只取决于美国单方面。因此，希拉里的此次访问可以理解为聆听，也可以说是试探，考量其对华政策以及对亚洲的外交政策是否有实现的可能。

在全媒体时代，多维互动情境是政府管理者经常会遇到的话语情境。越是复杂的情境，越是对政府管理者的考验。政府管理者在其中的表现，经过媒介传播便会产生强化、放大、引导和驱动的作用，会反过来极大地影响公众的议题、判断、印象、观感、思考、好恶，等等，从而形成强大的舆论力量。

第三节　话语文本与话语情境

文本被看作是话语的一个向度，它是文本生产过程中的书写的或口头的产品。“文本既是文字，又是制作。一方面它是纺织类的物理运动，同时它又是修饰和概念的活动。”① 媒介话语文本的生产既是客观事实信息符码的编织过程，又是一种意识形态的缔构活动。话语文本是有组织的，但组织是高度情境性的。正如波兰人类学家马林诺夫斯基所言：“如果没有语境，词就没有意义。”② 语境是使用语言的环境，它是一个以文本为中心建构的场域。美国社会学家海姆斯将语境分解为以下因素：“背景”“参与者”“目的”“音调”“交际工具”“风格”“相互作用的规范”等。③ 英国语言学家韩礼德的“语域”理论认为，语域是由“话语的范围”“话语的方式”“话语的风格”三者构成。文本语境有主观因素，也有客观因素；有话语本身的上下文语境，也有与话语相关的背景语境及个人认知语境。结合话语文本的特点，这里把话语情境分为文本内语境和文本外语境。

---

① D. C. Grettham，*Theories of the Text*，Oxford University Press，1999.

② 胡状麟、朱永生、张德录：《系统功能语法概论》，湖南教育出版社 1989 年，第 17 页。

③ D. Hymes，*Models of the Interaction of Language and Social Life*，*Directions in Sociolinguistics*，New York：Holt，Rinehart & Winston，1972.

一、文本内语境中：符码与意义

“语境”这一概念最早是由英国人类学家马林诺夫斯基在 1923 年提出来的。他区分出两类语境，一是情景语境，二是文化语境，也可以说分为语言性语境和非语言性语境。语言性语境指的是交际过程中某一话语结构表达某种特定意义时所依赖的各种表现为言辞的上下文，它既包括书面语中的上下文，也包括口语中的前言后语；非语言性语境指的是交流过程中某一话语结构表达某种特定意义时所依赖的各种主客观因素，包括时间、地点、场合、话题、交际者的身份、地位、心理背景、文化背景、交际目的、交际方式、交际内容所涉及的对象以及各种与话语结构同时出现的非语言符号（如姿势、手势）等。

文本折射出文本生产者独特的精神结构、体验方式、思维方式和其他社会历史文化精神。它由表到里有多个层次，即文本内层次、文本外层次、时代文化精神层次，分别对应不同的语境。以文本为中心的语境是一个多层面的语符聚合装置。“文本内语境是理解某个话语文本所使用的各个前提的集合，是由文本结构、文本编码方式所建构的理解文本内容的场域和氛围。”① 文本由两个大系统构成：一个是符码层和意义层构成的文本显态系统；一个是由神话层和艺术层构成的文本隐性系统。显性系统是一个可以直接感知的符码系统，是文本的自然本真状态；隐性系统是在本真状态隐藏下的意义扩张，是文本潜在张力的体现。“用结构主义理论观之，这两大系统是文本的‘肉体’和‘灵魂’，它们构成了一个充满活力的文本有机体。”② 文本内语境决定着能够说什么。

文本内语境是一个充斥符码的信息场域，是由语言材料构成的言语代码体系。任何语言符号都是能指和所指的组合体。能指是一种表达中介，是表示物质实体或抽象概念的一系列语音或文字符号，即索绪尔提出的“符号具”；所指是一种心理再现，是用一系列语言或文字符号表示的具体事物或抽

① 孙发友：《新闻文本与文化生态——媒介话语的框架性解读》，人民出版社 2009 年，第 115 页。
② 同上，第 114 页。

象思想，被索绪尔称为“符号义”。“符号具”和“符号义”是处于本义层面可直接被理解的显态内容，可直接经由文本的阅读而得。不同的文本内语境拥有差异性的话语符号和表达方式。比如，广播新闻常常默许一些不连贯、不完整的口语表达习惯，碎句突出的是现场采访的真实性，而语气助词的强调往往发挥烘托氛围的作用。主持人播报“省委书记×××”，接下来就紧接×××的一段原话，其间省略“省委书记×××说”这个“说”字，反而使话语更紧凑而有力。如果不结合语境，就会出现文本解读的断裂。又如，电视中若出现纸媒上使用的表格、图表等技术手段，这种媒介代码的反常规将吸引电视受众更加关注这则信息的意义。进入语境的语言符号要受制于语境各因素，语境各因素纵横交织构成了特定言语代码的坐标轴。

文本隐性系统关注的焦点，则是符码所隐含的文化价值或社会信仰，直到最深层次的意识形态。大众媒介通过日积月累的话语生产潜移默化地影响着我们，在媒介话语的背后，其实隐藏着意识形态、权力和价值的操纵。“在寻求意义的斗争中，统治阶级试图使意义自然化，意义被用作将他们的利益变成全体社会成员的‘常识’。”[①] 所有类型的话语都倾向于具有意识形态的介入成分。当你在说话时，实际上就是你在“说”要你说的“话”。话语是意识形态的突出的语言物质形式，特定的文本体现着特定的意识形态，文本是在意识形态范围内的存在。

> 1963 年 8 月 23 日，马丁·路德·金组织了美国历史上影响深远的“自由进军”运动。他率领一支庞大的游行队伍向首都华盛顿进军，为全美国的黑人争取人权。他在林肯纪念堂前向 25 万人发表了著名的演说《我有一个梦想》。在演讲中他为反对种族歧视黑人、争取和平发出呼号：“只要黑人仍然遭受警察难以形容的野蛮迫害，我们就绝不会满足。只要我们在外奔波而疲乏的身躯不能在公路旁的汽车旅馆和城里的旅馆找到住宿之所，我们就绝不会满足。只要黑人的基本活动范围只是从少数民

① 贺建平：《新闻文本的建构与解读——评费斯克的新闻观》，《郑州大学学报（哲学社会科学版）》2004 年第 4 期。

族聚居的小贫民区转移到大贫民区，我们就绝不会满足。只要密西西比仍然有一个黑人不能参加选举，只要纽约有一个黑人认为他投票无济于事，我们就绝不会满足。”他还深情地说：“我梦想有一天，这个国家会站立起来，真正实现其信条的真谛：‘我们认为这些真理是不言而喻的，人人生而平等。’我梦想有一天，在佐治亚的红山上，昔日奴隶的儿子将能够和昔日奴隶主的儿子坐在一起，共叙兄弟情谊。我梦想有一天，甚至连密西西比州这个正义匿迹、压迫成风、如同沙漠般的地方，也将变成自由和正义的绿洲。我梦想有一天，我的四个孩子将在一个不是以他们的肤色，而是以他们的品格优劣来评价他们的国度里生活。我今天有一个梦想。我梦想有一天，亚拉巴马州能够有所转变，尽管该州州长现在仍然满口异议，反对联邦法令，但有朝一日，那里的黑人男孩和女孩将能与白人男孩和女孩情同骨肉，携手并进。我梦想有一天，我的四个小女儿将生活在一个不是以皮肤的颜色，而是以品格的优劣作为评判标准的国家里。我梦想有一天，这个国家将会奋起，人人生而平等。我今天有一个梦想。我梦想有一天，幽谷上升，高山下降；坎坷曲折之路成坦途，圣光披露，满照人间。这就是我们的希望。我怀着这种信念回到南方。有了这个信念，我们将能从绝望之岭劈出一块希望之石。有了这个信念，我们将能把这个国家刺耳的争吵声，改变成为一支洋溢手足之情的优美交响曲。有了这个信念，我们将能一起工作，一起祈祷，一起斗争，一起坐牢，一起维护自由；因为我们知道，终有一天，我们是会自由的。在自由到来的那一天，上帝的所有儿女们将以新的含义高唱这支歌：‘我的祖国，美丽的自由之乡，我为您歌唱。您是父辈逝去的地方，您是最初移民的骄傲，让自由之声响彻每个山岗。’如果美国要成为一个伟大的国家，这个梦想必须实现。让自由之声从新罕布什尔州的巍峨的崇山峻岭响起来！让自由之声从纽约州的崇山峻岭响起来！……”

马丁·路德·金的演讲，验证了有关意识形态定位的文本观。种族、人权、平等、自由、民主等意识形态理念，存在于这个演讲文本之中并得到了充分的呈现。语言和其他符号形式，在特殊的环境之下能够承载意识形态。

意识形态是“现实（物理世界、社会关系、社会身份）的意义/建构，这被建构到话语实践的形式/意义的各种向度之中，它也致力于统治关系的生产、再生产或改变”[①]。但是，“虽然文本的形式和内容的确承载着意识形态过程和结构的印记（是意识形态过程和结构的踪迹），但是从文本中不可能‘逐字逐句地读出’意识形态”[②]。

文本内语境还包含话语中的前景因素和后景因素，即话语本身的上下文语境，它们支持着话语的连贯性。“文本有可能基于上下文、基于解释者而向各种各样的解释开放。”[③] 话语与其他在前在后的陈述的相关位置是一种语词的背景，话语与话语之间存在着类推、对立、补充、相互定界等种种可能的关系。

在话语文本中，使用语言符码有两种方式：描述性使用和解释性使用。“描述性语言要表现的是它所描述的对象在可能世界里为真实的事态，解释性语言要表达的是它所解释的对象隐含或意味着什么。解释性语言较为主观、含蓄，多有‘弦外之音’；而描述性语言则较为客观、直白。”[④] 解释性的语言符码属于高语境文本，而描述性的语言符码属于低语境文本。“在低语境里，人们往往对一些非语言交际行为视而不见；而在高语境里，交际者的面部表情、行动、交往速度、交往地点、难以言说的情绪、微妙的手势及其他周围环境细节等都是丰富的信息符号，给敏感的交际者以无限的信息与内涵。”[⑤] 产生这些现象的原因，需要从文本外语境中去寻找答案。

二、文本外语境中：社会与环境

文本是多功能的，它能够描述现实、制定社会关系、建立社会身份和塑造知识信仰体系。“文本是通过其他以特定的方式连接起来的文本所建构起来的，这些特定的方式依赖于社会环境，并随着社会环境而发生变化。”[⑥] 话语

---

① ［英］诺曼·费尔克拉夫：《话语与社会变迁》，殷晓蓉译，华夏出版社2003年，第81页。
② 同上，第82页。
③ 同上，第27页。
④ 孙发友：《新闻文本与文化生态——媒介话语的框架性解读》，人民出版社2009年，第115页。
⑤ 胡超：《高语境与低语境交际的文化渊源》，《宁波大学学报（人文科学版）》2009年第4期。
⑥ ［英］诺曼·费尔克拉夫：《话语与社会变迁》，殷晓蓉译，华夏出版社2003年，第8页。

因其在社会机构中的功能而成为它所是的东西，发挥着巩固和加强由它构成的那些组织的作用。“文本外语境是文本生产、解读的外部社会环境，包括政治、文化、经济和现场物品等。”① 话语文本的组织有赖于“社会场”，文本的生产、分配、消费的所有过程都是社会性的，都需要关联到话语从中得以产生的特殊的语境。文本外语境决定着应该说什么。

文本外语境主要指话语的背景语境。“由于讲话环境的条件和压力，话语有可能在风格上是异质的。”② 社会的规则系统使话语在特定的时间、地点和机构情境下出现，它决定了话语的阐述方式、主客体地位、概念结构和策略结构。“话语既作用于社会的再生产，又作用于社会变化的方式。”③ 话语为社会建构了意义。话语实践有各种方向——政治的、经济的、文化的、意识形态的，话语可以包含在所有这些方向之中，或者说所有这些方向都可能成为话语得以发生的社会情境。背景语境导致了有关文本之意义的预见，减少了文本潜在的模糊性问题。

文本外语境还包含个人认知语境。认知层面，是由语符表层与深层的语境因素相融合而构建的深层意蕴。文本接受者在这一层面超越了对语符自身信息的理解，而依靠与其相关的更为广阔的语境因素，依靠自身的阅读体验，进入编码意图空间。语言学家斯波伯和威尔逊等提出了“认知语境”的概念，认为“语境是心理产物，是听话者对世界的一系列假定中的一组……正是这些假设，而非实际的客观世界，制约着对话语的理解”④。从个体与物质世界的关系看，每一个特定的个体由许多不同的类别加以说明或者界定，类别包括阶层、民族、种族、性别、年龄、职业，等等。这些预先的因素以概念的表征储存在大脑里，构成一个人的认知环境。对文本意义的建构和解读，便内化于这种个人的认知模式谱系之中。

回到上文曾讨论过的一个问题：西方话语是一种“低语境”的文本，而

---

① 孙发友：《新闻文本与文化生态——媒介话语的框架性解读》，人民出版社2009年，第115页。

② ［英］诺曼·费尔克拉夫：《话语与社会变迁》，殷晓蓉译，华夏出版社2003年，第22页。

③ 同上，第35页。

④ D. Sperber & D. Wilson, *Relevance: Communication and Cognition*, Oxford: Basil Blackwell, 1986.

东方则是一种“高语境”的文本。这是社会文化在其发展过程中给语言留下的痕迹，“在美国，往往口齿伶俐，善于口头表达的人更吸引人；而在韩国，更受信任的却是口头表达稍显木讷之人”①。在低语境社会中，人们在交际时，大量的信息由显性的语码负载，隐性的环境传递出相对少量的信息。也就是说，在低语境文化中的人们，习惯借助言语的力量来交际。高语境的绝大部分信息都已储存于现成的语境中，成为全体成员共享的资源，因此社会成员在人际交往上，更擅长借助潜在的语境进行交流。从传播者角度讲，他们在表达感情和传递信息方面，喜好用含蓄、间接、隐晦的方式，不把信息完全、充分地提供给对方；而从接受者角度看，也善于从提供信息的蛛丝马迹中准确“猜”出对方的意图。因而，低语境十分重视“言传”“尚言”；高语境特别推崇“悟性”，讲究“言有尽而意无穷”，所谓“身无彩凤双飞翼，心有灵犀一点通”。东西方不同的话语特色，归根结底还是源于“社会与环境场”的作用，折射出了不同区域社会文化的特质。

话语分析有两个主要的视角：文本视角和语境视角。根据托伊恩·A.梵·迪克的观点，“文本视角是对各个层次上的话语结构进行描述；语境视角则把对这些结构的描述与语境的各种特征如认知过程、再现、社会文化因素等联系起来加以考察。”② 语境是话语文本存在的家园，是运用话语时所处的现实环境，是与话语行为相联系的各种环境要素组成的内容丰富、范围广阔的动态系统。语境对话语文本具有制约、解释、生成、填补和预测等多种功能。

第四节 话语事件与话语情境

话语不是透明的，不是一眼可以看穿的，要放在话语所置身的语境下来理解话语意义及其行动取向。米歇尔·福柯主张“不再把话语当作符号的整

---

① 胡超：《高语境与低语境交际的文化渊源》，《宁波大学学报（人文科学版）》2009年第4期。

② ［荷］托伊恩·A.梵·迪克：《作为话语的新闻》，曾庆香译，华夏出版社2003年，第26页。

体来研究，而是把话语作为系统地形成这些话语所言及的对象的实践来研究”[1]。也就是说，研究媒介话语的风险性，应侧重于对大众以及政府管理者个体体验式的风险认知，应着力反映现代传播条件下话语在话语事件和话语现象中的真实运动轨迹。“话语是事件加意义”[2]，实际上，“对话语过程的描述和分析，也是对具体社会过程的描述和分析”[3]。

一、常态情境中：风险预警

在不同的信息条件下，媒介话语的表达和接受方式差异很大。作为政府管理者，要统筹考虑常态环境与异态环境，善于应对复杂多变的信息环境，并根据不同的信息环境做出恰当的反应。风险的潜伏期是治理成本最低的阶段。此时，如果政府管理者能在广泛的信息搜集和对外界环境进行敏锐感知、深入考察的基础上，通过媒介话语对风险进行预警，引起公众的注意并采取相应措施将危机扼杀在萌芽之中，就能够避免较大的社会损失。“预警”是指在灾害或灾难以及其他需要提防的危险发生之前，根据以往的总结的规律或观测得到的可能性前兆，向相关部门发出紧急信号，报告危险情况，以避免危害在不知情或准备不足的情况下发生，从而最大程度的减低危害所造成的损失。

对待媒介话语风险，政府管理者应规避“煽情炒作”，提倡“理性研判”。政府管理者对风险的感知、判断和识别，是整个社会预警系统的关键环节。政府管理者的角色具有三重性，他们既是话语风险的制造者，又是话语风险的探测仪，还是话语风险的化解者。理性识别话语风险，要求政府管理者深入调研、全面分析、审慎判断，不能为了吸引眼球而肆意炒作夸张，这是职业伦理和道德底线，亦是测试政府管理者媒介话语风险识别能力的核心科目。在常态环境下，政府管理者的媒介话语认知能力表现为熟悉媒介传播与新闻

① ［法］米歇尔·福柯：《知识考古学》，谢强、马月译，生活·读书·新知三联书店1998年，第62页。

② 徐友渔、周国平、陈嘉映、尚杰：《语言与哲学——当代英美与德法传统比较研究》，生活·读书·新知三联书店1996年，第202页。

③ ［英］安东尼·吉登斯：《现代性的后果》，田禾译，译林出版社2000年，第118页。

业务的知识与技能，了解大众传媒的性质、特点、功能、手段、作用、现状和发展趋势，具有对媒体信息的认知、解读和判断能力，掌握一般新闻稿件的制作技巧，掌握党和国家的政策以及与本职工作相关的新闻事件、社情民意、舆情动态，扮演好政府发言人的角色。

对待媒介话语风险，政府管理者应规避“封堵压制”，提倡“科学管理”。政府管理者要发挥民意“雷达”的功能，就必须密切关注社会舆论的全景生态以及民间舆情的发展趋势。事实证明，“多米诺骨牌效应”是一把双刃剑，政府管理者开展开诚布公的沟通对话，实施深入互动的民意调查，及时受理民众质询和申诉，能在政府、媒体与广大受众之间搭建起一个良性循环的舆论场，有利于科学地监测、管理和疏导社会舆论。

对待媒介话语风险，政府管理者应规避“事后补救”，提倡“积极预警”。传统的危机应对机制是“事后反应”即所谓的“应急响应预案”，它是一种单向度的“风险反应”理念。其作用在于危机以后的一定程度的抚慰，其成效取决于决策层和执行者的反应速度、反应技术和反应能力。而危机事件一旦发生，影响力之大，波及面之广，任何媒体和个人都难以同时刻做出完备的应对策略。机遇往往与风险共存，政府管理者和媒体都需要及时转换思维，应该从异态环境下的“应急响应”转变为常态环境中的“积极预警”。为了防患于未然，不仅在危机发生后不遗余力地引导传媒不回避不和谐因素、报道事实，还应在危机处于“未然态”时就及时警示。

例如，食品安全问题一直是中国政府管理者日常最为关注的话题之一。目前我国有食品生产经营企业几百万家，每天生产加工的食品 110 多万吨，企业及产品量大面广，大多数企业规模小、分布散，企业质量安全管理和政府食品安全监管的任务十分繁重。为此，国务院专门设立了食品安全工作的高层次议事协调机构——国务院食品安全委员会，并在全国集中开展为期两年的食品安全整顿工作。这些举措的目的，是在常态时期分析食品安全形势，积极预警食品风险，研究部署、统筹指导食品安全工作；提出食品安全监管的重大政策措施；督促落实食品安全监管责任。

2010 年 2 月 9 日，国务院食品安全委员会召开第一次全体会议。会上，国务院副总理、国务院食品安全委员会主任李克强强调，食品安全是重要的民生问题，要下更大的决心，采取更有力的措施，依法加强治理整顿，依法加大监管力度，切实提高食品安全水平，保障人民群众身体健康，维护改革发展稳定大局。

李克强说，民以食为天、食以安为先，食品安全事关人民群众身体健康和生命安全，事关经济发展与社会和谐。党中央、国务院高度重视食品安全，采取了一系列政策措施，目前我国食品安全总体比较稳定。同时也要清醒地看到，食品安全的基础还较薄弱，形势依然严峻。必须充分认识保障食品安全的重要性和紧迫性，切实增强责任感和使命感，加强监管，标本兼治，从根本上改善食品安全状况，使人民群众吃得放心、吃得安全。

李克强指出，各级政府要以对人民高度负责的精神，深入贯彻落实食品安全法及其实施条例，把保障食品安全摆到更加突出的位置，健全机制，常抓不懈。一是落实企业和政府责任。根据食品安全法，食品生产经营者负有保证食品安全的社会责任，县级以上地方人民政府负有对本行政区域的食品安全监管工作统一领导、组织、协调的责任。国务院各有关部门要坚持统一协调与分工负责相结合，认真履行职责，搞好监督指导。要进一步完善和强化责任制度与问责制度，推动食品安全监管工作迈上新台阶。二是加强基础工作。要完善食品安全标准，健全食品安全检测检验体系，健全风险评估、事故预防和应急处置机制，加快食品安全诚信体系建设。三是强化行政执法。要采取有效措施，坚决打击食品安全领域各种违法生产经营的行为，严肃查处并追究监管不力的行为，真正做到有法必依、违法必究、执法必严。

李克强强调，今年要在全国范围内集中开展食品安全整顿工作，重点治理食品添加剂、食用农产品、食品生产加工、食品流通和进出口、禽畜屠宰、餐饮消费、保健食品等方面存在的突出问题。对近期发现的使用和销售"问题奶粉"的违法犯罪案件，要彻底追查，对"问题奶粉"要全部销毁，对不法分子要予以严惩。同时，进一步加强对重点部位、重点环节、重点场所的清查，不留死角，净化市场。春节将至，要强化

> 食品安全执法等各项工作，增加检查频次，扩大检查范围，消除食品安全隐患，让人民群众过一个欢乐祥和的节日。①

为了随时监控食品生产、加工行业，找出可能发生事故的动态，建立食品安全预警机制十分关键。“预警机制”是指由能灵敏、准确地昭示风险前兆，并能及时提供警示的机构、制度、网络、举措等构成的预警系统，其作用在于超前反馈、及时布置、防风险于未然，打信息安全的主动仗。具体而言，预警机制的功能目标包括三个：一是预警功能，即通过确定一系列预警指标及判别标准可以实现对食品安全风险预警。首先通过食品加工企业的一些经济指标测算出食品安全的风险度值，其次通过一系列的宏观和微观的参考监控指标体系衡量风险状况。二是实时监控功能，即通过各地方质监机构实行实时监控，对食品加工的变动趋势做出分析评价。三是风险预算功能，即依据行业动态、利润分析、行业发展趋势确定可能发生风险的概率。发现可能引起行业风险时，立即实施逐级报告制度，质监部门马上组织开展对这个行业的监督检查，及时发现问题，抑制风险的发生。目前我国谷物、水果、肉类、禽蛋和水产品等主要食品产量居世界第一位，为了确保人民群众的食品安全，有效控制食源性疾病的爆发，以及排除我国食品的出口面对进口国食品跟踪与追溯法律法规的限制，我国已初步建立利用条码的优势特性达到对食品的安全与追溯的管理体系，以为有可能出现的食品安全隐患进行有效评估和科学预警提供依据。此体系在食品供应链中提供完全透明的管理能力，保障食品安全的全程可视化控制、监控与追溯，并可以全面监控种植养殖源头污染、生产加工过程的添加剂以及有害物质、流通环节中的安全隐患。

自然和社会危机一次次重演，甚至有着爆发的阶段性和规律性。危机管理的最高境界，是健全舆论监测与舆论引导评估体系，建立实时交互的多向度报告机制，捕捉危机苗头，提前对还未“分娩”的风险事件或者尚处在萌

① 《李克强：加大食品安全监管力度 维护人民群众切身利益》，新华网，http://news.xinhuanet.com/politics/2010-02/09/content_12960538.htm.

芽状态的风险因素按风险级别做出预测、预报和预警。这种在“止损点”处报警的新安全机制，可以最大可能、最大程度地规避或减少灾难和损失，是风险社会视域中危机管理的重点和难点。预防永远重于补救。预警手段高超固然重要，预警标准也可以不断更新，但这还只是治标，最重要的是治本。只有采取一些具有预见性的措施，才能维护社会的稳定和常态发展。

二、异态情境中：心理抚慰

较之于常态环境，异常环境打破了社会正常的运行秩序和人们的心理惯性，这种情境下的媒介话语面临更多的隐患和不确定性。如果说常态下的话语引导是有效和无效的问题，那么，异态情境下的话语引导就是稳定与动荡的问题。“在异态情境中，人们的心理承受能力降低，往往会对形势的判断模糊不清，甚至会无所适从。”[①] 当国家政策和舆论导向与民意形成正向合力时，社会趋于和谐；当这两者形成反向合力时，社会矛盾激化。现代精神医学和心理学认为，对于外界的刺激影响，硬性的强行纠偏往往适得其反，采用心理疏导、抚助和慰藉才是更好的疗法。媒介能够给予人们宣泄郁积情绪的机会，满足受众的心理需求，促使人进行积极的心理暗示和对话，提高危机的承受力。

现代人的交往是一种稍纵即逝的流变式的交往，生活情境的不同、人生阅历的不同、价值取向的不同等诸多因素，使普通民众对政府管理者的态度和行为，受到尊重与怀疑、满意与担忧的特殊混杂心理的支配，存在着多种导向的可能性。而新媒体技术的推动和公共领域的兴起，使人际关系越来越虚拟化和动态化，稳定而连续的社会体系和生活秩序已不复存在，从而风险倍增。风险社会人们的安全感日渐降低，人类陷入人人自危、此消彼长的心理危机。心理素质正经受严峻考验，各种心理疾病呈几何级数增加，越来越多的人产生心理障碍，心理状态严重失调，心理冲突难以解决，不少人甚至精神崩溃或失常。世界心理卫生组织专家断言，从现在到 21 世纪中叶，没有

---

① 蒋晓丽：《传媒宣导抚慰功能——兼论在西部地区的特殊作用》，四川大学出版社 2008 年，第 11 页。

任何一种灾难能像心理危机那样给人们带来持续而深刻的影响，从疾病发展史来看，人类已进入“心理疾病时代”。[①] 异态的情境在生理、认知、情感和人际关系等多方面都将带来心理震荡。危机爆发带给人们的心理震荡会导致以下几类症状：（1）生理上：疲劳、失眠、心跳加剧、对外界刺激反应过度、不明原因的疼痛、免疫力下降、食欲和性欲下降、依赖烟酒、滥用药物；（2）认知上：偏见、匆忙决策、失忆、怀疑一切、无所适从、梦魇、自尊心和自信心减弱、自责、思维和记忆上的不连贯、忧心忡忡、固执己见；（3）情感上：震惊、恐惧、乱发脾气、随意指责他人、愤怒、负罪感、悲伤、麻木、无助、失落和难以体验到他人的关怀；（4）人际关系上：与他人冲突增加、社交恐惧、工作和学习上的退步、对他人的言行过多猜疑。[②]

大众传媒对社会有机体具有调节作用，能够帮助人们释放焦虑和不满情绪，让他们走出心理和现实的困境，减轻社会的内在压力，因此被形象地喻为社会的“排气阀”。德弗勒与鲍尔·洛基奇在《大众传播效果依赖模式》一文中认为，当社会发生变化、冲突和出现不稳定局面的时候，大众媒介行使许多独特的信息功能，使受众产生如下一些反应：（1）认知方面：分歧的产生与消除、态度的形成、议题的设置、人们信仰系统的扩充和价值的阐明；（2）情感方面：产生恐惧与担心，增强或削弱信息；（3）行为方面：使活动或使不活动、问题的形成与解决、影响或者提供行动策略、引发功利主义的行为。[③] 媒介话语在异态情境中能够发挥“黏合剂”的作用，慰藉孤独无助、濒临绝望的心灵，把低频率、高强度的社会动乱变成高频率、低强度的社会波动，从而保持社会的相对稳定。

异态情境主要包括危机事件发生前的潜伏期和危机发生以后的消退期。在危机的潜伏期，因为没有明显的标志性事件发生而不易被人察觉。如果能及时发现危机前兆，就有机会通过心理按摩把危机处理在萌芽状态，防范危

---

① 蒋晓丽：《传媒宣导抚慰功能——兼论在西部地区的特殊作用》，四川大学出版社 2008 年，第 66 页。

② 史安斌：《危机传播与新闻发布》，南方日报出版社 2004 年，第 22 页。

③ ［美］梅尔文·德弗勒、桑德拉·鲍尔-洛基奇：《大众传播学诸论》，杜力平译，新华出版社 1990 年，第 31～48 页。

机的爆发。但若处理不当，某些偏颇夸张或刺激性的媒介话语也可能成为危机酝酿的"助燃剂"，对危机的发生起到推波助澜的作用。

日本是一个地震、海啸等自然灾害多发国，日本的新闻媒体为此建立了一套完整的危机报道机制。日本指定 NHK 为唯一的灾害信息公共放送机关，在其《日本放送协会防灾业务计划》中，就灾害报道的诸多事项制定了极其周密的实施细则。这个紧急特别报道机制包括"放送机关的特殊运作"和"节目编成"两大部分。所谓"特殊运作"，是指以 NHK 会长为首设立"灾害对策总部"，采取紧急措施（制作播出设备的调配、通信系统保障等），恢复制作和收看常态对策等；而"节目编成"则是指发出紧急预报信息、制作播出相关新闻、解析防灾政策、进行安定民心教育和制作播出娱乐节目，等等。①

在危机的消退期，受到之前危机的影响，公众的消极心理还没有完全消除，需要进行心理援助，帮助人们树立重建的信心。据统计，有 4%～30%的人会患上"后危机综合征"，持续时间至少一个月以上。②

在"9·11"事件发生后，美国的大众传媒除了讨论恐怖分子是谁、政府是否要报复、报复的程度如何等问题之外，还呼吁公众尽可能地恢复正常活动，认为这是对恐怖活动做出的应有回答的一部分。一些报纸号召民众从自己做起，做好身边的事情，比如，"让您的钱仍留在股市上""像平常那样给您的汽车加油""购物，不管多小的东西，尽量买东西""悬挂美国国旗""像平常那样从银行取钱""遵守机场和其他公共场所的新的安全措施，不要抱怨"，等等。媒体把政府的政策，巧妙地转换成公众的日常行为规范，既起到了政策的解释作用，又引导了公众的日常行为，对危机的解决起到了积极的作用。③

---

① 宋晓阳：《日本电视新闻报道机制》，《电视研究》2004 年第 7 期。

② 史安斌：《危机传播与新闻发布》，南方日报出版社 2004 年，第 22 页。

③ 韩书：《灾难事件三个环节中的媒介运用》，《中国记者》2004 年第 10 期。

中央电视台的《焦点访谈》节目，被誉为“焦青天”。这些节目总能引发对社会公正的思考，看到贪官污吏的落马、了解惊人的黑幕，人们获得了心理的震撼和宣泄。①

媒介说服是异态情境中“心理抚慰”的常规做法，这是一种政府管理者制造同意的艺术。“在一定程度上，媒介的说服实际上是提供一种象征性的心理满足，但这种满足不少情况下是潜在的，需要媒介唤起才能转化为一种态度或行为；或者，媒介的说服实际上提供的是一种引起内在心理矛盾的因素，经过适当调整而在原有基础上转化为新的态度或行为。”② 利用安全感的心理需要进行媒介说服，对于稳定舆论、化解谣言十分有效。

2010 年 8 月南方泥石流发生后，19 日上午，一则这样的消息引发了部分成都市民的担忧：“正式通知：因岷江上游山洪暴发，导致泥石流，原水浊度严重超标，预计，今天下午洪峰到达成都范围内，届时成都范围的水厂将被迫停产，请朋友们通知家里人，及时做好蓄水准备，以备急用。”当日，成都市政府随即给成都境内的手机发送免费消息予以澄清：“目前成都市中心城区自来水水源充足，生产运行正常，水质也符合国家标准，完全能满足中心城区自来水的用水需求。因此，成都市中心城区将要停水的传言完全是谣言。”③

这样的话语因势利导地转变了舆论的浮躁态势，在特殊时刻给公众服下了一枚“定心丸”。

传播活动中的任何一种与该活动有关的心理情绪体验，都能使这种活动强化，产生一定的效果。心理不具目的性、针对性和必然性，而是具有遭遇性、碰撞性和弥散性。正如法学家贺卫方所说，如果一个社会的真实情况尤

① 蒋晓丽：《传媒宣导抚慰功能——兼论在西部地区的特殊作用》，四川大学出版社 2008 年，第 38 页。

② 陈力丹：《舆论学——舆论导向研究》，中国广播电视出版社 1999 年，第 199 页。

③ 谢佳君、祝楚华：《成都官方微博两次辟谣：不会停水》，《成都商报》2010 年 8 月 20 日。

其是负面的真实情况被掩埋，那么这个社会就会很危险，整个国家就仿佛被放在火山口上。政府管理者面对社会激荡的舆论，要帮助民众合理宣泄情绪，通过多种方式反映民情、疏导民意，才能提升舆论风险的判断力、舆论危机的化解力和舆论疏导的抚慰力。需要说明的是，常态、异态情境常常发生转化，要求与之协调的情境策略。为此，政府管理者应把握事件发展规律，研判常态异态化和异态常态化发展趋势；建立信息共享机制，完善常态和异态环境下应对机制的对接；解析舆论内部构成和格局分布，扩展正面舆论价值生成空间；注重引导与监控有机统一，实现各方对信息占有的良性互动。

三、突发事件情境中：危机传播

突发事件较之异态环境，是更加紧急的状态和危机情境。危机事件发生得突如其来、演变得异常迅速，迫使人们在极为有限的时间内做出有风险的决策来对之进行处置和控制，防止其不断扩大和升级，任何延迟将会造成更大的危害和损失。突发性是危机刚刚爆发时所表现出来的状态，在风险被人们感知的时候，首先是以某个突发事件为开端。“那些能够预防的危机都只能称为问题，只有那些无法预知的、被忽视的、具有颠覆性的意外事件，才算得上真正的危机。”① 由于发生的时间、地点、强度等具有高度的非预期性，突发事件往往难以预测、来势凶猛，让受害者措手不及，对政府管理者提出了更严峻的挑战：必须在第一时间进行危机传播，打出一场漂亮的应急战。

从自然生态环境考察，现代社会生态环境的恶化和失衡，导致灾难性事件时有发生；从社会性矛盾来考察，世界格局正在发生变化，国内社会各阶层的价值观念和利益取向不断分化，国家与国家之间利益冲突有时难以调和。在这样的背景下，社会的风险性因素剧增，公共危机事件层出不穷。这些事件最容易成为国内外媒体和公众关注的焦点，也极容易成为政府舆论空间的敏感点和脆弱点。近几年来国内外大量突发的公共危机事件，其波及面之广、影响程度之深，无一不挑战着执政者的危机传播能力，危机防范与应对已经提到党和国家的议事日程上来。美国传播学家梅尔为提出的“媒介依赖理论”

① ［美］劳伦斯·巴顿：《组织危机管理》，符彩霞译，清华大学出版社2002年，第3页。

认为，社会发生重大变化，情况不明晰，公众常常希望通过媒体了解事实真相，依赖性非常强。基于此，执政者参与风险沟通与风险决策的能力，源于其科学运用大众传媒话语的能力，包括敏锐快速反应能力、系统资源整合能力、有序统筹布局能力。对于政府管理者来说，充分调动媒介资源和媒体优势的前提条件，首先是要正确认知媒体话语风险的特性和影响。重大事件是话语的集中点，突发事件是话语的兴奋点，重要政策出台与群众预期的落差是话语的波动点，与群众切身利益密切相关的问题是话语的中心点。

作为社会公共利益代表的政府，其主要成员（政府管理者）在危机事件的处置中具有不可推卸的责任。政府管理者的媒介话语，直接影响危机传播的过程与效果。“危机传播是指在一定的社会、文化、政治语境下，通过公共风险信息、公共观点传递以及意义共享而进行的社会互动。”① 它贯穿于危机管理的整个过程和各个环节之中，政府管理者是传播的主角，媒体是联结政府与公众的纽带。危机传播的宗旨大致体现在四个方面：一是平息公众的恐慌情绪；二是维护社会的稳定和正常秩序；三是创造一个对消除和解决危机有利的舆论环境；四是消除危机事件对政府的负面影响。如果政府管理者媒介话语风险的认知能力欠佳，就会出现风险传播的价值悖谬效应，进而导致全社会的舆论恐慌或现实危机，给执政安全带来威胁和挑战。这对政府管理者的媒介话语提出了新的要求：不仅要完善对社会风险的监测和预警能力，而且应就危机情境的特殊形势，对风险传播方式做出相应的制度安排和策略调整。

2010 年 4 月 10 日，波兰总统列赫·卡钦斯基专机坠毁遇难。在事故发生几小时后，波兰的政治光谱中出现了罕见的团结一致，代总统、众议院议长科莫罗夫斯基说：“面对我们的国家灾难，我们团结一致。没有左派和右派的分歧，世界观、宗教派别都不再重要，我们在悲愤中团结起来保卫我们的国家。”空难发生在与波兰历史积怨颇深的俄罗斯境内，

---

① National Research Council, *Introduction: Improving Risk Communication*, Washington, D. C.: National Academy Press, 1989.

也令俄罗斯承受巨大压力。俄总理普京10日到总统官邸会见梅德韦杰夫，两人一起点燃蜡烛，祭奠空难事故中的遇难者。随后，普京领衔成立调查委员会，誓言将彻底调查波兰总统专机坠毁原因。俄罗斯总统梅德韦杰夫发表电视讲话，就波兰总统专机坠毁事件向波兰人民表示慰问，向遇难者表示哀悼，并宣布12日为俄罗斯的全国哀悼日。俄罗斯国家杜马国际事务委员会主席科萨切夫表示，“这既是波兰人民，也是俄罗斯人民的重大悲剧，但是此次事故不应当政治化。”11日，普京和波兰总理图斯克在空难现场敬献鲜花。普京说，斯摩棱斯克空难不仅是波兰的悲剧，也是俄的悲剧。①

这是一次国际关系风险情境的危机传播话语范例，给微妙的两国关系搁置了缓解矛盾的“定心丸”。

近年来，中国社会尤其是西部地区，重大突发公共事件频繁发生，频发性危机中的话语传播面临更为复杂的问题；同时，舆论传播与危机周期具有相关性，对于可能发生、正在发生和已经发生的事件，话语的引导需要因时而异、因事制宜，因势利导。中国危机传播转型的标杆和里程碑当属“5·12”汶川大地震报道。在这场抗震救灾报道中，电视、广播、报纸、网络等所有传媒一起行动。“以前所未有的开放性、及时性、透明性和人文性，实现了媒体话语机制的历史性跨越，全新阐释了政府信息公开程度与媒体灾难报道空间同步共振的历史依存关系。”② “人民生命高于一切”“第一位是救人”“一线希望、百倍努力”“妥善安置群众生活、最大限度降低损失”……党和国家领导人一句句朴实但振奋人心的话语通过电波传遍了大江南北，为全国人民尤其是受灾群众注入了强心剂。地震发生一周后的5月17日，胡锦涛在四川召开的抗震救灾工作会议上强调：“要继续争分夺秒地搜救被困群众，要全力救治受伤人员，要想方设法安排好受灾群众基本生活，

① 金钊、张光政、陈一：《波兰总统遇难持续震动世界》，《环球时报》2010年4月12日。

② 石长顺、徐锐：《媒介话语的历史性超越与重建——汶川大地震报道的电视话语分析》，《现代传播（中国传媒大学学报）》2008年第3期。

要抓紧抢修因灾毁坏的基础设施，要做好恢复重建准备工作。”[①] 正是这些危机时刻的媒介话语不断地激发着“与时间死神赛跑”的勇气，鼓舞着“将损失降到最低”的底气，才有了被困群众的转危为安和堰塞湖的化险为夷，才有了气壮山河的生死营救和众志成城的爱心奉献，才有了科学谋划的资源调度和举国动员的灾后重建。

综上所述，情境就是信息系统。各种情境下的媒介话语不仅是对现实的一种描述，而且能够反作用于它所处的社会环境，并产生一系列实际后果。美国学者 R. F. 贝尔斯等人在大量研究以后提出的“领导情境理论”认为，“‘领导’基本上是‘情境’的产物。在群体生活的各种具体情境中，有的成员突出出来，或者他的某一种品质超过了其他成员，而这个品质在该情境中非常必要，于是，具有这一品质的人就成为领导。”[②] 政府管理者的最高境界应该是一种兼具软硬权力的“环境智慧”，这种智慧“是一种直觉的判断技巧，它帮助领导者制定适合于目标的战术以创造巧妙的战略”[③]。它既蕴含在复杂性面前了解发展趋势的能力，又包括在影响事件发展方面的适应能力。总之，构建情境智慧并掌握所需的话语技能，才能迎接危机传播的透明化时代、进行风险管理的制度化建设，促使异态和危机情境向常态情境过渡和转化，从而保障民心的长久稳定和社会的健康发展。

---

① 苗发勇、艾仁：《领导干部不可不读的精彩讲话》，广西人民出版社 2009 年，第 172～173 页。

② 秦德君：《领袖形象的政治艺术》，复旦大学出版社 2009 年，第 39 页。

③ [美] 约瑟夫·奈：《灵巧领导力》，李达飞译，中信出版社 2009 年，第 84 页。

第七章　风险社会中政府管理者媒介话语的技术分析

语言和其他符号体系是传播的积木块，话语则是传播本身的产物，而风险又是话语的产物。话语制造了风险，因此治理风险理应治理话语。政治话语以往只需通过政治逻辑自上而下地流动，而现在要转化为媒介话语，在抵达社会之前需要与媒介共谋才能被关注。从原来的保密原则到现在的传播原则，政治话语逻辑变得更加迂回甚至艺术。媒介话语的风险转化，有赖于政府管理者运用话语技术进行政治与媒介的“二次对接”。本章主要针对实践层面的“风险社会”，研究容纳政府管理者智慧、方式和行为的流变的媒介话语技术，是如何介入政府管理者的话语空间，从而延展出针对不同权力、对象、载体和效果的话语技术运用策略。

第一节　话语权力与话语技术

话语不仅是语言、语境和行动的载体（有形部分——对应于话语技术的硬技术），它还生成了若干个连接方式（无形部分——对应于话语技术的软技术）。打通话语的有形载体和无形载体，从而上升到技术关系层面谈硬技术和软技术，如此话语才能被驯服。针对不同的话语对象、话语内容和话语情境，化解权力风险需要不同的话语技术。“如果统治阶级不顾政治权力的科学性，不从本国实际情况出发，不尊重客观规律，政治权力的行使就收不到好的效果，也就不可能很好地为统治阶级服务。”[①] 这里的“科学性”，就是指要为各种权力特征和话语风格提供发挥空间。

一、硬权力与硬技术：硬性命令的强制型传播

硬权力是一种强制力，主要指通过威逼和利诱，使他人服从或影响他人意愿，让别人做他们不想做的事情。它是与军事、经济力量等具体资源相关的“硬性命令式权力”。权力是把一个人的意志强加在其他人的行为之上的能力。“人们可以将‘权力’——‘影响力’和‘控制’都是可以运用的同义词——设想为某个行动者去做某事以影响另一个行动者的能力，而这种能力可以改变各种特定的未来事件的可能模式。”[②] 也就是说，权力是使行为发生变化的能力，而这种变化本来是不会发生的。领导者迫使下属接受自己的意志、按照自己的意愿行事的权力，是领导者的职位或岗位赋予他的刚性权力。在行使权力的过程中，威逼和利诱这两种手段是密不可分的。人们喜欢利好、回馈和奖励，讨厌威胁，但暗示取消利好也会让人感到切实的威胁。有效的管理需要足够的组织技巧来建立适当的体系，并需要组织此体系协调运转的“政治智慧”，即要了解他人的弱点、好恶和不安全感，将其作为自己的管理工具，这正是马基雅维利式的政治技巧。硬权力是软权力的基础，如果没有强大的硬权力，就缺乏必要的威慑力，其软权力就没有依托甚至根本谈不上软权力，也就没有话语权。

传媒是依附于权力的，是权力的代言人。“有能力利用大众媒介来帮助把情境、事件和问题界定为某件事情而不是另一件事情是重要的一种权力行为，它具有非常深远的含意。”[③] 传播是政治的控制器，政治是传播的主神经，政治体系和传播体系是精确并行的。美国学者赫伯特·阿特休尔曾说：“‘新闻媒介的责任’只是那些掌权者为了控制他们的环境用来掩饰其赤裸裸的权力

① 陆德山：《认识权力》，中国经济出版社2000年，第73页。

② N. W. Polsby, *Community Power and Political Theory*, 2nd edu, New Haven, CT: Yale University Press 1980, pp. 3～4.

③ [美] 戴维·阿什德：《传播生态学——控制的文化范式》，邵志择译，华夏出版社2004年，第90页。

而涂上的一层智力美容膏。”① 一切媒介——无论是以往的还是现存的，都不是独立的、自为的，媒介历来都是受某种权势控制的工具，都是为某种权势卖力的“鼓吹手”。政治是媒体的一条主线，往往很多时候，权力掌控者就是信息的中心、权威和专家。权力甚至可以在一定程度上改变传媒结构，决定传媒的话语取舍。政府管理者往往有意提供符合媒介范式的资料、信息，促其采纳，以形成有利于自己意图的新闻和舆论，以此加强自身的控制力。从这个意义上讲，媒体话语是一种不同再现之间的竞赛，这些再现重现了现存的社会斗争，转译了时代的政治话语。

美国政府官员常为了维护自身利益、控制公众舆论而给媒体施压。在南北战争中，林肯为了统一观点，获得舆论支持，亲自下令关掉了几家报纸。当公众为越战辩论时，当时的副总统阿格钮在一次公开演讲中谴责媒体被东部的一些自由主义精英所控制，所以那些持保守主义的人们的观点无法得到表达，并暗示有可能创立一些“受控制的媒体”，并且现在是时候改变一些现状了。这个演讲在业界引起了骚动，很多媒体由于害怕白宫吊销他们的采访许可证，在报道尺度上做出了让步。

“9·11”事件后，布什政府加强了对不利于“反恐”的信息控制——政府不断组织新闻发布会，施加各种影响，限制发出不同的声音，引导媒体按政府统一的口径进行报道。通过控制消息来源来引导新闻媒体的信息和态度，构建统一的立场。美国国会在舆论支持下，随即通过决议支持布什总统的反恐政策。②

硬权力所对应的媒介话语技术是硬技术，即政府管理者的政治倾向和政治行为直接通过媒介话语进行传播，管理者的话语本身就决定了传播基调和传播内容。“强力政府可以充分利用新闻媒介的依赖性来压制另类解释框架和议程。政府拥有接近使用新闻媒介的常规渠道，政府还拥有可充分利用那个

① ［美］赫伯特·阿特休尔：《权力的媒介》，黄煜、裘志康译，华夏出版社1989年，第6页。

② 张立勇：《布什封杀媒体负面报道》，央视网，http://www.cctv.com/program/jrgz/20051230/100714.shtml.

渠道的雇员、手段和资源。”[①] 在常态环境下，政府管理者利用传媒技术的便利，把大众媒介当作灌输和劝导的手段，操纵公众舆论和态度。在危机到来之时，政府管理者以直接或间接的方式对媒介话语进行管理和规制，使社会成员对某些风险信息的交流受到限制。正如美国学者查尔斯·赖特·米尔斯在《权力精英》一书中所说，“权力结构与大众传媒相勾结，营造出社会政治现状合理和合法化的神话。”[②]

使用硬技术，是务实型领导的特质。硬权力下的话语技术凭规范制胜。社会话语组合起来，如同一个缜密的网，驾驭其成员的思维、行动和组织规范或条例，使该社会的所有活动都受这种特定的“话语”定义的限制。置于权力结构中的政府管理者，其话语的信度和效度取决于话语技术的科学性和针对性，权威话语往往带来巨大的影响力和公信力，但与此同时，无逻辑无根据的强势话语又往往会激发更大的不满与反抗。对于政府管理者而言，“采用适当的政治语言和符号来赢得人们对这些决策的支持是有益的”[③]。然而，如果权势集团通过权力体系压制其他话语的表达甚至颁布话语禁令，就会形成话语霸权。其他的话语主体的失语状态说明“言说者的缺席或被另一种力量强行置于‘盲点’之中”[④]。强权政治就是话语霸权走向极端的典型现象。

硬权力下的话语生成是一个舆论引导的过程，简言之“是用观点和事实影响人”，即舆论被引导者能否接受舆论引导者的观点，并改变自身的价值观念以及行为模式，与舆论引导者形成一致。政府管理者的媒介话语，不仅涉及其自身对大众传媒的接触、理解、评判、使用和管理，而且还会在相当程度上影响媒体的行为和公众的态度。因此，考察政府管理者话语的影响力，关键是看他们的观点和意见，能让多少人的思想和价值在多大程度上与之产生认同。而这种影响力取决于话语主体的公信力、传播力，话语内容的精准力、丰富性和话语方式的表现力、感染力。下文以 2009 年 7 月 6 日，新疆

---

① ［澳］西蒙·科特：《新闻、公共关系与权力》，李兆丰、石琳译，复旦大学出版社 2007 年，第 114 页。

② 谢立中：《西方社会学名著提要》，江西人民出版社 1998 年，第 204 页。

③ ［美］丹尼斯·K. 姆贝：《组织中的传播和权力：话语、意识形态和统治》，陈德民、陶庆、薛梅译，中国社会科学出版社 2000 年，第 74 页。

④ 王岳川：《后殖民主义与新历史主义文论》，山东教育出版社 1999 年，第 58～59 页。

乌鲁木齐打砸抢烧严重暴力犯罪事件发生后，时任新疆维吾尔自治区党委副书记、自治区主席努尔·白克力的电视讲话为例，探讨舆论引导的策略问题。

> 新疆维吾尔自治区主席努尔·白克力6日凌晨发表电视讲话指出，5日晚乌鲁木齐发生的打砸抢烧严重暴力犯罪事件，是一起典型的境外指挥、境内行动，有预谋、有组织的打砸抢烧事件。在各民族团结坚如磐石的情况下，三股势力的煽动袭击一定会遭到各族人民的唾弃，敌人的分裂破坏活动注定要彻底失败。努尔·白克力说，“6·26”事件是一起典型的社会治安案件，但境内外三股势力却大肆炒作、恶意攻击中国党和政府，千方百计煽动不明真相的群众，进行示威游行，严重破坏民族团结，破坏和谐稳定的局面。他说，历史无数次证明，稳定是福，动乱是祸。凡是民族团结搞得好的时期，新疆经济社会发展就快，各族人民得到的实惠就多；反之，凡是民族团结遭到破坏的时期，就会导致社会动荡，发展停滞，各族人民遭殃。各民族人民大团结和社会和谐稳定是包括新疆2100多万各族群众在内的中华民族的最高利益所在。白克力说，在新疆，没有稳定一切无从谈起。多年来我们旗帜鲜明地反对民族分离主义和非法宗教活动。今天的新疆各项事业欣欣向荣，各民族群众和睦团结、安居乐业，这一大好局面来之不易，我们应该倍加维护各民族共同团结奋斗、共同繁荣发展的大好局面，倍加珍惜和谐稳定的社会政治局面。[①]

在当前这样一个社会剧烈变迁、对外开放加速的形势下，各民族都面临着全新的发展需要和路径选择，族群关系也呈现新老矛盾交织的复杂局面。就新疆打砸抢烧严重暴力犯罪事件而言，首先要“权威传播”，政府管理者是用积极正面的舆论在引导大众。政府管理者的“仲裁性”言论，是化解民族地区群体性事件在其发展中胶着进其他诸多因素的主导力量。在关乎群众利益的敏感社会问题上，应充分利用传统媒体的媒介公信力和感召力，安抚、

---

① 《新疆维吾尔自治区主席努尔·白克力谈乌鲁木齐打砸抢烧严重暴力犯罪事件》，新华网，http://news.xinhuanet.com/politics/2009-07/06/content_11660959.htm.

疏导疑惑和怨气。[①] 其次要“同声传播”，多部门必须相互协调，坚决用同一个声音对外传播。重要事件可考虑及时召开新闻发布会，澄清事实，防止事态扩展和恶化。再次要“及时传播”。及时查清和处理事实，尽快形成官方观点，并在媒体上第一时间发布权威信息，公布事实真相和处理结果，防止不良影响被不良用心者利用、炒作。麻木、沉默都有可能加剧情绪对立，导致事态扩大，酿成惨痛后果。此外，在民族地区群体性事件的处置过程中，舆论引导一定要切忌官媒“一枝独秀”，要广泛地借力，以多元化的舆论引导力量，在合力中迅速化解危机，回归常态。

二、软权力与软技术：软性同化的感召型传播

软权力是一种吸引力，主要指通过自身气质或情感沟通，让他人自愿追随，以产生希望的行为。它是与文化、意识形态等抽象资源相关的软性同化式权力。“权力在愈不被人注意时，其使用就愈有效果。”[②] 权力需要营造一种使人们对现状表示理解的氛围来防止不满情绪的滋生，而其策略是采用软性的话语而尽量使权力行使不引人注目。政府管理者的软权力资源主要包括魅力吸引、情感激发、劝说以及非言辞的交流等。政府管理者之所以能吸引和说服他人，可能是因为天生的气质，也可能是由于善于表达和沟通。领导气质的情感吸引磁性通常被称作领导魅力。沟通表达既可以表现为象征符号，也可以表现为通过论证和愿景促使他人相信、尊重和服从。

今天，传媒主导着公共生活，它决定了一个公共人物的社会宽度。在传媒政治时代，由于人们日益借助于直观、图式化的认识方式，政府管理者的公共形象越来越成为领导过程中的某种决定因素。“简单化、脸谱化的大众认识方式和生活化、全覆盖的传媒介入方式，使领导者如何适者生存，如何适应这个形象主导的社会，如何适当进行形象艺术的包装，就成了一个问题。”[③]

---

① 姜胜洪：《把握网络舆情规律　加强正面舆论引导——以杭州飙车案的网络舆情变动为例》，《中国党政干部论坛》2010 年第 7 期。

② ［美］丹尼斯·K. 姆贝：《组织中的传播和权力：话语、意识形态和统治》，陈德民、陶庆、薛梅译，中国社会科学出版社 2000 年，第 73 页。

③ 秦德君：《领袖形象的政治艺术》，复旦大学出版社 2009 年，第 45 页。

无论是何种层级的政府管理者，在一定情况下都是这种层级、一定管理部门天然的“形象大使”。政府管理者的风度仪表不仅是一种形象包装，更是一类话语技术。社会公众对政府管理者形象的公共预期，大体可以概括为崇高预期、才资预期和平民预期。相应地，政府管理者的媒介话语应该体现崇高的政治人格、丰沛的才智能力、亲民的领导风格。

以话语为载体，最能体现个体特有的生活方式、思维习惯、价值趋向和精神气质，也最能反映国家的形象塑造力、对外交往力、国家软实力和国际影响力。在传媒化生存时代，政府管理者高频出现在媒体话语中，无论这些报道是引用其观点、报道其行动抑或分析其政策，都为构建和呈现其媒介形象发挥了关键性作用。没有媒体曝光，政府管理者的形象很难被投射到社会大众之中。而媒介话语的内容和形式则直接制约着人们对政府管理者形象的感知、认识、理解、判断和阐释。

软权力所对应的媒介话语技术是软技术，即政府管理者的影响力和竞争力，通过媒介话语技巧来彰显，管理者的话语方式决定了传播渠道和传播形式。“传播活动构造的拟态环境，不但构筑着人类社会的信息安全，而且构筑着人类社会的文化符号系统。”[①] 通过政府管理者媒介话语的感召，对受众的社会认知和社会行为打上了深深的“渠道烙印”。媒介话语的选择、处理、解读和整合，可以使受众产生认知、态度和行为的影响甚至改变，政府管理者在媒介上所呈现的亲和力和吸引力，可以造成受众的肯定、认同和追随。良好的沟通叙述是软权力的重要来源。如果说硬技术的话语关注层级，旨在分个高下；那么，软技术的话语就关注连带，旨在表达亲疏。

富兰克林·德拉诺·罗斯福是美国历史上唯一连任四届总统的人。罗斯福上任后的第一批命令中就有一条规定：凡是有困难打电话向白宫求援的，一概不准挂断。他自己每天看六七份报纸，看上百封人民来信，掌握民情。尽管他37岁那年因脊髓灰质炎而忍受腿的剧痛且行动不便，

① 喻国明、焦中栋：《中国传媒软实力发展报告》，北京日报报业集团同心出版社2009年，第37页。

但他仍给民众乐观微笑的表情，并且总是避免出现自己坐轮椅的照片，他用以疗病的佐治亚温泉被众人称之为“笑声震天的地方”。政敌们常用他的残疾来攻击他，但是他总能以出色的政绩、卓越的口才与充沛的精力将劣势变为优势。在一次竞选演讲时他说：“一个州长不一定是一个杂技演员。我们选他并不是因为他能做前滚翻或后滚翻。他干的是脑力劳动，是想方设法为人民造福。”在美国参加第二次世界大战前，罗斯福用了讲故事打比方的方法，说“邻居家着了火，我们应该把花园里的水管借给邻居”，巧妙地说服了公众。

1933 年 3 月 12 日，也即罗斯福宣誓就职的第 8 天，他在总统府楼下外宾接待室的壁炉前接受美国广播公司、哥伦比亚广播公司和共同广播公司的录音采访。罗斯福以亲切诚挚的声调、质朴实用的语句，对全国 6000 万听众就银行暂停营业的问题进行了耐心的解释、劝告和教育，他说，“我要指出一个简单的事实，你们把钱存进银行，银行并不是把它锁在保险库里了事，而是用来通过各种不同的信贷方式进行投资的，比如买公债、做押款。换句话说，银行让你们的钱发挥作用，好使整个机构转动起来……我可以向大家保证，把钱放在经过整顿、重新开业的银行里，要比放在褥子下面更安全。”简短的谈话，化解了长期郁结在人们心中的疑团和不满，安详、亲切、随和的话语平息了银行挤兑风波的经济恐慌。第二天，部分银行开业了，人们携带着装有黄金和货币的大箱小包，在银行门前排起长龙，把就在不久前也是这样排着长队挤兑的通货存入银行。只过了 3 天，美国有 574 家银行开业，几天里，银行回收了 3 亿元的黄金和黄金兑换券，不出一周，就有 13500 家银行（占全国总数的 3/4）复了业，交易所又重新响起了锣声。从此，“炉边谈话”每周定期向公民播出。罗斯福的“炉边谈话”充分让公民知情——国际局势、国家大事、政治和经济现状、政府面临的困难等等，毫不保留地向公民“公示”，使处于困境中的美国公民在明确自己权利的同时，也明确了自己的义务和责任。罗斯福在其 12 年总统任期内，共做了 30 次炉边谈话，每当美国面临重大事件之时，总统都用这种方式与美国人民沟通。“炉边谈话”所传递的亲和、坦诚和负责的态度，恢复了人民对政府的信任，也前所未有地得到了“人民的理解和支持”。直到罗斯福逝世后，民众还老想着他的“炉边谈话”。①

罗斯福首倡的“炉边谈话”已经成为领袖沟通民众的经典方式。它以“家常式”的广播谈话方式，向各界民众分析局势、解释政策、提出吁请，沟通了人心，提振了信心，凝聚了力量，战胜了危机。“炉边谈话”的语言技巧值得今天的政府管理者细致体味、悉心效仿，而他的热情、乐观、随和、亲民等领袖魅力更应供执政者深长体味、倾心效法。美国心理学家奥列佛·温德尔·荷尔姆斯曾运用情绪智力为标准，对美国历史上诸位总统进行了分析，他认为，罗斯福的成功是凭借他的“二等智商，一等性格”。美国著名记者约翰逊也在罗斯福传记中写道：富兰克林·德拉诺·罗斯福作为20世纪最受爱戴的美国总统，“他受人爱戴是因为，虽然他出身贵族，但他相信平凡人的价值，并且为维护百姓的权利而战。他受人爱戴的另一个原因是，他有着慑人的魅力。他愉快地工作，对未来充满信心。他带领美国走出经济困境，改变了美国人的生活方式，捍卫了民主政体，帮助世界实现了安全”。

温家宝的亲民形象一直广受好评。2003年3月18日，在国务院总理刚刚上任的记者招待会上，温家宝饱含深情地回顾了自己的家事，讲述了苦涩的童年、寒窗苦读的校园生活，以及从事25年地质工作的经历。他深有感触地说：“我深知人生的艰辛，也知道国家建设的艰难。但我也树立了一种信念：一个人、一个民族、一个国家，只要不畏艰难、勇于攀登，一定能达到光辉的顶点。”他还说：“我决不辜负人民的希望，一定要以人民给我的信心、勇气和力量，忠实地履行宪法赋予我的职责，殚精竭虑、鞠躬尽瘁、不负众望。”就是在这次招待会上，温家宝说了一句令人百感交集、难以忘怀的话——我是一个很普通的人，苟利国家生死以，岂因祸福避趋之！

习近平总书记执政以来，在外交内政上的战略施策令人眼前一亮，也让全世界为之侧目。中国形象、中国精神、中国声音、中国力量、中

① 黄四海：《罗斯福：四次“炉边谈话”与第一次新政》，《人民论坛》2004年第8期。

国方案、中国模式等一系列带有中国特色的话语体系在国际社会上频频提及。2016 年 9 月 4 日，二十国集团领导人第十一次峰会在杭州国际博览中心举行。国家主席习近平主持会议并致开幕辞。习近平强调，面对当前挑战，二十国集团要与时俱进、知行合一、共建共享、同舟共济，为世界经济繁荣稳定把握好大方向，推动世界经济强劲、可持续、平衡、包容增长。① 2017 年 1 月 17 日，国家主席习近平在达沃斯国际会议中心出席世界经济论坛 2017 年年会开幕式，并发表题为《共担时代责任　共促全球发展》的主旨演讲，强调要坚定不移推进经济全球化，引导好经济全球化走向，打造富有活力的增长模式、开放共赢的合作模式、公正合理的治理模式、平衡普惠的发展模式，牢固树立人类命运共同体意识，共同担当，同舟共济，共促全球发展。②

使用软技术，是感召型领导的特质。软权力下的话语技术靠情感夺目。这里政府管理者的情商、沟通能力和远见是必备的重要素质。情商是政府管理者的自控、自律和移情的能力，能将个人感情传导给他人，从而吸引他人。没有感召力难以领导他人，也难以推动国家发展和社会变革。政府管理者权力运作模式的变化以及权力结构的日渐扁平化，使政府管理者手中的权力不再只是其发号施令、强制执行命令的刚性工具，更是开放、民主、平等、法治管理的柔性艺术。

三、巧权力与巧技术：刚柔并济的复合型传播

巧权力是一种软硬结合、刚柔并济的政治艺术，是一种优化组合的复合式的话语技术。在现实社会中，硬权力和软权力经常相互交织，共同构成权力的整体。执政权力的风险转化，既需要外在的约束，同时更需要来自权力主体的内在感召。诚如美国前助理国防部长约瑟夫·奈所言："不能简单评价

---

① 《二十国集团领导人杭州峰会举行　习近平主持会议并致开幕辞》，新华网，http://news.xinhuanet.com/world/2016-09/04/c_1119508479.htm.

② 《习近平出席世界经济论坛 2017 年年会开幕式并发表主旨演讲》，新华网，http://news.xinhuanet.com/world/2017-01/17/c_1120331492.htm.

软硬权力孰好孰坏，也不应评判感召型和务实型领导风格的优劣。”巧权力不是孤立地使用软权力或硬权力，也不是软权力和硬权力的简单相加。巧权力是使用权力的技能，是权力组合的结构，是权力运用的策略。

2004 年，哈佛大学著名学者约瑟夫·奈在其《软权力：在世界政治中的成功之道》一书中，首先提出了巧权力理念。2006 年，约瑟夫·奈与美国前副国务卿理查德·李·阿米蒂奇在美国战略与国际问题研究中心（Center for Strategic and International Studies，CSIS）组建了“巧权力委员会”，详细阐述了他们为美国决策者所制定的基于巧权力理念的对外战略。此后，约瑟夫·奈进一步将巧权力理念从国家对外战略层面引入领导科学的研究中，将关注的重点从国家层面转向个人层面，着力探寻如何提高新形势下领导者的领导力。2009 年，约瑟夫·奈出版了新著《灵巧领导力》，对巧权力理念进行了全面的阐述和分析。他认为，随着全球化、网络化趋势的发展，单纯依赖一种权力资源是不够的，一个成功的领导者往往需要学会使用“巧权力”，即能够审时度势，恰当地根据所处情境将硬权力和软权力巧妙结合，以此形成有效的战略或策略。①

受雇于美国政府的公关人员多是记者出身，他们既会写新闻，又懂得媒体的喜好与需求，能够把新闻策划得既讲政治，又看似公正客观。联络与媒体的感情是白宫专职媒体联络机构的主要职责之一，新闻秘书办公室、传播办公室、公共事务办公室、全球传播办公室等机构都尽量与记者保持良好的工作或私人关系，以便遇到情况时“软硬兼施”。白宫记者晚宴实际上是美国政府对媒体进行公关的一个特殊事件，政府力图拉拢有影响力的记者，以达到传播有利于政府信息的目的。在日本，各政府部门都设有记者俱乐部，每家大媒体也会由政治部派记者长驻这些俱乐部，各部门首脑在记者俱乐部或密谈或吹风，传达政治意图。

巧权力下的话语技术以灵活著称。使用巧技术，是灵巧型领导的特质。单凭“亲而誉之”的软权力感召和“使人畏之”的硬权力威慑，都难以实现最佳的话语技术。综观古往今来的领导行为，使人服从的力量大致为三种：

---

① 王晓芸：《巧权力理念及其对领导力提升的启示》，《领导科学》2009 年第 92 期。

权力力量、人格力量和真理力量。“如果说权力是一种刚性的力量，人格是一种柔性的力量，那么真理就是一种中性的力量，具有压制性和感化性的双重力量。”[①] 巧技术是靠真理来说服人。事实上，感召型领导并不完美，不是任何时候都强于务实型领导。硬技术涉及组织和政治两种技能：组织技能即信息管理，直接管理公共话语场域或建立组织机构间接施行管理；政治技能包括胁迫、操纵和谈判等多种形式，目的在于有效利用他人的弱点、喜好等进行集中性的话语轰炸。软技术包括情感智力、沟通和愿景三种技能：情感智力即掌控自己、移情他人；沟通重点在协调利益、减少阻力；愿景是为了阐明目标、凝聚人心。硬技术保证了领导权威，而软技术增强了领导魅力。灵活、合理地分配和整合政府管理者媒介话语的软硬技术，是形成巧技术、提升巧权力的必由之路。

菲律宾前总统阿罗约在任9年来，至少经历了3次政变和3次弹劾，但她最后都能化险为夷，不得不让人感慨她的谋略与智慧。2004年的“伊拉克人质事件”和2005年的“贿选门事件”是阿罗约执政史上面临的最大的外交危机和内政危机。2004年，在伊拉克工作的菲律宾司机被伊拉克武装分子绑架。绑架者要求菲政府从伊拉克撤军，否则就要处死人质。当时的国际舆论普遍认为不能向恐怖主义低头，不该接受恐怖组织的勒索。而刚连任的阿罗约顶住压力，宣布从伊拉克撤军，平复了国内民众激动的情绪，稳定了执政局势。因为这个决定，阿罗约被《福布斯》评为2004年全球最有影响力的女性之一，但也使菲律宾和美国的关系元气大伤。面对来自国内和国际毁誉参半的评论，阿罗约面色凝重但声音坚定地说，她“会承担全部责任，但没必要为此向任何人道歉，也不后悔做出这一决定”。[②] 2005年6月6日，菲律宾电台公开了一段显示阿罗约在2004年大选中指示选举官员舞弊的电话录音，阿罗约面临巨大的信任危机。菲律宾军警情报部门还发现，3名退休将军正招兵买马，企

① 秦德君：《领袖形象的政治艺术》，复旦大学出版社2009年，第54页。
② CCTV《世界周刊》：《阿罗约的救赎》，《世界知识》2004年第15期。

图利用丑闻发动新的夺权行动。为控制军警部门，阿罗约宴请1973年至1978年毕业的菲律宾军校校友，呼吁他们在面对兵变企图时“坚强和团结”。随后她发表电视讲话，为录音事件向民众道歉：“我已经意识到打这样一个电话，我非常抱歉。我同样感到抱歉的是对于事隔这么久才向大家解释这件事，我对我的行为负有全部责任，对于那些我国非常好的公民，因为此事而动摇信念。我向你们保证，我会以双倍的努力来效力祖国，赢得你们的信任。”①

作为一个政治家，阿罗约知进知退，她始终传递给人们一个重要信息：她是诚实的。总统也不是圣人，也不可能完全不犯错误。这时与其遮遮掩掩，还不如承认事实。一个弱女子，偏做强总统；一个矮个头，常用高手腕。阿罗约的政治话语可以用“刚柔并济”来形容：既有非凡的政治胆略和果断决策力，又懂得适时展现女性的柔情脆弱。在菲律宾这样一个常年兵变的国家里，她在媒介和公众前，把一种遇事沉着的外柔内刚和处事高明的绵里藏针运用得如此炉火纯青，这正是阿罗约的魅力和与众不同之处。

总之，权力是话语的功能之一，而不是人或社会机构的财产。话语作为一种技术的谈话控制的潜在力量，它是“一个‘影响’人的问题，而不是一个‘操纵’人的问题”②。媒介话语规训的关键不是要去控制别人的声音，而是要通过可接受的话语形式和话语渠道，渗透主流价值观。政府管理者是话语“二次对接”的主推手，在前媒介过程完成权力话语与媒介话语的对接，在后媒介过程实现媒介话语与大众话语的对接。二次对接所必然经过的双重节点，都考验着政府管理者的媒介话语转译能力。

第二节　话语对象与话语技术

人类情感的表达、理性的思考乃至任何一种形式的存在都必须以话语的

---

① 王跃华：《菲律宾版水门事件　阿罗约陷入政治危机》，央视网，http://www.cctv.com/program/jrgz/20050711/101121.shtml.

② ［英］诺曼·费尔克拉夫：《话语与社会变迁》，殷晓蓉译，华夏出版社2003年，第202页。

不断沟通为基础。正如英国思想家戴维·伯姆所说，“对话仿佛是一种流淌于人们之间的意义溪流，它使所有对话者都能够参与和分享这一意义之溪，并因此能够在群体中萌生新的理解和共识。”[①] 美国哲学家格莱斯认为，话语是一种互动的形式，会话行为是由传播者和传播对象“合作”完成的。“说话者一方带倾向性的陈述应该与听话者的某些观点有关联，这样即使听话者没有偏向，他或她也会表示同意说话者，或者，如果听话者已持不同意见，他或她会考虑表示同意或能够表达自己的不同意见并做出说明。”[②] 人们根据对谁说话而修正他们的语言，这将话语技术与话语对象直接联系了起来。

一、内外统筹的话语技术：整合式传播

媒介话语风险的复杂性，也源于它关涉国内、国际的双重语境。对内传播和对外传播具有相互独立的话语空间，同时又存在相互依存的联动关系。政府管理者的媒介话语，对内是公信力的保障，对外是传播力的平台。对内话语空间的舆论风向与对外传播场域的话语策略，都是政府管理者必须关注和研究的焦点问题。应对媒介话语风险，政府管理者面临着统筹国内国际舆论、整合对内对外话语的重大任务。

对待媒介话语风险，政府管理者应规避“一味封锁”，提倡“择机发布”。在重大突发公共事件中，主动引导国内舆论能有效影响国际舆论。在西藏“3·14”事件发生后，部分西方媒体通过抢先提供不完整信息、不平衡报道、有指向的评论、有意味的符码等来引导受众对事实进行误读，进而加深在西方受众中积淀而成的对中国的刻板印象，通过先入为主地营造强势单向的舆论环境，来挤占中国澄清事实的话语空间。而国内舆论的相对滞后和弱势，一度造成国际舆论“一边倒”的局面。但在汶川大地震事件传播中，政府和媒体反应迅速，及时启动重大突发公共事件应急预案，随时发布和报道危机信息和危机进展，在第一时间形成以“我”为主的国际传播态势，赢得了话语主动权，为今后应对类似的重大突发公共事件积累了重要经验。

---

① ［英］戴维·伯姆：《论对话》，王松涛译，教育科学出版社2004年，第6页。

② ［荷］托伊恩·A. 梵·迪克：《作为话语的新闻》，曾庆香译，华夏出版社2003年，第165页。

"5·12"汶川特大地震爆发后，正在四川省委第二办公区开会的省委宣传部常务副部长、省政府新闻办主任侯雄飞跑步赶到省委宣传部临时租借的办公楼，立即要求网络处密切监看网络，随时报告情况。震后20分钟，新华网发出了第一条震情新闻"汶川发生7.6级地震"（半小时后，修订为7.8级，18日下午正式修订为8级）。拿着从网上下载打印的地震信息，侯雄飞立即赶往省委大院，送给了省委书记刘奇葆，并提出上电视台组织新闻宣传。得到许可后，侯雄飞一行三人3点左右到达四川电视台，迅速组织发布信息，当看到他们提供的是8级强震数据，而新华社提供的是7.6级时，经过短暂考虑，侯雄飞决定采纳省地震局提供的数据。用直播间电话，侯雄飞请示正火速赶往灾区前线的省委书记刘奇葆给全省抗震救灾做重要指示。刘奇葆的七点重要指示记录下来后，马上安排电视台口播新闻，并打上字幕在四川卫视上滚动直播。16时左右，人们收听收看到了省委书记向全社会发出的抗震救灾动员令。

紧接着，四川省抗震救灾应急新闻中心成立，下设新闻宣传、新闻发布、记者采访、境外记者服务与管理、网络宣传、舆情信息分析、援助资金物资公布和后勤保障等8个小组。16时35分，省委宣传部召开全省媒体负责人紧急会议，强调由抗震救灾应急新闻中心统一信息发布渠道，统筹指挥抗震救灾的舆论引导，并安排了五项工作：一是全体新闻单位领导干部必须坚守阵地，班子成员24小时带班；二是尽快让省地震局的同志再到电视台发布相关权威信息，稳定人心；三是立即组织记者，兵分多路赶赴灾区，采访抗震救灾的最新进展；四是电视台和新闻网站的编播人员随时直播全新消息，让全社会最大限度了解灾情和抗震救灾进展情况；五是向社会公布新闻中心的3个电话号码，收集社会各界的信息。这些电话号码，实际成为抗震救灾的热线电话，内容涉及抢险救援、医疗救治、物资捐赠、志愿服务等，在最初的两天里，已经超越了新闻应急的功能。应急新闻中心起草的《关于做好阿坝州汶川县发生特大地震新闻报道的通知》在晚上11时左右，紧急传真给了全省各市州和省级各新闻媒体。通知要求把做好抗震救灾宣传报道工作作为当前最重要的政治任务，突出"决策部署、组织救援、设施抢修、避震常识、典型事迹、保障稳定”等宣传报道重点，加强宣传报道工作领导，统一宣传报道口径，遵守“不得刻意渲染悲情气氛、不得炒作救灾工作中存在的个别问题、不得发布未经证实的猜测性消息”等宣传纪律，全力为抗震救灾提供舆论支持。在应急新闻中心的安排下，四川电视台的卫星直播车全程跟随总理，提供电视直播服务。12 日 19 时 10 分左右，全国人民通过中央电视台新闻联播收看到总理抵达灾区指挥抗震救灾的新闻。12 日晚，应急新闻中心召集省外办、省公安、省国安等部门同志研究对策，对将会有大量境外媒体到达灾区采访、开放外媒采访已成必然趋势达成共识。确定了发证持证、划区采访、依法管理的原则，连夜制作新闻采访证件，确保采访工作有序进行。[①]

强有力的组织指挥体系、灵活高效的协作运行机制是整合式传播的关键。从以上的应对中，我们可以看出，建立应急新闻中心，形成了新闻宣传的统一指挥体系，建立起了与省级各部门高效的协调运作机制，保证了抗震救灾新闻宣传工作的信息公开透明、记者采访有序、主题生动鲜明，在应对各类矛盾和问题中始终处于主导地位，牢牢掌握着应急宣传的话语权。

应急新闻中心决定，“不讲形式、不讲标准、不讲规格，坚决第一时间公布准确信息和事实真相”。地震发生当天，应急新闻中心就协调省地震局举行了 7 次新闻通气会，及时、准确、全面地公布灾害情况，较大程度地缓解了群众的恐慌情绪。从 5 月 13 日起，坚持每天组织一场新闻发布会，协调应急办、财政、民政、卫生、交通、水利等多个政府相关主管部门，获取准确资料，形成新闻发布稿，为政府职能部门营造了一个良好宽松的新闻发布环境。地震发生后的前九天，由省政府副省长担任发言人介绍总体情况，尔后根据社会关注焦点从全面情况转为卫生防疫、次生灾害、民政救济等具体内容。从第十天起转为由部门发言人介

① 2008 年度国家社科基金重大招标项目《新形势下提升舆论引导力对策研究》成果要报第 1 期：《重大突发事件舆论引导的主要问题与对策建议》，课题组提供，2009 年 7 月 30 日。

绍专题情况、重灾市州甚至重灾县介绍当地情况。第一百天起围绕“百日攻坚”开展系列主题发布，随后转入适情发布阶段。既邀请了卫生、建设、通信、水利、民政、纪检、审计、财政等部门进行专题新闻发布，也适时邀请成都军区联合指挥部及6个重灾市州发布抗震救灾有关情况。根据抗震救灾工作的最新进展，坚持做到一个阶段一个主题、一场发布会一个重点，既保持总体上的完整性、连贯性，又体现不同时段的新变化、新进展。据统计，从5月13日开始，四川省共召开63场新闻发布会，及时公布灾情最新统计，及时介绍救灾最新进展。对抢险救人阶段的新闻发布会，中央电视台9个频道并机直播，26家省级卫视转用央视信号实现同步直播；四川卫视、四川人民广播电台进行现场直播；新华网、凤凰宽频和四川新闻网进行网络文字直播。世界范围的报、刊、台、网共同聚焦，掀起了集中报道四川抗震救灾的强大声势。①

及时公开政府信息、构建新闻发布权威路径是整合式传播的基础。新闻发布是政府向社会发布信息、收集民情民意和对人民负责、受人民监督的重要执政形式，也是在危难险急关头，借助媒体之力公开政府主张、维护社会稳定的执政手段，绝不只是简单的媒体报道行为。新闻发布应该是宣传部门搭台，政府部门唱戏，新闻媒体传声。而在地震的非常时期，省委宣传部门的政府管理者主动作为，既做“搭台人”又做“找料人”和“写稿人”。通过新闻发布会把政府想说该说的、媒体聚焦的、公众关注的及时准确地说出去，回应了社会热点，而现场直播也形成了强大的舆论声势。

5月12日下午2时55分55秒，成都交通广播电台推出抗震救灾特别报道《我们在一起》，这是成都上空对地震灾情的第一声播报。12日下午，省市主要新闻媒体一律停播停刊广告信息和娱乐节目，所有频道停止一切商业广告和其他各类节目，不间断地滚动播报地震消息、省委省

---

① 2008年度国家社科基金重大招标项目《新形势下提升舆论引导力对策研究》成果要报第1期：《重大突发事件舆论引导的主要问题与对策建议》，课题组提供，2009年7月30日。

政府领导的重要指示和成都市委市政府1号公告，及时将党和政府的工作和灾区的实际情况告诉全省和全国人民。16时30分左右，四川电视台、成都电视台部分频道的抗震救灾特别节目开始进入直播状态。20时左右，成都商报社出版的号外，分发到广大群众手中。5月13日，《四川日报》《华西都市报》《成都日报》等省和成都市报纸媒体均以黑白版出现，《四川日报》还在首页刊发向遇难者致哀的标语，在全国首开先河。13日上午9时，四川电视台实行并机直播，将7个频道整合为2个频道；四川人民广播电台5个频率也实现并机直播，全天候播出抗震救灾特别节目。截至2008年8月13日，四川电视台直播时长达7430小时，四川人民广播电台5个频率直播时长6093个小时。四川新闻网和四川在线的现场编辑直通应急新闻中心指挥中枢，应急新闻中心审后的所有稿件和需要发布的消息，直接由现场编辑链接上网；应急新闻中心直接和省地震局网络中心取得点对点联系，所有地震信息第一时刻对接传输到新闻中心的新闻网络上；省电信、省移动、省联通每天发送四川新闻网采写的地震权威信息。地震前期，省内主要媒体和网站刊发的信息成为国内外网站的最主要信息源。抗震救灾期间，省重点新闻网站共推出抗震救灾特别专题40余个、刊发稿件2万余条，相关信息累计页面浏览量超过17.2亿人次，发送新闻短信息7亿余条次。[①]

各类媒体大融合、内宣外宣大统筹是整合式传播的路径。不同的媒体形态具有不同的优势，在重大突发事件中，必须充分发挥报纸、电视、网络、广播、手机等媒体在新闻报道中的突出作用，实现各类媒体大融合。还要坚持内宣与外宣统筹兼顾、共同着力，使内宣成为外宣的有力支撑，对境内外媒体报道产生积极的导向影响。中央和国内各省（市区）媒体大量刊播四川省的报道，形成了强势舆论氛围，深刻地影响了境外媒体的报道导向。地震发生后，所有媒体以前所未有的报道容量一起发动，汇成了密集传播、动人

① 2008年度国家社科基金重大招标项目《新形势下提升舆论引导力对策研究》成果要报第1期：《重大突发事件舆论引导的主要问题与对策建议》，课题组提供，2009年7月30日。

心魄的立体化信息流，稳定了人们情绪，动员了社会力量。

地震后，应急新闻中心随时对灾区群众的思想状况和社会各界舆情信息进行研判，分析罗列了“灾区校舍质量追究”“遇难学生家长上访”“地震孤儿、三孤和伤残人员安置”“救灾帐篷挪用”“救灾物资发放情况”等9大问题，分阶段、分缓急、分步骤进行专题报道。特别是对“关于公布地震遇难学生人数”“倒塌校舍建筑质量”等最为敏感问题，协调相关部门进行深入研判和风险评估，制定了详尽的应对方案和工作措施。组织策划了“地震专家谈房屋倒塌”等系列专家访谈，对权威专家进行专访，刊发了《地震为何对建筑物破坏力巨大》《大灾之后，四川的重建路径》等稿件，直面社会热点，疏导社会情绪，维护社会稳定。在新闻发布会上，不回避任何媒体、不回避任何问题，直面和回答所有敏感话题，确保了灾区稳定和人心安定。比如，针对北川因发生传染性疫情而封城的谣言，新闻中心组织绵阳、北川相关部门详细说明北川县城实行严格管制的具体原因；跟踪发布了唐家山堰塞湖的险情及抢险进展情况，帮助堰塞湖周边群众减轻险情带来的巨大心理压力；针对个别媒体和部分群众对救灾物资发放的疑惑，协调纪委监察部门发布了四川对救灾物资实行全程监管的情况；通报了抗震救灾中的典型案例和违规违纪的查处情况，表明了严肃抗震救灾纪律的鲜明态度。针对网上出现的“卫生厅官员殴打志愿者”“校舍倒塌、学生遇难”“成都帐篷门”等各种可能引起社会误解、激起群众怨愤、引发社会事件的网络信息，组织重点新闻网站和网评队伍，及时撰写了大量评论和帖文，澄清事实真相、以正社会视听，把公众情绪切实导入了客观理性的轨道。针对人们对生命的关注，开展了“与地震争夺生命三部曲”的主题报道，突出第一阶段的“废墟中的生命大营救”、第二阶段的“救治中的生命接力赛”、第三阶段的“防疫中的生存保卫战”等；在社会关注的问题上，重点突出“唐家山堰塞湖排险”“决战都（都江堰）汶（汶川）生命线”等；对于救灾物资分配、捐赠资金管理等进行全过程的追踪报道，向公众展示抗震救灾工作的“阳光操作”；在地震百日，策划了“百日攻坚——我们从废墟中站起”的主题报道，以百日回顾、民生档案、百日展望等专题，生动展现抗震救灾恢宏画卷，热情讴歌抗震救灾英雄壮举，大力弘扬抗震救灾伟大精神。①

及时研判舆情、牢牢掌握话语主导权是整合式传播的要求。地震发生后，传言四起，各类谣言在网上迅速传播。政府管理者必须了解和收集群众关注的热点和焦点，及时归类整理，进行舆情研判；必须清楚信息公开的难点和盲点，对新闻发布进行可行性研究，对发布方式进行技术性研究，对实施措施进行风险评估，通过紧急辟谣尽可能减少“节外生枝”和“舆论次生灾害”，避免陷入舆论的旋涡；必须坚持疏堵结合，最大限度挤压负面信息的生存空间。总之，汶川特大地震全面、实时、有效的报道方式，产生了强烈而持续的宣传冲击波，探索出中国传媒史上突发事件对内传播的新话语和新模式。

随着社会与经济的不断发展，世界各国面临着越来越复杂的危机环境。在危机发生的过程中，有效的传播不仅能降低损害，还能给政府带来比危机发生之前更为正面的声音，而低劣的危机处理则会损伤政府的公信力、公众的支持和多年来积蓄起来的信誉。由于意识形态、文化背景、民族心理之间的差异，异国他乡的人群往往更难沟通和获取其认同，于是媒介话语作为独特的外交力量登上了国际舞台，这就是所谓的媒体外交。“媒体外交是指新闻媒体与现代外交之间的互动关系，大众传播的不断发展和民众对国际事务兴趣的增长已对外交产生了冲击，反之，政策制定者也利用大众传播为己服务，同时也对它进行必要的控制。”② 哈佛大学肯尼迪政治政府管理学院高级研究员在《媒介时代的外交：三种使用与效果模式》一文中提出，媒体外交的实质是“官员使用媒介与其他主体沟通并促成冲突的解决”③。媒体外交通过政

① 2008年度国家社科基金重大招标项目《新形势下提升舆论引导力对策研究》成果要报第1期：《重大突发事件舆论引导的主要问题与对策建议》，课题组提供，2009年7月30日。

② Yoel Cohen, *Media Diplomacy, the Foreign Office in the Communications Age*, London Frank Cass Publishers, 1986, p. 2.

③ Eytan Gilboa, *Foreign Media Age: three Kinds of Uses and Effects Model, Diplomacy & Statecraft*, Volume 12, Issue 2, June, 2001, pp. 1～28.

府管理者的媒介话语，发挥着沟通信息、文化输出、传播意识形态、配合政府外交政策等重要功能。

美国建有成熟的危机管理机制，不仅包括以总统为核心的危机决策机制，而且包括恰当运用大众传媒的危机传播机制，通过舆论来影响外交决策，改变外交事件进程。在严重的国际危机或者当所有的外交渠道都被切断时，大众传播媒介在对立国之间保留了一条有效的沟通渠道。美国政府先后设立了战时新闻处、美国新闻署、国际公共信息小组、全球传播办公室等机构。这些机构负责政府和大众传媒沟通，表明政府对外政策，创办国际广播和电讯社，进行对外宣传，并在特殊时期实施严格的新闻管制。① 他们对外解释宣传美国的政策，介绍美国社会文化，并向外国记者提供各种便利和服务，以改善与外国记者的关系，促进外国记者对美国政策的报道，加大舆论对外渗透力度。这些机构“协调海外传播策略”，传达“清晰而有力的信息”“整合美国总统的理念以及美国的政策和价值观”，从而“防止误解与冲突”，更好地保证“国际受众的知情权”，既有力地配合美国的经济制裁、外交施压、军事威胁，推行其全球战略，又赢得了良好的舆论环境。

对待媒介话语风险，政府管理者应规避“沉默失语”，提倡“主动传播”。要认真分析研究媒介话语领域的现实变革，不断提高政府管理者话语与国际传媒在内容需求上的耦合性，不断拓宽话语在国际媒介平台上的传播场域。政府管理者要加强高层交往，积极开展多渠道、多层次、多形式的对外交流，当好本国文化的传播者和形象的展示者。欲使执政话语收到良好的跨域传播的效果，还应该对其进行创造性转换，积极利用现代化的手段对其进行必要包装，同时还要注重话语呈现样态的规划和整合，使之不断适应现代社会发展和异域民众的表达需要。政府管理者的媒介话语存在一个针对话语对象有效“翻译”和“解码”的潜在问题。政府管理者本身要作为“信息场”和“转换站”“从海量信息中甄别、遴选出适宜于对内传播和对外传播的内容，从而对一些零散信息进行加工、提炼以形成‘信息密度’，对一些非即时性信息进行排列、组合以形成‘信息深度’，对一些更新频繁的信息进行跟踪、透

---

① 叶皓：《美国政府的媒体应对机制及其启示》，《江海学刊》2008年第3期。

析以形成‘信息速度’，对一些典型信息进行调研、综合以形成‘信息力度’”[①]，让媒介话语再造政府管理者的提案能力和执政境界。

各级政府及其相关职能部门的管理者在重大突发事件中，都必须站在维护国家形象和稳定的战略高度，重视和善待国外和境外媒体，争取他们尽可能客观的报道，以利于舆论引导的实现和事态的平息。政府管理者应当制定与外交政策相配合的媒介话语策略，提升自己在重大国际事务中的议程设置能力，进一步扩大在国际事务中的话语权，通过长期有效的信息传播和短期灵活的舆论战役，对国际社会产生持久的影响，使国家利益在未来的国际规制中得以体现。以下是 2007 年 9 月 28 日在美国纽约联合国总部，原中国外交部部长杨洁篪在第 62 届联合国大会一般性辩论中发表的题为《共谋合作，共建和谐》的讲话。

主席先生：

祝贺阁下荣任第 62 届联大主席，相信在你的领导下，本届联大将取得新的成就。感谢哈亚·拉希德·阿勒哈利法女士在担任上届联大主席期间所做的贡献。

主席先生：

当前国际形势错综复杂。人类面临的机遇前所未有，面对的挑战也前所未有。维护和平、促进发展、谋求合作的因素在增长。与此同时，传统与非传统安全威胁交织，热点问题突出，南北差距仍在增大，贸易保护主义抬头，发展中国家总体不利处境没有根本改变。经济全球化和世界多极化趋势的发展，孕育着新的国际关系思维。

两年前，就在这个大厅，中国国家主席胡锦涛先生提出，人类在二十一世纪应共同致力于建设一个持久和平、共同繁荣的和谐世界。这一主张的核心，是在承认世界多元性、利益差异性、文明多样性的前提下，以和平、合作的方式协调利益，化解矛盾，发展合作，实现共赢。

主席先生：

联合国成立 62 年来，在推进人类和平与发展事业的征程中发挥了不

---

① 高波：《政府传播论》，中国传媒大学出版社 2008 年，第 29 页。

可替代的作用。本届联大应致力于推动世界各国和谐相处。妥善处理热点问题，通过对话合作和平解决国际争端。这不仅是《联合国宪章》的明确要求，也是维护世界和平稳定、实现各方互利共赢的正确方式。

中方始终主张以对话方式和平解决朝鲜半岛核问题，维护半岛和东北亚和平稳定。六方会谈已成为有关各方就实现半岛无核化、有关国家关系正常化、构筑和谐东北亚新格局进行对话与磋商的重要平台。我们将一如既往，为推进六方会谈和半岛无核化进程发挥建设性作用。

通过外交谈判谋求和平解决是处理伊朗核问题的最佳选择，符合国际社会共同利益。中方反对核武器扩散，主张维护国际核不扩散体系，维护中东地区的和平与稳定。任何防扩散的努力不应偏离维护国际和平稳定的目标。在履行相关国际义务的前提下，各国和平利用核能的权利应得到充分尊重。中方呼吁各方显示灵活，尽早重启谈判，愿为和平解决伊朗核问题继续做出贡献。

中东问题的核心是巴以问题。中方支持巴勒斯坦和阿拉伯人民恢复合法民族权利的正义事业，真诚希望阿、以在联合国有关决议、“土地换和平”原则基础上，通过政治谈判尽快结束争端。中方呼吁巴内部加强团结，欢迎有关召开中东问题国际会议的倡议。我们希望伊拉克人民继续推进民族和解，早日恢复和平稳定，实现中东问题全面、公正、持久地解决。联合国、非盟和苏丹政府三方进行对话与平等协商是解决达尔富尔问题的有效机制。国际社会应维护当前的良好势头，继续发挥三方机制的主渠道作用，坚持“双轨”战略，平衡推动维和行动和政治进程，从安全、政治、人道和经济社会发展等方面寻求达问题的持久解决办法。中方致力于妥善解决达问题，向达区提供了多笔人道主义援助，并决定派遣工兵分队参与达区维和行动。中方将继续坚定支持苏丹和平与民族和解进程，为达问题的妥善解决和苏丹的和平稳定发展做出贡献。

主席先生：

本届联大应致力于推动世界各国和平发展。贫困是产生争端的重要根源之一，发展是消除贫困的根本途径。人类发展是一个有机整体，在南北差距的巨大鸿沟上，无法建立起共同繁荣的大厦。

国际社会应该增强紧迫感，抓紧落实千年发展目标，缩小南北差距，尤其是满足非洲发展的特殊需要。发达国家应该进一步向发展中国家增加援助、减免债务、开放市场、转让技术。发展中国家也应根据自己的国情制定发展战略和政策，努力发展经济。应支持建立健全开放、公平、公正的多边贸易体制，反对贸易保护主义，推动多哈回合谈判早日取得全面、均衡的成果，达成发展回合的目标。国际经济体系改革应充分反映世界经济格局的变化，增加发展中国家的发言权和代表性。中国在坚持自身发展的同时，重视加强国际发展合作，谋求实现全球协调、均衡的发展。尽管中国还是一个发展中国家，但一直努力在力所能及的范围内向包括非洲在内的广大发展中国家提供援助，帮助发展中国家提高自主可持续发展能力，通过促进广大发展中国家的发展实现世界的持久和平与共同繁荣。

切实帮助非洲国家实现稳定安全和可持续发展是国际社会的共同责任。中国与非洲国家政治上相互尊重、平等相待，经济上互惠互利、合作共赢，国际事务中相互支持、密切配合，治国理政中相互学习、共谋发展。在双方共同努力下，中非合作取得了丰硕成果，受到非洲国家的普遍赞同和欢迎，给双方人民带来了实实在在的好处。中非合作不针对任何第三方，有利于其他国家与非洲的合作。

主席先生：

本届联大应致力于促进人类与自然和谐共存。世界的发展推动了物质文明进步，也引起了生态失衡和环境污染。维护人类共同家园，关系到我们共同的未来。

气候变化问题是环境问题，但归根到底是发展问题，是在发展中产生的，也只能通过发展解决。要坚持《联合国气候变化框架公约》及《京都议定书》的框架，坚持“共同但有区别的责任”原则。发达国家应正视自身责任，切实履行减排承诺，并在 2012 年后继续率先减排。必须加强国际能源、资源与环境合作，加强研发和推广节能技术、环保技术、低碳能源技术，建立合理的资金、技术转让机制，使发展中国家用得上、买得起先进环保技术，提高应对气候变化的能力，通过实现可持续发展有效应对气候变化。

中国高度重视气候变化问题，尽管目前中国人均二氧化碳排放量不到发达国家平均水平的1/3，但本着对全人类高度负责的态度，采取了许多应对气候变化的有效措施，颁布了一系列法律法规，提出降低单位国内生产总值能耗、提高森林覆盖率等目标。中国政府已明确提出，到2010年实现单位国内生产总值能源消耗比2005年末降低20%左右、主要污染物排放总量减少10%、森林覆盖率提高到20%等目标。中国将根据《应对气候变化国家方案》，积极参加气候变化领域的国际合作，为保护全球气候做出自己的贡献。

主席先生：

推动联合国改革，更好地发挥联合国在维护世界和平、促进共同发展、加强各国合作方面的作用，是建设和谐世界的重要保障。

中方支持联合国改革，主张全面、均衡地落实2005年联合国成立60周年首脑会议做出的各项改革决定，优先推动发展领域改革，加大联合国在发展领域的投入。人权理事会工作应落实上阶段改革成果，使理事会成为对话合作而非政治对抗的平台。安理会改革应优先增加发展中国家代表性，让更多中小国家有机会参与决策。任何改革方案都应在最广泛协商一致的基础上稳步推进。中方愿与各方共同努力，推动改革进程成为会员国加强协商对话、促进团结合作的进程。

主席先生：

中国致力于建设一个民主法治、公平正义、诚信友爱、充满活力、安定有序、人与自然和谐相处的社会。为了实现这一任务，中国正全面贯彻落实科学发展观，大力发展社会生产力，切实保障人民在政治、经济、文化、社会等各方面的权利。中国通过建设和谐社会，提高占世界五分之一人口的物质文化生活水平，是对推动建设和谐世界做出的实实在在的贡献。

中国在国家发展建设事业中，始终不渝地把自身发展与人类共同进步联系在一起。在国际事务中，中国致力于推动各国平等参与国际事务，促进国际关系民主化；推动各国共享经济全球化和科技进步的成果，促进互利共赢；推动不同文明加强交流理解，倡导世界多样性；推动与各国开展对话、增强互信，共同应对全球性问题。中国坚定不移地走和平发展道路，愿为人类的和平发展事业做出更大贡献。

主席先生：

台湾是中国领土不可分割的一部分，一个中国原则和联大第2758号决议不容挑战。1993年以来，联大总务委员会连续15次拒绝将涉台问题列入联大议程。这充分说明，任何违背《联合国宪章》宗旨和原则，试图歪曲和否定联大第2758号决议的行动，都不可能得到联合国广大会员国的支持，注定要失败。希望有关国家不要再受台湾当局唆使，放弃此类错误举动。

当前，台湾当局顽固坚持"台独"分裂立场，在台湾岛内全力推动举办"以台湾名义加入联合国"的"公投"，这是陈水扁当局走向"台湾法理独立"又一严重步骤。事态如果发展下去，将严重危害台海地区乃至亚太地区的和平与稳定。中国政府始终以最大诚意、尽最大努力促进两岸关系和平发展，争取和平统一的前景，但绝不允许任何人以任何名义、任何方式把台湾从中国分割出去。我们希望国际社会继续支持中国和平统一大业，支持中国人民反对和遏制"台独"分裂活动，与我们一道共同维护台海地区乃至亚太地区的和平与稳定。

主席先生：

2008年8月8日，承载着人类求和平、求发展、求合作、求友谊的共同梦想的奥运会，将首次在中国这片古老而年轻的土地上拉开帷幕。"同一个世界，同一个梦想"，13亿中国人民和世界人民一起，热切期盼奥运会的到来。2008年奥运会不仅是中国的奥运，更是世界的奥运。我们相信，在中国人民的努力下，在世界各国人民的大力支持下，2008年奥运会一定会成为一届有特色、高水平的奥运会。

谢谢主席先生。[①]

---

① 《杨洁篪在第62届联合国大会一般性辩论上的发言》，新华网，http://news.xinhuanet.com/newscenter/2007-09/29/content_6812486.htm.

在这段发言中，杨洁篪把联合国大会的重要作用诠释为“推动世界各国和谐相处，妥善处理热点问题，通过对话合作和平解决国际争端”。他全面阐述了中国政府对当前国际形势的看法和在朝鲜半岛核问题、伊朗核问题、中东问题、苏丹达尔富尔问题等重大国际地区问题上的立场主张，每个用词都经过深思熟虑，非常有分寸感。在涉及中国的敏感性问题上，杨洁篪的话语原则坚定又能屈能伸，以便处于主动地位。比如，“尽管中国还是一个发展中国家，但一直努力在力所能及的范围内向包括非洲在内的广大发展中国家提供援助”“尽管目前中国人均二氧化碳排放量不到发达国家平均水平的 1/3，但本着对全人类高度负责的态度，采取了许多应对气候变化的有效措施”等言辞，非常精准地描述了中国的社会现状以及在现有条件下已经付出的努力。

外交的基本手段之一是谈判和各种形式的对话。同样的一些话，在正常情况下是一种含义，但在外交场合中却是另一种含义。国际形势、地区形势以及国与国的关系都是错综复杂的。外交语言讲究委婉。有位外交官甚至戏言道，婉言“即便是辱骂，听起来也令人愉快”。在外交交涉中，说对某事“表示关切”或“表示严重关切”，意味着将对此采取强硬步骤；说对某事“不能无动于衷”或“不能置之不理”，是暗示如事态继续恶化，干预将是不可避免的；说“将不得不仔细地重新考虑本国的立场”，就包含友好关系即将转为对立甚至敌对状态的警告；说某外交官“进行不符合其外交身份的活动”，是指控对方进行间谍活动并将予以驱逐出境。[①] 有时，外交话语又必须是明确的、直截了当的。比如上例在谈到台湾问题时，杨洁篪坚称“台湾是中国领土不可分割的一部分，一个中国原则和联大第 2758 号决议不容挑战。……中国政府始终以最大诚意、尽最大努力促进两岸关系和平发展，争取和平统一的前景，但绝不允许任何人以任何名义、任何方式把台湾从中国分割出去”。话语中态度鲜明地传达出这样的信息：凡是涉及国家独立、主权和领土完整的问题，中国的立场没有任何松动和灵活的余地。

在遭遇风险的过程中，政府管理者不仅仅是危机信息的接收者、采集者

① 君言：《外交语言拾趣》，《人民日报（海外版）》2002 年 3 月 1 日。

和分析者，而且也是危机应对方案的决策者、发布者和解释者。政府管理者往往是社会动员令的发起者，他们的话语通过媒介，快速、持续、渗透式地构筑了集体的思考和行动。在世界范围内“各种思想文化交流、交融、交锋更加频繁，西强我弱的国际舆论格局还没有根本改变，媒介领域的斗争更趋激烈、更趋负责”的情况下，政府管理者更要保持高度的新闻敏锐性，培育与其角色相匹配的媒介话语认知和传播素质。整合式传播全方位考量政府管理者的思维、视野、远见和决断力，政府管理者应张扬媒介公器的社会治理功能，使自己成为掌控传播主导权和话语权的“超级传播者”，进一步扩大积极话语的影响半径，更好地为公共信息和公众利益服务。

二、弱势群体与话语技术：人性化传播

这里的“弱势群体”是相对的概念，指“在一个特定的社会中，一部分人比另一部分人在智能、体能以及权能方面处于相对不利地位的人群”①，是“在社会性资源分配上具有经济利益的贫困性、生活质量的低层次性和承受力的脆弱性的特殊社会群体”②。弱势群体的出现是世界各国社会发展过程中难以回避的阵痛。“从弱势群体的形成原因看，儿童、女性、老年人、残疾人、精神病患者等属于生理性原因形成的弱势群体；而失业者、贫困者、农民工、下岗人员等则是因为社会性和制度性原因造成的弱势群体；还有由恶劣的生存环境或自然天灾等自然原因造成的弱势群体，如灾民和生态脆弱地区的居民等。”③ 弱势群体往往和教育、就业、老龄化、贫富差距、犯罪、婚姻家庭、生理和心理疾病、生命安全等一系列个体生活和社会问题联系在一起。关注这些群体的利益诉求，不仅有助于及时发现并解决这部分群体的实际困难，而且有利于推动整个社会的健康、稳定、良性运行。

对待生理性原因形成的弱势群体的话语风险，政府管理者应积极创造话语机会和媒介呈现机会。“在一定的社会情境下，不是所有的语言说法都是同

① 齐延平：《社会弱势群体的权利保护》，山东人民出版社 2006 年，第 2 页。

② 陈成文：《社会弱者论》，时事出版社 2000 年，第 21 页。

③ 单晓红：《媒介素养引论》，浙江大学出版社 2008 年，第 213 页。

样可接受的，不是所有的言说者都是平等的。”[①] 政府管理者要认识到媒介话语也存在着马太效应和“知沟”现象。现代传媒由于市场利益越来越多地患上了目标受众崇拜症，他们以种种冠冕堂皇的理由，在话语中刻意或非刻意地把弱势群体置于配角的地位，甚至将其作为无效受众像泼洗脚水一样丢掉。弱势群体往往难以拥有媒介的入场券，不得已沦为媒介忽略与冷落的对象。“据相关资料显示，我国弱势群体人口大约在 2.3 亿以上，占全国总人口的 17%之多。”[②] 与弱势群体的规模数量相比，媒介呈现的频率和总量都是很低的。比如，“占美国总人口 12%以上的 65 岁老人与 3%的老年媒介形象之间就是一个非常明显的落差”[③]。老年人形象总是被动地出现在媒介中，老年人群体被规定只在老年节目中高频出镜。“对于这种通过几份老年报纸或栏目将老年报道专业化抑或可以称之为‘隔离化’的媒介运作传统，我们不禁要质疑其是否真正适应汹涌澎湃的白发浪潮。”[④] 媒介资源分配的不均以及媒介呈现的比例差距，形成了传播的“信息沟”，加大了弱势群体与主流的距离和不平等。“话语意味着一个社会团体依据某些成规将其意义传播于社会之中，以此确立其社会地位，并为其他团体所认识的过程。”[⑤]媒介不应该对弱势群体的话语置之不理，必须赋予他们与社会中强势群体相对等的权力，给予弱势群体平等的媒体接近权、知情权、表达权和监督权。作为政府管理者，在日常媒介话语中主动向公众敞开被忽视、被遮蔽的弱势群体的思想和生活状态，能够在一定程度上消除和弥合不平衡的媒介话语权和话语生态。

对待社会性和制度性原因造成的弱势群体的话语风险，政府管理者应努力营造宽容开放的媒介氛围，全方位表现话语主体的生活真相。我国当前非常盛行的民生新闻和社会纪实类节目将弱势群体异化为注意力资源，诸如城市贫困人群的艰难生存状态、农民工集体闹事、失业者的婚姻变故和家庭矛盾等都被当作故事来讲述。

---

① ［法］皮埃尔·布迪厄、［美］华康德：《实践与反思：反思社会学导引》，李猛、李康译，中央编译出版社 2004 年，第 193 页。

② 王尚银：《中国社会问题研究引论》，浙江大学出版社 2005 年，第 16～21 页。

③ 吴定勇、王积龙：《浅析美国媒体老人形象问题》，《国际新闻界》2007 年第 4 期。

④ 单晓红：《媒介素养引论》，浙江大学出版社 2008 年，第 208 页。

⑤ 王治河：《福柯》，湖南教育出版社 1999 年，第 159 页。

“《20多名民工拿手电偷窥女生洗澡　被发现后还脱裤》《七名民工爬塔吊为讨薪》《半脑少女之恋》《连体女婴之谜》《四岁小夫妻》等煽情、猎奇、缺少人文关怀的新闻报道，给人们建构起来的弱势群体形象只能是犯罪、跳楼、自杀、强奸、性饥渴、讹诈、抢劫、偷窥、口吐秽言、素质低下者的隐喻”①，弱势群体的媒介镜像不断被“污名化”和“妖魔化”。事实证明，媒介所正面报道的弱势群体，都往往以他人的行为为先导，比如政府官员慰问失业人员、志愿者帮扶农村留守儿童、某项政策出台后农民工的感激之情等，而媒体报道弱势群体无非是为了展示社会各界对他们的关怀，或者引起政府和公众的注意。在媒介话语中，弱势群体永远是被观看、被给予、被怜悯的悲剧人物，而媒介着力渲染的是对于他们的施舍和同情，真正从弱势群体主体出发来建构的积极形象少之又少。对此，政府管理者应该利用媒介话语引导信息公共平台和话语主体向弱势群体适当倾斜，通过涉弱社会政策的批判和建设，规避传媒歧视，保护弱势群体的媒介权益。

对待突发事件原因造成的弱势群体的话语风险，政府管理者应高度重视媒介素养教育和心理健康引导，加强媒介话语的人文关怀。在突发事件之中和之后，弱势群体由于情绪的猝然波动和突发的利益受损，萌发了受挫感、危机感和强烈的被剥夺感，进而产生对现状的不满或对社会的敌视。如果不及时正确疏导，容易使弱势群体出现话语偏激或众生喧哗的状况，甚至引发他们以“沉默但行动”的方式报复社会。政府管理者对于突发事件本身要及时沟通，于危机中振奋人心的媒介话语总是具有极强的社会动员作用，能够收到“一方有难，八方支援”的效果。政府管理者对于弱势群体的受损经历不能简单粗暴对待，要懂得灾难新闻的不当采访和报道将伤害遇难者的尊严，只有谨言慎行才不会刺激当事人或家属的情绪，以免造成长期的隐性伤害。从培育和提升弱势群体媒介素养的角度看，就是要提高他们表达与接受媒介话语的智力储备与水准，增强他们自我觉醒与呵护的意识和能力，尤其在突发事件发生时为他们提供媒介交流和心理咨询等补充服务。

总之，现代社会中弱势群体的媒体聚焦与报道配额仍相当不足，即便是

① 朱清河：《场域理论视野下弱势群体媒介势弱的形成及其救助》，《新闻大学》2010年第1期。

在这些有限的涉弱媒介话语中，弱势群体日常视听的只是少数强势者的媒介影像、陶醉其中的也只是社会精英的价值版图，这无形中挤压了弱势群体的利益宣示空间，僭越了他们的权力表达机会，阻滞了他们主体性意识的觉醒，消解了他们对自身真实需求与愿景的追求冲动。为此，政府管理者应高度反思并积极改善涉及弱势群体的话语内容和话语方式。毕竟，关注弱势群体的利益诉求，正是规避媒介话语风险的英明之举。

第三节　话语载体与话语技术

媒介不仅仅是传播话语的物质载体，更是塑造价值观的精神力量。“莱文森认为，媒介进化是一种系统内的自调节和自组织，其机制就是‘补救媒介’，即后生媒体对先生媒体有补救作用，当代媒体对传统媒体有补救功能。媒介补救的过程，事实上就是技术不断体贴人性的过程。”[①] 媒体不仅具有传播信息的认知作用，还具有分析、估价及评论的解释功能；不仅报道政治事件，还是从事政治活动环境中的一部分。话语包括书面文本，也包括口头语言和非言语形式，话语媒介是一种泛媒介，而下文将讨论的话语载体特指大众传播媒介，即媒体。传播学意义上的“媒体”通常有两种含义：第一种是指承载信息的物理形式，或者是负载传播信息符号的物质实体；第二种是在日常用语中指从事信息的采集、加工制作和传播的社会组织，即传播机构，如报社、出版社、电台、电视台等。[②] 这里所提到的媒体采用前一种界定，专指狭义范围内的传统媒体（包括报纸、广播、电视、电影）和新媒体（网络、手机）的总和。

一、传统媒体与话语技术：公信力强的专业化传播

传统媒体相较于新媒体，在某些方面具有一定的优势。第一，传统媒体专业化程度高。传统媒体拥有采访权和发布权，拥有脉络发达的信息源和采

---

① 邵培仁等：《媒介生态学：媒介作为绿色生态的研究》，中国传媒大学出版社 2008 年，第 40 页。
② 李永健、展江：《新闻与大众传媒通论》，中国人民大学出版社 2003 年，第 10 页。

访源，拥有与政府管理者长期培养起来的良好互动关系。专业化的采编队伍和专业化的把关流程，使传统媒体与新媒体相比，在话语内容的采集、加工、分析和制作能力上有明显优势。第二，传统媒体可控性强。作为社会法人单位，传统媒体必须接受政府审批、发放执照、内容审查、事后追惩和社会监督等管理形式，其媒体数量和容量的有限性便于分级分类管理。传统媒体长期形成的信息传播原则如内参制度、重大报道的请示报告制度等，使政府管理者对媒介话语的调控十分有力。第三，传统媒体公信力大。在话语内容的发掘、选择、创造、整合过程中，传统媒体的公信力、权威性和社会动员能力都是新媒体无法相比的。

报刊是廓清迷雾的思想者。纸质媒体“信号密度小、感觉干扰度小，从而扩展了文本的空间，同时由于它的固态化，具有被重复感知的特征”[①]。报刊与其他媒体相比，其独特的优势在于“深”和“观点”。所谓“深”，就是指报刊的专长在于深度报道。因为时效的滞后性，报刊可以从容地对新闻事件进行深入调查和研究，充分发掘事件的新闻价值和指导意义。也正因为“深”，才能做出独家新闻，减少报刊和其他媒体信息的同质性。所谓“观点”，就是指报刊可以充分发挥解释性报道和评论的优势，用观点吸引人、感悟人、指引人。当代社会的知识呈几何数增加，社会新现象层出不穷，人们缺少的不是信息，而是观点。报刊可以利用组织的专家资源库，及时对现实中的重大问题、热点问题、争议问题做出评析，对人们的认知和行为做出引导。因此，受众在需要深入探究事件的来龙去脉时，往往首选纸质媒体。报刊的媒介话语类型丰富、议题多元、交流面广。

报刊把政治生活中的事件嵌入叙述框架中，积极地定义着政治“事实”，向受众传递政治的“意义”。

> 1992年英国大选，保守党被报纸“领导能力危机”的主导框架导向了“腐朽、堕落并且即将大选失利”的叙事框架。与此同时，媒体对工党的公关能力和管理措施却大加赞赏，关于工党的故事是其现代化以及

---

① 孙发友：《新闻文本与文化生态——媒介话语的框架性解读》，人民出版社2009年，第97页。

如何旧貌换新颜的事迹。当工党领袖约翰·史密斯于1994年5月12日突然去世后，媒体对他成功转变工党形象、增加该党成功获选几率的努力无疑例外地持褒扬态度。托尼·布莱尔几乎是在外界对他的能力一片欣然认可的氛围中当选工党新领袖的，甚至前后翼喉舌报《标准晚间报》都持认可的态度。又如北爱尔兰冲突中，报纸新闻变成了一种刺眼的宣传形式，旨在把“敌人”妖魔化与非人化。北爱尔兰议会成立与《受难日协议》签署前，《太阳报》称新芬党领导人格里·亚当斯“只能用英语中最脏的两个词来形容”。①

广播是无处不在的传播者，也是唯一诉诸受众纯听觉的传播媒体。广播没有形象支持，是通过有声语言在大脑中再加工，形成对事物的认知。“声音符码是作用于听觉的，它真实可感，所编织成的音响文本的形象性高于文字文本，它给受众的现场感更强烈，让听众有身临其境的感觉，语言生活化、口语化，文本结构也比较简洁。”② 与其他媒介相比，广播的渗透力是最强的，它是能够直达分散而众多的听众的漫射媒体，其独特优势体现在同期声、互动性和想象力。在收听广播节目时人们可以不停下手中的活，甚至可以随意走动。由于排除了视觉符号，单纯诉诸听力，贴身和贴心的兼听功能，使广播成为了人性化的媒介伴侣。广播的媒介话语是生活体验式的，它的传播方式既有公开的一面，又有遮蔽的一面，极大地顺应了人类情感交流的需要。语言和音效，就这样通过电波走进了人心。

电视是政治形象的展演者。“图像符码具体、形象、生动、可感，信号密度大，感觉干扰大，且事物显现的清晰度高。”③ 电视视听并茂、声色兼容的多符号特征，使其在表现能力和现场感方面，比广播更胜一筹。“随着印刷术影响的减退，政治、宗教、教育和任何其他构成公共事务的领域都要改变其

① ［英］布莱恩·麦克奈尔：《政治传播学引论》（第2版），殷祺译，新华出版社2005年，第77～79页。

② 孙发友：《新闻文本与文化生态——媒介话语的框架性解读》，人民出版社2009年，第99页。

③ 同上，第99页。

内容，并且用最适用于电视的表达方式去重新定义”。① 在过去的几十年里以及当下，电视无疑是影响人们认知和价值观的最有力的“拟像”工具。日本学者藤竹晓曾指出：“如果忽视电视在社会中所起的作用，就无法谈论 20 世纪社会的发展，电视培育是现代人形成的条件”②。电视对人们的环境认知产生了重大影响，在以电视的高度普及为特征的现代化信息社会，造成了大众传播的共鸣效果、累积效果和遍在效果。电视节目具有音画一体，通俗易懂的特点，它在每天“仪式”一样的例行接触中改变着人们的思维方式、行为方式和生活方式。电视使话语言说者和接收者进入一个更直观、更动态、更即时的媒介话语环境中，“电视媒介话语的表达过程，就是现代传播利用媒介优势，帮助大众个体有效地介入到现代传播的过程中”③，满足了人们的“期待介入”④。

美国著名记者西奥多·怀特认为，“美国的政治与电视现在已经纠结得难解难分，谈政治离不开电视，谈电视离不开政治。所有的政治活动都在为适应这一舞台而变化着。”⑤ 政治访谈是政治圈子中重要的议程设置时刻。美国总统经常与电台、电视台联络，频频出现在各类媒体的谈话节目中；白宫的高层官员花费大量时间和媒体、公关人员交谈，商议新闻策略；白宫官方网站通过不定期的“向白宫提问”公开聊天节目，拉近普通民众与国家首脑的心理距离。除此之外，还使用一些公关技巧。小布什执政期间，白宫安排了假记者，并暗地里指使他们做出有利于政府的报道，而他们报道的新闻已经被多家媒体当作真实的新闻播出。电视能够为交流政治见解提供的另一个平台是电视辩论，它介于公众和政治家之间，为前者提供了参与政治讨论的机会，也为后者提供了直接面对民众的渠道。在竞选中，电视被认为是左右选举、扬名和毁誉的利器。

---

① ［美］尼尔·波兹曼：《娱乐至死》，章艳译，广西师范大学出版社 2008 年，第 10 页。

② 转引自关中平：《谈电视、网络与青年价值观》，《辽宁青年管理干部学院学报》2000 年第 1 期。

③ 杨效宏：《媒介话语：现代传播中的个体呈现》，四川大学出版社 2007 年，第 93 页。

④ 欧阳宏生：《广播电视学导论》，四川大学出版社 2002 年，第 141 页。

⑤ 端木义万：《美国传媒文化》，北京大学出版社 2001 年，第 128 页。

如BBC名为《问讯时间》的电视节目，一个中立的主持人引导一场由四位嘉宾参与的辩论，人员组成通常是由左派、右派以及中立派别构成。公众以提问的形式参与讨论，而嘉宾们必须有问必答。近年来电视辩论的沉闷、乏味和极端呆板受到人们的批判，一种“自白式”的脱口秀节目逐渐崛起。2009年3月19日，奥巴马在美国知名谐星莱诺的《今夜脱口秀》中谈笑风生，这是第一个邀请到在任美国总统上节目的深夜脱口秀节目。2010年7月29日，为了挽回自己摇摇欲坠的人气，奥巴马又做客日间脱口秀节目《大话女人》，试图通过提高出镜率扳回自己在民众中的“负面”印象。在节目中还涉及了一些实事动态，包括美国国家经济及墨西哥湾漏油事件。①

电影是以情动人的讲述者。电影艺术博士罗伯特·麦基指出：“故事在不断地设法整治人生的混乱，挖掘人生的真谛。我们对故事的嗜好反映了人类对捕捉人生模式的深层需求。”② 相较于其他艺术形式，电影天生是一个故事的讲述者，它那独特的时空优势，那亦真亦幻的造型手段，使它在讲故事方面比无论是口传身授还是文字描述，抑或是戏剧表演都优越得多。时任中共中央宣传部部长的丁关根1998年3月30日在“全国电影工作会议”上曾说：“电影是能够承载深厚思想内容的综合艺术，对人们特别是青少年的思想和行为有相当大的影响。电影又是有很强的观赏性艺术，给人以美好的视听享受，观众是在审美娱乐过程中领会影片的思想内容，受到启迪和教育。”③ 美国实验心理学家卡尔·霍夫兰于第二次世界大战期间在美国陆军军部新闻及教育署研究战争宣传与美军士气的问题。霍夫兰的实验设计为让士兵看影片，通过对影片内容、形式和设计变化，测量、分析传播来源的可信度、恐惧诉求的程度、问题提出的先后效用、论辩时是讲一面之词还是两面都说、结论是明示好还是暗示好等传播问题。实验发现，电影具有使受众态度改变的强大

① 吉咏煜：《奥巴马出席美国脱口秀节目　放下身段为讨民众喜欢》，中国广播网，http://www.cnr.cn/china/gdgg/201007/t20100730_506817849.html.

② 许文郁：《影视生成机制的受众心理分析》，《北京市政法管理干部学院学报》2003年第1期。

③ 丁关根：《在全国电影工作会议上的讲话》，《党建》1998年第6期。

的说服效果。

中国的红色电影是最经典的主流话语载体。很多地区都开展了“红色电影周”“红色电影巡映月”“红色电影免费展播”等活动，让这些电影进社区、进学校、进乡村、进军队。

> 如电影《邓小平》，以纪实和写意相结合的手法，集中展示以邓小平为核心的党中央第二代领导集体，生动地描绘出中国人民的杰出领袖邓小平同志的爱国主义精神和非凡的领导才能，再现这位世纪伟人的人格魅力和崇高风范，重温改革开放的总设计师带领中国人民走上富裕、小康道路的激情澎湃的光辉岁月。
>
> 又如电影《生死抉择》，是一部振聋发聩的反腐倡廉力作，具有很强的思想震撼力和艺术感染力。影片以澎湃的激情成功地塑造了李高成、杨诚等有血有肉、令人信服的优秀领导干部形象，他们在金钱、亲情、友情面前所表现出来的浩然正气令人振奋和鼓舞。①

电影是思想作品，其说服效应“实际上提供的是一种引起内在心理矛盾的因素，经过适当调整而在原有基础上转化为新的态度或行为”②。英雄感、正义感等象征件的心理满足在不少情况下是潜在的，需要电影的唤起才能转化为生活态度和行为。相比其他媒介形式，电影更能对观众有所触动，更忘我投入，更身心沉醉。为此，斯大林曾断言：“电影是蛊惑人心最强有力的手段。”③

今天，传统媒体仍是影响人们社会认知的主渠道，也是政府管理者选择发言或接受访问的第一出场媒体。然而，尽管传统媒体在话语功能上有着新媒体不可取代的核心优势，但仍然受到了新媒体相当大的冲击。全球信息的自由流动与传播需求的不断嬗变，媒体技术的日益多元化、多样态与舆论格局的日益复杂化、多变化，为政府管理者的话语传播提供了新的媒介生态和

---

① 红色电影专题，腾讯网，http：//news. qq. com/zt/2007/CCP17th/hsdy. htm.

② 陈力丹：《舆论学——舆论导向研究》，中国广播电视出版社 1999 年，第 199 页。

③ ［法］弗朗西斯·巴勒：《传媒》，张迎旋译，中国传媒大学出版社 2007 年，第 20 页。

现实语境。如今，报纸、广播、电视、电影和互联网、手机等各种媒介形态相融共生，多媒体融合并存。在大众传播领域，传统媒体虽仍然占据主导地位，但新媒体的话语权和影响力在不断扩大。

二、新媒体与话语技术：互动性强的大众化传播

新媒体的强势崛起，打造了全新的舆论平台，影响着整个社会的议程设置，对大众传播的功能作用更是越发显著和重大。获得了数字化技术的深度支持和广泛应用，新媒体不再仅仅是广泛地吸收、融合古今一切媒体优势的新技术和新工艺，更是传播、延展先进价值理念的新载体和新工具。事实上，新媒体已越来越成为人类崭新的生存、生活和生命的平台，甚至是人类崭新的生活样式、思维方式和精神交往的空间。网络媒体巧妙的语言阐释艺术、文化展演艺术、政治普及艺术和思想宣达艺术，催生和繁衍了政府管理者话语传播的数字化语境。在网上，政府管理者的话语传播与再阐释并不受其生命个体"缺场"的影响。媒介刻意或非刻意的选择将政府管理者的话语"虚化"了，这可能更接近于他们的本意，但大多数情况是发生了断裂和误读。由于空间上的远距关系，政府管理者只能利用媒介来向民众做出解释。"零时差"的现代技术似乎能弥合从信息发出到接收的时间差，但从接收到理解或者大部分理解必然存在难度，因此政府管理者才会频频出镜、触媒，试图营造一种面对面互动的"网络问政""网络议政"的氛围。而他们一次次与媒介的互动，就是与大众的互动。

互联网不仅已经深刻改变了中国普通民众的生活，同时也开始逐渐改变中国的政治生态环境。网络以其便利性和互动性，正日益成为被各级政府和媒体广泛接受的民意体察通道和舆论引导手段。越来越多的政府管理者上网收集民意，71.9%的公众认为这"意味着政府开始重视网络民意，网络表达将成中国式民主建设的新通道"；68%的公众认为这"有助于人们提出对国家建设有意义的建议和对策"；57.3%的公众认为这"有助于拉近政府与民众之间的距离，建立亲民的和谐政府"。[①] 一大批政府管理者与网民一起"灌水"

---

① 童斌：《71.9%公众认为网络表达成中国式民主新通道》，《中国青年报》2008年6月30日。

“拍砖”，一些地区的政府部门组团上网解答网友的问题……目前，官员触网已由点到面，由个体到群体，由底层官员到中高层官员，全面提速。政府管理者率先垂范与网民在线网谈，对于推进网络问政具有表率和引领作用。人大代表纷纷开博是今天政治领域最活跃的一道风景。全国“两会”兴起博客之风，“博客参政”成了热门词汇。

“博写人大代表之意，博抒人大代表之情，旨在立足实际建良言，紧贴民众吐心声”，这是四川省人大代表翟峰博客首页上的签名档，他的博客也成为2006年度“社会责任”十大中国博客。65岁的全国政协委员、原教育部副部长韦钰在博客上广泛征求普通网民对中国教育的思考和建议，被网民称为“中国博客部长第一人”。她在接受媒体采访时说：“博客为所有人提供了平等发表意见的空间，我喜欢这种方式，也希望和网民争论问题，这是一种快乐。”①

新浪网的“精英博客”、搜狐网的“意见领袖博客”、千树网的“两会博客”等，集纳了一大批具有影响力的人大代表博客，让普通公众与“两会”、与人大代表、与政府议案“零距离”。人大代表博客就像一部“民情书”，在搜集民意方面能够欲速则达。人大代表在博客上一方面为自己从事的行业领域呐喊，另一方面也为塑造良好的社会环境出谋划策。

2009年2月3日，时任中共中央政治局委员、广东省委书记汪洋和省长的黄华华，通过广东省内主要新闻网站，发布了《致广东网友朋友的一封信》，肯定了网友意见和建议对政府决策的积极作用：“一年来，各级党委和政府的领导同志以各种不同的方式加强了与网民的联系，无论是欢迎大家‘灌水’‘拍砖’，或是面对面听取网民代表的意见建议，还是从网友们的帖子中反思工作中的不足从而完善决策，都表明党委政府对网民意见和网络健康发展的高度重视。事实上，过去一年省委、省政府许多重大决策，都通过网络征求并吸纳了网友们提出的宝贵意见。”②

---

① 张琴、海明威：《信息化手段让中国政务更加接近民意》，新华网，http://news.xinhuanet.com/it/2006-03/09/content_4278131.htm.

② 洪向华：《媒体领导力——领导干部如何与媒体打交道》，中共党史出版社2009年，第82页。

网络需要承载主流价值。网络媒体正逐渐成为社会的主流媒体，它在占据大众心智资源上自成一派，在政府管理监督与宣传、社会经济参与、企业公关营销与品牌宣传等方面都表现出无可复制的优势。今天，网络已经不仅仅是虚拟的传播工具和技术手段，更催生了一个与现实社会彼此交融互构的全新的媒体社会，制造了一种“媒介现实”。网络话语进入政府管理者的日常生活和工作领域，在缺场情境中成为一种新型的执政方式。以网络为媒介的“政府—民间”新互动模式已经成为政治文明的重要元素。

2008 年 7 月，俄罗斯总统梅德韦杰夫表示，俄罗斯应大力推动“电子政务”的发展，所有政府官员都应掌握最基本的计算机和互联网操作知识。如果做不到这一点，官员就可能失业。梅德韦杰夫说：“在现代社会，那些不懂得计算机和互联网操作知识的人，其实就是文盲。不掌握电脑技能，就不可能有效地工作。我们不会录用那些不会读写的官员，应该将这条标准纳入官员周期考核中。”“要么学习，要么走人！”俄罗斯总统梅德韦杰夫这句话，一段时间成为俄罗斯各家媒体争相报道的热门新闻。①

2010 年 3 月，英国安全局即军情五处着手裁减电脑技能不合格的员工，以提高整体信息技术水平。军情五处负责人乔纳森·埃文斯说，“我认为部分员工可能够不上我们今后选才标准。”英国政府部分部门员工开玩笑道，这次裁员令“詹姆斯·邦德一代”的老特工因不会使用互联网、无法理解微博客网站“推特”和社交网站“脸谱”而下岗。②

网络话语还具有政治转型的结构性动力。

美国第一位黑人总统奥巴马就充分尝到了缺场情境中网络话语的甜头。他的互联网战略，不仅使共和党“票仓”陷落，而且以 64.1%的投

---

① 《俄官员不懂电脑就下岗》，《环球时报》2008 年 7 月 21 日。

② 《英军情五处要裁员　不擅用电脑者下岗》，《广州日报》2010 年 3 月 30 日。

票率创下百年来的新高（仅次于1908年的65.7%），以6.4亿美元的惊人数目创下候选人政治筹款的纪录。奥巴马承认："从担任团队组织者的那一天起，我的一个根本信条就是真正的变革是自下而上的。对于组织民众来说，没有比网络更具威力的工具了。"奥巴马的网络话语动员方式体现了"参与"的典型特征。他的动员阵地主要包括个人网站、视频网站和社交网站。竞选期间他在第三方社交网络中赢得了500万名支持者；在超过15个在线社区中建有个人主页，其中包括BlackPlanet、MySpace、Facebook社区；他的竞选团队在世界范围内开展网络电话拉票，在Facebook上有大约320万人注册成为他的支持者，超过540万用户点击了竞选页面"我投票"的按钮便于让他们的朋友知晓自己已投票；在MyBarackObama.com这个奥巴马的专属社交网站上，生成了200万页个人主页；在YouTube网站转发的竞选文本讲话原文和视频数不胜数；网民自发策划了20万个离线活动，约诞生了40万篇博文；组建了3万5千多个志愿团体，就在2007年2月10日奥巴马宣布自己获得民主党候选人资格当天，至少有1000个团体成立。可以说，奥巴马赢得总统选举胜利，绝不仅仅是因为他善于战略性地使用互联网，根本原因在于WEB 2.0已经彻底地改变了美国总统选举政治的结构和潜规则。网络话语通过放大政治动员、弱化种族议程、化解献金贫困，对选举政治产生了颠覆性效应。而奥巴马正是这个话语新时代诞生的第一个政治幸运儿。[①]

如果说网络是最具有时代特征的新媒体，那么手机的出现，可以使互联网同人们一起"行走"了。"手机正在实现由人际沟通工具向大众媒体的跨越。"[②] 论受众规模、影响力、发展潜力，新媒体中几乎没有可与手机媒体相抗衡的对手。它能独立化地影响用户观念，定向化地满足学习需求；能终端化地发布政策制度，移动化地传送主流价值；亦能微型化地处理社会事件，

① 李镭：《WEB 2.0与美国总统选举政治的结构转型——奥巴马互联网战略的政治分析》，《国际新闻界》2008年第12期。

② 匡文波：《手机媒体概论》，中国人民大学出版社2006年，第5页。

艺术化地疏导公众情感。手机媒体通俗的短信语言阐释、时尚的手机文化展演、全时的通讯工具交流、定向的手机传播宣达，为政府管理者的媒介话语开拓了新方式、新方法和新途径。

手机媒体是时空兼备的信息传播媒介，它打破了地域、时间和电脑终端设备的限制，将人的“说话”和“移动”功能整合起来，实现了发送端和接收端的“同步化”。手机的定位性和必读性，将特定的信息向特定的用户精准传送，“第一落点”媒体的高到达率大大提升了传播的有效性。手机的贴身性和便携性，填补了人们离散时空和注意力的盲点，“影子”媒体使公共话语空间和个人话语空间得到完全融合。手机的草根性和纪实性，能独立完成即时摄制、即时编辑、即时发送、即时消费的过程，“草根”媒体的特性启动了所有涉及公众安全的突发、紧急、重特大事件的现场记录。手机媒体的可读性和编辑性，表现在文本内容短小精悍，以及强大的编辑、储存、删除和转发功能，真正实现了人和媒体的无缝对接以及人与人的直接对话。

如今，手机已不再单单是通讯工具，它的媒介形态与传播方式已变得非常多元，人丁兴旺的“手机家族”——手机新闻、手机文学、手机游戏、手机广告、手机搜索、手机音乐等接连不断地出现，从各个角度演绎着手机作为独立媒体的孕育过程。手机媒体作为数据终端，能够方便地实施各个独立政务系统横向和纵向的整合计划，实现不同政府部门间的信息更深程度的共享、资源更高效率的利用。目前我国的手机政务服务内容大致分两大类：一类是利用手机提供内容不断扩展的政务服务项目；另一类是利用手机媒体实现与大众沟通，为民意参政议政提供新途径。

政府职能部门对于自身信息传播的意义认识不断深化，国家行政部门对于新闻发布制度的功用开始明确并逐步建立。

2003 年 SARS 的流行，使手机的地位前所未有地凸显。很多省份通过手机短信实时传递非典疫情以及中央、地方官员的声音，抚慰和稳定了民心。2005 年 2 月 24 日，人民网推出国内首家以手机为终端的“两会”无线新闻网，首次实现借助手机报道国家重大政治活动新闻的历史性突破。“两会”期间手机新闻网站还开通了互动性栏目，市民可以通过短信、手机上网等方式发表对“两会”热点问题的看法、建议。[①] 2005 年 4 月，北京市成功地应用手机短信传递了政府的声音，及时化解了此前谣传的“五一”期间北京将有反日游行的谣言。[②] 2010 年 8 月 9 日，成都市“网上政务大厅”正式运行，市民可以向各部门进行网上在线咨询，也可以查询事项办理进度和办件结果，还能对不满意的事情进行举报投诉。[③]

大量事实证明，在传统表达渠道受阻的现实困境下，新媒体是保障公共利益的有力突破口，能够发出公共治理的强音。但网络话语同时也是牵一发而动全身的“引爆点”，它不断积聚着舆论势能，经过发酵、化合、重组等环节，形成波澜壮阔的舆论声势和民意合力，最终可能产生“核裂变”式的热效能。网络比任何一种媒体都具有个体性，同时能带来匿名状态下的相对安全，使得信息传播者实现免于恐惧的自由诉求。网络舆论作为一种新型的舆论征候，是感知民意冷暖的社会皮肤。政府管理者只有深刻认知网络的这些特性并高度重视网络信息传播行为，并按照新媒体自身规律对其媒介话语风险进行观察、衡量和监测，才能适应新时期媒介话语与政党行为关系复杂化的执政生态。

总之，人类的媒体消费史，是一部日益膨胀、不断融合、渐次分化的历史。一方面，新媒体不会取代传统媒体，而另一方面，新的媒体方式会与一代人的成长共生，最终融入社会结构，成为传统媒体。媒体的市场竞争，当然与技术、渠道、资本、商业模式等因素有关，但更取决于这些因素对媒体之所以存在的核心价值，即对人们“监视环境、协调社会、传承文化、满足娱乐”等需求的满足——新媒体与传统媒体之间纵横捭阖的攻防战，都围绕这一核心价值展开。无论传统媒体还是新媒体，首先都是一种手段、一件工具、一项技术，然而技术本身并不会向人们强加功用，技术只是提供了可能，至于效果如何要靠人来支配和组合。

---

① 《国内首家无线新闻网站开通　手机全方位参与“两会”报道》，《北京电子》2005 年第 4 期。

② 匡文波：《手机媒体的用户定位》，《传媒》2006 年第 4 期。

③ 裴睿：《网上政务大厅运行首日　迎来近 30 万人次访问量》，《成都日报》2010 年 8 月 13 日。

第四节　话语效果与话语技术

媒介话语的力量，能改变事件发生的轴向和动态。话语控效理论认为，“话语效果是一个以反应效果为中心，表达效果、交际效果和社会效果三种效果协调统一的综合效果系统。”[①] 表意效果是指发话人单向性的遣词达意效果，目的在于追求语词表达思想内容的充分和恰切，其好坏判断的标准是语词与思想内容之间的适切程度。交际效果即受话人按发话人意图做出特定交际反应行为的好坏，它集中体现了话语活动的人际交往本质和行事性质。交际效果一部分是意义的理解效果，另一部分就是受众的反应效果。政府管理者的媒介话语要努力达到使正面效果最大化、中性效果有利化、负面效果积极化的技术程度。

一、话语“引擎”技术：正面传播效果的最大化

话语的意图多种多样，可以分为声言类（陈述、证实、结论、相信等），指令类（命令、要求、恳求、祈祷、哀求、邀请等），承诺类（许诺、发誓、许愿、订约、保证等），表达类（感谢、祝贺、道歉、安慰、欢迎等），宣告类（任命、解雇、辞职等）。从传播效果的维度看，话语至少存在以下四种效果：第一是话语行为的效果，即把语词说出口来；第二是命题行为的效果，即呈现话语的宏观结构或主体框架；第三是言外表现的效果，它指出一个事件或情境的某些特质或关联意义；第四是言后表达的效果，它旨在对对方的行为产生实际影响。媒介话语要尽量达到这四种效果，才能说该话语发挥了正面的效果。

媒介话语是“引擎”。风险社会中政府管理者的媒介话语及时抢位，配以媒体及社会舆论的共振，能够发挥正面效果最大化的强调效果。生活化的媒介话语生动再现了网民关心国计民生的诉求和政府管理者注重社情民意的亲民尊民的媒介形象。

---

① 杨岩勇、曾蓉蓉：《从话语控效理论看广告语言》，《商情》2009 年第 4 期。

对于政府管理者来说，要说“合适”的话是不容易的。要实现话语的正面效果最大化，应该掌握以下的话语技术准则：第一是数量准则，即话语应提供充足的、但不是过多的信息；第二是质量原则，即话语的真实性、可信性和说服性；第三是关联准则，即话语对当时的上下文而言应该贴切；第四是方式原则，即话语不应该晦涩、含糊或无条理。总之，政府管理者要善于适应不同时刻、不同空间中的话语突变，才能在日常生活演绎五彩斑斓的政治神话。

二、话语“扳手”技术：中性传播效果的有利化

媒介话语也是“扳手”。风险社会中政府管理者的媒介话语紧扣对话者的“话语暗示”见机行事，在双向互动的场域中积极释放自己的观点和声音，可能使话语交流导向有利于己方的效果。

有一次周恩来接见美国记者，对方问：“总理阁下，你们中国为什么把人走的路叫马路呢?”周总理听后说：“我们走的是马克思主义之路，简称叫马路。”对方又问：“总理阁下，在美国，人们都是抬头走路，而你们中国人为什么都低头走路呢?”周恩来微笑着说：“这个问题很简单嘛，你们美国人走的是下坡路，当然要仰着头走路，而我们中国人走的是上坡路，当然要低头走路。”①

1971 年，乔冠华率团出席第 26 届联合国大会，一位西方记者发问：“乔先生，你对大会恢复中国席位的决议有什么想法，是否感到突然?”乔冠华义正词严地说：“我一点也不感到突然。用中国的一个成语来说，这叫水到渠成。联合国作为国际机构，总不能把中国这么一个泱泱大国排斥在外吧。有的国家的外交不是采取现实主义的政策，而是像鸵鸟一样，把身子往沙堆里一钻，便以为自得其乐了！其实呢？它往沙堆里钻得越深，就愈显得它不聪明。臀部还露在外面嘛！”②

---

① 洪向华：《媒体领导力——领导干部如何与媒体打交道》，中共党史出版社 2009 年，第 147 页。
② 同上，第 54 页。

媒体具有参与者和见证人的双重身份。在传播效果处于中性环境的条件下，媒体可以制造有利于政府管理者的观点气候。周恩来将“马路”创造性地释义为“马克思主义之路”，幽默中强调了中国政府的执政思想和执政理念。他在话语中巧用“上坡路和下坡路”这个最简单的生活常识，来对比中美两国的经济社会发展态势，瞬间逆转了美国记者的优越感，其话语技术堪称一绝。乔冠华的外交辞令也非常有特色，一方面坚决维护了中国在联合国中的合法地位，另一方面也一针见血地批驳了西方某些国家的“鸵鸟外交政策”。一席话充分展现了一位政府管理者的风采和睿智。

媒介话语的个性化和风格化在适当场合能够为政府管理者添彩。

> 约翰·F. 肯尼迪不仅仅是美国历史上最年轻的总统，而且也是一位最风趣的总统。在肯尼迪就职仪式后不久，肯尼迪参加了一次商人们举办的午宴，席间他发言说：“现在就请求各位在下次选举中支持我恐怕还为时过早，而感谢各位过去对我的帮助，则又错过了时机。”在欣然接受了耶鲁大学名誉学位后，他说：“现在可以说，我拥有了两个学府的最好荣誉——哈佛大学的教育和耶鲁大学的学位。”（引者——他未在哈佛毕业即参加了海军）1962 年，肯尼迪一家访问法国，夫人杰奎琳能讲一口流利的法语，法国人民和查尔斯·戴高乐本人都对她很有好感。在巴黎的最后一天，肯尼迪在夏乐宫召开的记者招待会上对记者们说：“我觉得向在座的各位做一下自我介绍并无不当之处。本人是陪同杰奎琳·肯尼迪到巴黎来的男士，为此我感到很高兴。”肯尼迪的风趣使他赢得了同事、朋友，更主要的是赢得了大选的胜利和一系列政策的成功。[①]

这类言幽意远、余音绕梁的生活化话语是政府管理者打造亲民形象的媒介工具。话语风格是一种品牌，它具有差异化效应，将政府管理者的个性优势显示出来。肯尼迪作为总统已是世界知名，他根据不同社交场合的需要，有意隐匿自己的重要性而去突出选民的支持、突出大学的实力甚至投其所好

---

① 刘革学、雍舰、李文良、高立忠：《美国总统的生活艺术》，天津人民出版社 1996 年。

甘愿做夫人背后的男士，这样轻松诙谐的语风很难不让人会心一笑，从而心生好感。

2010年1月12日，谷歌（Google）公司声明称受到来自中国的黑客攻击，并将与中国政府谈判，要求取消谷歌中国搜索引擎的内容审查，否则谷歌中国会退出中国市场。事件引起了关于网络自由、言论自由以及“谷匿”事件背后真正原因的争论，导致了中美关系的紧张。全国政协十一届三次会议新闻发言人赵启正3月2日在新闻发布会上表示，谷歌这样高技术的公司，对“黑客”的抵抗不在话下。

有记者提问：“‘谷歌事件’本来是一个商业公司的商业行为，最后有评论认为它已经成为一个‘外交事件’，您对此怎么看?”赵启正在回答时做出了下述诠释，先是讲解了谷歌进入中国的“前奏”过程。他表示：“我确切地知道，2005年，谷歌来中国考察互联网的市场和投资环境，做得很仔细。一个大的外国企业，无论是哪个专业的，到中国来都要考察投资环境，谷歌特别对于法律环境做了逐字逐句的了解。2006年正式进入中国的时候，他们对这些法律都有郑重的承诺。”赵启正说，谷歌说中国的黑客攻击了他们，并影射是中国政府的攻击，这是“毫无根据、毫无道理”的，因为中国法律也是严禁任何黑客攻击行为的，并有相关法律对黑客进行惩罚。他表示，一个外国企业到中国来是有个适应期的，不仅要适应中国的经济环境，还要适应中国的文化，这是一个过程。任何IT产业，它的经营环境都有一个值得注意的方面就是黑客的存在，就相当于我们普通人的生活环境当中有病毒、有H1N1病毒存在一样，必须要适应它，谷歌这样高技术的公司，对这些病毒的抵抗似乎是不在话下，没有问题的。赵启正还引用“达尔文进化论”比喻谷歌退出行为，称“物种的进化首先要求物种适应环境，没有听说要环境去适应物种的”。

而后，赵启正再次举例表示乐见百度和谷歌的竞争。他说：“王濛在跑道上滑冰，如果没有强劲的对手在旁边，她很难创造新纪录。所以，好的企业需要有对手一块儿跑。”他表示，谷歌的“云技术”很高级，百度李彦宏提出的“框技术”也很高级，“我倒是想看看他们竞赛”。

赵启正随即又第三次引例，表示欢迎包括谷歌在内的国外企业在中国开展业务。他说：“中国有句谚语‘好马不吃回头草’，我看这句话有问题，如果有好的草为什么放弃？好马要吃好草，所以回头的马是聪明马。”赵启正说，中国的互联网是开放的，中国继续为外商创造良好的投资环境，保护其合法利益。中国欢迎包括国际互联网企业在内的各国投资者在中国展开业务，也希望外国投资者尊重中国的公众利益、文化传统和中国法律，承担相应的社会责任。①

谷歌事件并非一宗纯粹的商业性举动，而是充斥着浓烈的政治火药味，反映出相当复杂的政治角力和政治要价。在这个案例中，赵启正的话语有三个层次，分别对应了三种气场：第一，坚决地申明法律的神圣性。他说“确切地知道”谷歌进入中国市场时对中国法律的了解以及承诺；他义正词严地指出影射中国政府利用黑客攻击谷歌是“毫无根据、毫无道理”的。这种气场表征的是态度强硬的抗议和斥责。第二，巧妙地表达商业竞争的合理性。赵启正用达尔文的“适者生存论”说明谷歌的逻辑是希望“环境来适应物种”，而这是有悖自然规律的。他还以体育竞技为例表示只有通过竞争才能促使企业和企业家创造商业神话，为此，他“乐见百度和谷歌的竞争”。这些话语表征的是一种客观中立的旁观者立场。第三，委婉地暗示接纳谷歌回头的宽容度。“如果有好的草为什么放弃？好马要吃好草，所以回头的马是聪明马。”言下之意是说，中国的互联网市场是开明的，如果谷歌认识到自己先前行为的不妥，那么中国是欢迎它重新回头的。外商外资在中国开展业务，是明智的选择，是能赢得中国欢迎与支持的选择，同时也是需要承担责任的选择。这句话看似聊市场、谈企业，实际上是在捍卫中国的信息主权和法律的话语权。这样的话语技术既不失原则、不失风度，又获得了一定程度的主动性。

---

① 李洁思：《政协发言人连举三例批“谷歌退出事件”》，环球网，http：//china.huanqiu.com/roll/2010-03/731514.html.

三、话语“刹车”技术：负面传播效果的积极化

媒介话语还是“刹车”。风险社会中政府管理者的媒介话语针对已察觉到的危险之根源进行策略性回应，转劣势为优势，往往形成负面舆论积极化的效果。美国学者费姆一邦茨认为，“一个有效的传播不仅能减轻危机，还能给组织带来比危机发生之前更为正面的声誉，而低劣的危机处理则会损伤组织的可信度、公众的信心和组织多年来建立起来的信誉。”①

1987 年，参议员戈尔参加美国总统竞选。在一次电视访谈中，主持人问起了他吸食大麻的问题，他尴尬地沉默了很久。事后，戈尔和助手字斟句酌地拟订了一个讲话稿：“如同与我同时代的许多人一样，我的生活反映了时代的特征。60 年代是一个变革时期，是一个国家成长、成熟、走出冷战、尽力解决越战问题和找回自己的时期。我们犯了错误，但是我们从这些错误中吸取了教训。作为一个国家和作为一个人，这些经历使我们更加强大。”戈尔发表讲话后，一个参议员和一个众议员也先后承认自己曾吸食大麻，舆论释然了，戈尔非但没有断送前程还成功扭转了竞选敏感期的形象危机。②

来看看戈尔形象修复的话语策略：首先，合理避责。“如同与我同时代的许多人一样，我的生活反映了时代的特征。”戈尔用时代诱因来从容冷静地解释自己吸食大麻的经历，在一定程度上唤起公众的同情和理解。第二，诚意道歉。“我们犯了错误”，这样直接真诚的公开忏悔和寻求公众宽恕是一种“战略性自责”。第三，重树信誉。“但是我们从这些错误中吸取了教训。作为一个国家和作为一个人，这些经历使我们更加强大。”这是更具有建设性的话语技术。在形象恢复和改善的过程中，需要不断注入新的要素，诸如责任感、凝聚力、可信性等，这些新要素能够为政府管理者赢得更多的认可和支持。

---

① W. T. Coombs，*Choosing the right words*：*The development of guidelines for the selection of the* “*appropriate*” *crisis response strategies*，*Management Communication Quarterly*，1995（8）.

② 洪向华：《媒体领导力——领导干部如何与媒体打交道》，中共党史出版社 2009 年，第 62 页。

2000年12月13日，美国民主党总统候选人阿尔·戈尔败选后，先打电话恭喜小布什当选，几分钟后即和竞选搭档利伯曼一起通过电视向全国民众发表演说。阿尔·戈尔在电视讲话中说："今晚，为了全国人民的团结以及为了巩固我们的民主，我做出让步。我还将无条件地接受停止计票的决定，并尊重新当选的美国总统，帮助他将全体美国人民团结在一起，以完成《独立宣言》中所描绘的美好前景，并维护宪法的权威性。"其后，他又以巧妙的方式表达了自己的心声："这是一场伟大的选举，这是一个上帝都没有预料到的竞选道路，这个最终被打破的僵局指引我们达成一个新的共识：这次选举差距异常接近的事实让我们再次感受到我们仍然是一家人，我们有共同的历史、共同的命运。对于有些事，我仍然感到遗憾，我确实感到遗憾，因为我没有得到在未来四年中继续为美国人民奋斗的机会，尤其是为那些需要减轻负担和减少障碍的人们，为那些感到自己的声音无人倾听的人们。我听到了你们的声音，而且我不会把它遗忘。我喜欢在竞选过程中所看到的美国，它值得我们为它奋斗，我永远不会停止为美国奋斗。"在他发表完这番讲话步出艾森豪大楼的时候，随即被守在外面的热情选民包围，人们对戈尔报以热烈的欢呼和掌声，并齐声高喊"四年后且看戈尔"的口号。①

阿尔·戈尔虽然竞选落败，但是其话语未输。他是"为了全国人民的团结以及为了巩固我们的民主"而"做出让步"，无不彰显其以国家和民众利益为重的大局意识和大将风度。同时，他也恰如其分地表示了落败的遗憾，"我仍然感到遗憾，我确实感到遗憾，因为我没有得到在未来四年中继续为美国人民奋斗的机会。"人都有同情弱者的本能，这种失败后的真实情感很容易引起心灵的共鸣。最后，阿尔·戈尔还向公众透露了一个理想："我永远不会停止为美国奋斗。"这让人们相信，即使遭遇再大的挫折，他都不会磨灭信念，不会丧失今后努力工作的决心。这个案例告诉我们，败选演讲也可以给民众们留下非常深刻的印象。

---

① 苗发勇、艾仁：《领导干部不可不读的精彩讲话》，广西人民出版社2009年，第254～256页。

1952年美国大选中，《纽约邮报》以“尼克松的秘密基金”为题，指控尼克松在担任参议员时，鲸吞了百万富豪俱乐部提供的一笔1.8万美金的秘密经费。[①] 这篇报道使尼克松受到巨大的政治压力，他必须证明自己的清白。9月23日，在报道后的第五天，尼克松出现在电视联播节目中，背景是他的书房，身旁是他的妻子、两个女儿和一只有黑色斑点的小狗。尼克松以平静的语调说明那笔经费完全用到了竞选上。他不仅详细开列自己的资产清单，还列出了一份欠债账单：加利福尼亚住宅抵押欠款1万美元、华盛顿住宅抵押欠款2万美元、银行借据4500美元、欠父母3500美元、欠人寿保险费500美元。接着，尼克松向观众承认自己的确接受过一份特殊的礼物——一只名叫“切克斯”的长耳猎犬。这是一位不知名的人从得克萨斯州寄送来的，6岁的小女儿特里西娅非常喜欢这条小狗。尼克松表示，不能因为自己是名人，就从女儿的怀中夺走她的宠物狗。尼克松说：“我不认为我应该退出竞选，因为我不该是个退出者。”随后的几天里，大约有200万份电报要求尼克松留下来参加竞选，甚至还有人发起了“一美元”捐款活动，以帮助尼克松一家偿还债务。[②]

此案例告诉政府管理者，面对指控或误解应该如何做出反应以及做出怎样的反应。一份如此简单的债务清单，一只再普通不过的小狗，就这样征服了人们的心，让尼克松不仅战胜了诽谤，还赢得了选民的信任和好感。在“切克斯”演讲中，我们看到了什么算作对一个政治家是腐败或不是腐败的声言的充足证据。政府管理者在被指控做错事后必须出来说话，必须让自己的声音与媒体、公众的意志相遇、协商，用积极的传播来处理棘手问题，这也是政府管理者危机修辞的技巧之一。

话语是一种能够储存信息、知识和思想的“容器”技术。“在语言符号、

① ［美］威廉·A. 德格雷戈里：《美国总统大全》，夏伯铭译，上海人民出版社1991年，第625页。

② 王寅：《问鼎白宫——美国总统大选写真》，江西人民出版社2003年，第268～270页。

视觉图案以及社会范围内的传播出现以前，人类制造工具的能力简直不值一提”[①]，人能够成为万物之灵和世界主宰的主要武器是话语技术。技术是文化繁衍的媒介，它赋予文化的政治、社会组织和思维方式以形式。语言是一种被创造的技艺，对创造者与使用者而言，都是一种工具。话语能够呈现主体的思想，亦能够遮蔽主体的真实意图，它就像一个技术装置，在推理与被推理、解释与被解释之间，实现了超越性的话语智慧与具象性的话语方式。作为“政府技术”的一个类型，“话语技术”应被系统地运用于各种组织之中。研究政府管理者的话语技术，应紧密结合话语权力、话语对象、话语载体和话语效果，探索具有规律性的方法和手段，但也不能完全教条化，毕竟，“我们可以精化技术、指引技术，使之按照适合我们感知和需要的路子发挥作用，而不是按照改造我们感知和需要的路子发挥作用”[②]。

---

① L. Quincy Mumford, *The myth of the machine I: Technics and human development*, New York, Publisher: Harcourt, Brace & World, 1967.

② 邵培仁等：《媒介生态学：媒介作为绿色生态的研究》，中国传媒大学出版社 2008 年，第 41 页。

结语　超越风险社会的媒介话语新构想

风险时代是今天执政者所面临的现实的社会境遇。正是因为媒介技术的迅猛发展，当代社会成为了一个“全媒体社会”甚至是“过度媒介化社会”。我们的全部社会生活、社会事件和社会关系都可以在媒介上展露，我们的思维意识、生活状态、行为方式都打上了媒介化的烙印。在全媒体时代，舆论更具有爆炸力，社会结构更加脆弱，风险事件更加频发、突发，尤其是国内外舆情的网络互灌现象日益严重，网民关心并参与互联网舆情讨论的积极性明显增强。这无疑增加了执政难度，考验着执政能力，挑战着执政安全。随着新媒体的普及和“公共领域”的扩大，舆论的“围堵”变得越来越困难。而作为社会公共利益的代表者，政府管理者没有理由对这些舆论进行截流。“封堵压制”的结果很可能是民意的“决堤”，甚至成为随时都有可能引爆的“定时炸弹”。新时期尤其是新媒体场域中，民间舆论中的意见领袖，在舆论传播中扮演了重要角色。当国家政策和舆论导向与民意形成正向合力时，社会趋于和谐；当这两者形成反向合力时，社会矛盾激化。在风险传播的全过程，民间舆论迫切需要正确的引导，并与主流舆论形成共鸣。

作为执政主体之一的政府管理者，深受大众传媒的影响：其执政理念的形成和传播离不开现代传媒，执政行为过程高度依赖于媒体参与，执政活动空间与媒介场域重合，执政效果受到媒体的极大干预。反之，政府管理者对大众传媒也存在作用和影响：政府管理者是媒体信息的重要来源，是大众传媒的特殊受众，是媒体间接或直接的领导者和管理者，政府管理者作为个体精英本身即是媒体的焦点。将政府管理者的媒介话语置于风险社会的理论视野和现实背景之下进行研究，需要辩证的思考角度。事实证明，风险社会中政府管理者的媒介话语具有风险与转机的双重角色。从风险的角色来说，政府管理者是权力的拥有者和施行者，权力的失控是风险滋生的根源；政府管理者的媒介话语一旦焦点化，就容易酿成社会影响力极大的风险事件；政府管理者身处全景敞视的复杂的执政空间，这个强大的话语捕捉器会进一步扩大政府管理者的媒介话语风险。从转机的角色来说，以政府管理者为中心的媒介话语，也具有积极的政治和社会功能：通过第一时间的新闻发布对媒体事件进行议程设置，能够平息公众的恐慌情绪，把谣言控制在萌芽阶段；通过媒体进行社会沟通，可以实践民生政治，维护社会的正常秩序；发挥意见领袖的作用，通过一定的传播技巧说服公众接受政府采取的措施，能创造有利于执政者的舆论环境；将媒介话语作为执政资源，可构建起比较完善的风险治理机制和危机管理体系。也就是说，在风险社会中，政府管理者的媒介话语一方面是风险议题的制造者，另一方面也可以作为政府管理社会的工具。

在风险社会中，媒介话语资源的合理运用是执政者成功的关键。反之，不遵循传播规律、不会运用新闻技巧、不善于与媒体打交道的人，注定要被时代淘汰。从本书的调研分析中可以发现，能在工作中主动使用媒体的政府管理者仅是极小部分，大量政府管理者是被动接触媒体甚至从未与媒体打交道。有些政府管理者尚未意识到媒体的重要功能和作用，不少政府管理者即使认识到媒体的价值，但对传媒规律的了解和掌握还处于初级阶段，与现代社会政府管理者应该具有的媒介话语能力尚存在不小距离。这从制度层面讲，缘于层级制与权力制衡的矛盾、把关制与信息公开的矛盾、问责制与有效沟通的矛盾；从观念层面讲受到了政府行政干预思想的影响、自我本位的片面思维的影响、对媒体与政府联动关系的集体无意识症候的影响；表现在行为层面就是规避、激化、被动、瞒报等现象发生，总的看来政府管理者群体不敢于、不乐于、不善于与现代传媒打交道。

风险既是主观认知，也是客观存在。“风险社会”应从两个层面进行理解：一是观念层面，即人类风险的意识在增强，要求对媒介话语的认知中要时刻贯彻话语能产生风险亦可化解风险的观念；二是事实层面，即现代社会的风险因素在不断增多从而使风险有扩大化的趋势，要求对媒介话语拥有相当的掌控能力和技巧，才能建立针对风险社会的有效预警系统和防御系统，实现风险的转化，变弊为利。如何才能超越风险社会？本研究就政府管理者的媒介话语提出了新的构想，从三个方面赋予了风险社会执政能力建设的特殊内容和要求：政府管理者媒介话语的风险认知能力，是执政能力建设的推进动力；政府管理者媒介话语的情境应对能力，是与风险社会相适配的执政能力的构成内容；政府管理者媒介话语的技术掌控能力，是其执政能力走向成熟的重要标志。

政府管理者要提高媒介话语的风险认知能力，建构三大理念——“生活政治观”“权力话语观”“媒介生态观”。第一，在风险社会中，媒介话语具有了“生活政治”的特殊功能，为了提升执政效果，政府管理者尤其要重视日常生活的媒介话语体验；第二，现代社会是充满权力话语氛围的时代，政府管理者作为媒介话语的掌控者拥有象征性权力，更应理解话语秩序与话语规训的原理和机制；第三，媒介系统有足够的内部运行能力以应对执政环境的复杂性，媒介系统内部的各因素也存在相互作用和影响。现代执政生态格局涵盖政治生态、经济生态、文化生态、社会生态等多方面，而媒介内外生态均要求政府管理者的媒介话语与之适配。在风险社会视域中，大众传播生态、人际传播生态和群体传播生态共生，媒介生态是政治生态的晴雨表，两个舆论场的话语监测与执政生态的规划，关系到政治生态的文明程度。

政府管理者要提高媒介话语的情境应对能力，培养“情境智慧”——对话语空间、话语主体、话语文本、话语事件四大情境要素的分析和控制，决定其在不同情境下媒介话语的运用和转换。从话语空间来看，在场情境中要体会身体的秘语，缺场情境中要发挥语词的力量，空间转换情境中要运用策划的艺术。从话语主体来看，个体情境中要演绎个性风格，集体情境中需勾勒整体形象，多维互动情境中应关注对话交流。从话语文本来看，文本内语境强调符码与意义，文本外语境强调社会与环境。从话语事件来看，常态情境中的风险预警、异态情境中的心理抚慰、突发事件情境中的危机传播，也是风险社会中政府管理者的媒介话语必须考虑的情境因素。

政府管理者要提高媒介话语的技术掌控能力，炼造“核心技术”——从话语权力、话语对象、话语载体、话语效果四个方面来打造政府管理者的话语技术。从话语权力来看，硬权力对应硬性命令的强制型传播，软权力对应软性同化的感召型传播，巧权力对应刚柔并济的复合型传播；从话语对象来看，内外统筹的话语技术要求整合式传播，弱势群体的利益诉求要求人性化传播；从话语载体来看，传统媒体领军公信力强的专业化传播，而新媒体覆盖的是融入大众的民主化传播；从话语效果来看，话语“引擎”技术制造正面传播效果的最大化，话语“扳手”技术引导中性传播效果的有利化，话语“刹车”技术形成负面传播效果的积极化。

在政治主导型的稳态社会结构中，中国的传媒是作为社会系统中的子系统而存在的，中国的政府管理者应在政府、传媒和公众的三角结构中发挥重大功能。虽然超越风险社会的梦想，仅仅寄希望于政府管理者个体媒介话语的微观效果还不足以实现，但是只有政府管理者迈出这具有重大社会意义的第一步，才能唤起广大公众乃至全人类风险意识的觉醒，开启危机传播和风险管理机制在新时代的历史性突破。

参考文献

中文著作：

1. ［爱尔兰］菲利普·佩迪特：《语词的创造：霍布斯论语言、心智与政治》，于明译，北京大学出版社2010年。

2. ［澳］西蒙·科特：《新闻、公共关系与权力》，李兆丰、石琳译，复旦大学出版社2007年。

3. ［俄］尼古拉·别尔嘉耶夫：《论人的奴役与自由》，张百春译，中国城市出版社2002年。

4. ［德］马丁·布伯：《对人的问题的展望》，商务印书馆1997年。

5. ［德］马克斯·霍克海默、西奥多·阿道尔诺《启蒙辩证法——哲学断片》，渠敬东、曹卫东译，上海人民出版社2003年。

6. ［德］尼克拉斯·卢曼：《权力》，瞿铁鹏译，上海世纪出版集团、上海人民出版社2005年。

7. ［德］乌尔里希·贝克：《风险社会——通往另一个现代的路上》，汪浩译，巨流图书公司，2004年。

8. ［德］乌尔里希·贝克、约翰内斯·威尔姆斯：《自由与资本主义——与著名社会学家乌尔里希·贝克对话》，路国林译，浙江人民出版社2001年。

9. ［德］乌尔里希·贝克：《风险社会》，何博闻译，译林出版社2004年。

10. ［德］乌尔里希·贝克：《世界风险社会》，吴英姿、孙淑敏译，南京大学出版社2004年。

11. [德] 乌尔里希·贝克、[英] 安东尼·吉登斯、[美] 斯科特·拉什:《自反性现代化——现代社会秩序中的政治、传统与美学》,周宪、许钧主编,商务印书馆 2001 年。

12. [德] 乌尔里希·贝克:《属于自己的生活》,苏尔坎普出版社 2004 年。

13. [德] 于尔根·哈贝马斯:《对话伦理学与真理的问题》,沈清楷译,中国人民大学出版社 2005 年。

14. [法] 埃哈尔·费埃德伯格:《权力与规则——组织行动的动力》,张月等译,格致出版社、上海人民出版社 2008 年。

15. [法] 布尔迪厄、[美] 华康德:《实践与反思——反思社会学导引》,李猛、李康译,中央编译出版社 2004 年。

16. [法] 查理·路易·孟德斯鸠:《论法的精神(上册)》,张雁深译,商务印书馆 2004 年。

17. [法] 弗朗西斯·巴勒:《传媒》,张迎旋译,中国传媒大学出版社 2007 年。

18. [法] 莫里斯·梅洛-庞蒂:《知觉现象学》,姜志辉译,商务印书馆 2001 年。

19. [法] 米歇尔·福柯:《词与物——人文科学考古学》,莫伟民译,上海三联书店 2001 年。

20. [法] 米歇尔·福柯:《规训与惩罚》,刘北成、杨远婴译,生活·读书·新知三联书店 2010 年。

21. [法] 米歇尔·福柯:《知识考古学》,谢强、马月译,生活·读书·新知三联书店 1998 年。

22. [法] 乔治-埃利亚、萨尔法蒂:《话语分析基础知识》,曲辰译,天津人民出版社 2006 年。

23. [荷] 冯·戴伊克:《话语·心理·社会》,施旭等译,中华书局 1993 年。

24. [荷] 托伊恩·A. 梵·迪克:《作为话语的新闻》,曾庆香译,华夏出版社 2003 年。

25. [加拿大] 查尔斯·泰勒:《自我的根源——现代认同的形成》，韩震等译，译林出版社2001年。

26. [加拿大] 马歇尔·麦克卢汉:《人的延伸——媒介通论》，何道宽译，四川人民出版社1992年。

27. [加拿大] 马歇尔·麦克卢汉:《理解媒介——论人的延伸》，何道宽译，商务印书馆2000年。

28. [美] 阿尔温·托夫勒:《第三次浪潮》，朱志焱、潘琪、张炎译，生活·读书·新知三联书店1983年。

29. [美] 保罗·康纳顿:《社会如何记忆》，纳日碧力戈译，上海人民出版社2000年。

30. [美] 博伊德·克拉克、罗恩·克罗斯兰:《领导就是沟通》，胡书东、孙立明译，中信出版社、辽宁教育出版社2004年。

31. [美] 彼德·布劳:《社会生活中的交换与权力》，孙非、张黎勤译，华夏出版社1988年。

32. [美] 大卫·雷·格里芬:《后现代精神》，王成兵译，中央编译出版社1998年。

33. [美] 戴维·阿什德:《传播生态学——控制的文化范式》，华夏出版社2004年。

34. [美] 戴维·理斯曼、格拉泽、戴尼:《孤独的人群——美国人性格变动之研究》，刘翔平译，辽宁人民出版社1989年。

35. [美] 丹尼斯·K. 姆贝:《组织中的传播和权力:话语、意识形态和统治》，陈德民、陶庆、薛梅译，中国社会科学出版社2000年。

36. [美] 丹尼斯·米都斯等:《增长的极限》，李宝恒译，吉林人民出版社1997年。

37. [美] J. 赫伯特·阿特休尔:《权力的媒介》，黄煜、裘志康译，华夏出版社1989年。

38. [美] H. 马尔库塞等:《工业社会和新左派》，任立译，商务印书馆1987年。

39. [美] H. W. 刘易斯:《技术与风险》，杨健等译，中国对外翻译出版公司 1994 年。

40. [美] 加布里埃尔·A. 阿尔蒙德、小 G. 宾厄姆·鲍威尔：《比较政治学：体系、过程和政策》，公婷、陈峰、曹沛霖、郑世平译，上海译文出版社 1987 年。

41. [美] 加里·沃塞曼：《美国政治基础》，陆震纶、何祚康、郑明哲、杨景厚译，中国社会科学出版社 1994 年。

42. [美] J. 瓦西纳：《文化和人类发展》，孙晓玲、罗萌等译，华东师范大学出版社 2007 年。

43. [美] 克雷奇、克拉奇菲尔德、利维森：《心理学纲要》，周先庚、林传鼎、张述祖译，文化教育出版社 1980 年。

44. [美] 劳伦斯·巴顿：《组织危机管理》，符彩霞译，清华大学出版社 2002 年。

45. [美] 鲁道夫·阿恩海姆：《视觉思维——审美直觉心理学》，滕守尧译，光明日报出版社 1986 年。

46. [美] 罗纳德·德沃金：《至上的美德——平等的理论与实践》，冯克利译，江苏人民出版社 2003 年。

47. [美] L. J. 宾客莱：《理想的冲突——西方社会中变化着的价值观念》，马元德、陈白澄、王太庆、吴永泉译，商务印书馆 1983 年。

48. [美] 马克斯韦尔·麦库姆斯：《议程设置——大众媒介与舆论》，郭镇之、徐培喜译，北京大学出版社 2008 年。

49. [美] 梅尔文·德弗勒、桑德拉·鲍尔·洛基奇：《大众传播学诸论》，杜力平译，新华出版社 1990 年。

50. [美] 尼尔·波兹曼：《娱乐至死》，章艳译，广西师范大学出版社 2008 年。

51. [美] 诺曼·R. 奥古斯丁等：《危机管理》，北京新华信商业风险管理有限责任公司译，中国人民大学出版社、哈佛商学院出版社 2001 年。

52. [美] 欧文·戈夫曼：《日常生活中的自我表演》，徐江敏译，云南人民出版社 1988 年。

53. [美] 乔治·布鲁斯东：《从小说到电影》，高骏千译，中国电影出版社 1981 年。

54. [美] 史蒂文·卢克斯:《权力:一种激进的观点》,彭斌译,江苏凤凰出版传媒集团、江苏人民出版社 2008 年。

55. [美] 斯蒂文·小约翰:《传播理论》,陈德民、叶晓辉译,中国社会科学出版社 1999 年。

56. [美] 威尔伯·施拉姆、威廉·波特:《传播学概论》,陈亮、周立方、李启译,新华出版社 1984 年。

57. [美] 威廉·A. 德格雷戈里:《美国总统大全》,夏伯铭译,上海人民出版社 1991 年。

58. [美] 沃纳·塞佛林、小詹姆斯·坦卡德:《传播理论——起源、方法与应用》,郭镇之译,中国传媒大学出版社 2006 年。

59. [美] 约瑟夫·奈:《灵巧领导力》,李达飞译,中信出版社 2009 年。

60. [美] 约书亚·梅罗维茨:《消失的地狱:电子媒介对社会行为的影响》,肖志军译,清华大学出版社 2002 年。

61. [瑞士] 费尔迪南·德·索绪尔:《普通语言学教程》,高名凯译,商务印书馆 1980 年。

62. [日] 见田宗介、栗原彬、田中义久:《社会学事典》,弘文堂 1988 年。

63. [日] 佐藤卓己:《现代传媒史》,诸葛蔚东译,北京大学出版社 2004 年。

64. [意] 奥尔利欧·佩奇:《世界的未来——关于未来问题一百页》,王肖萍、蔡荣生译,中国对外翻译出版公司 1985 年。

65. [英] 安东尼·吉登斯:《超越左与右——激进政治的未来》,李惠斌、杨雪冬译,社会科学文献出版社 2000 年。

66. [英] 大卫·丹尼:《面对风险社会》,吕奕欣、郑佩岚译,韦伯文化国际出版有限公司 2009 年。

67. [英] 安东尼·吉登斯:《社会的构成》,李康、李猛译,生活·读书·新知三联书店 1998 年。

68. [英] 安东尼·吉登斯:《失控的世界》,周红云译,江西人民出版社

2001 年。

69. [英] 安东尼·吉登斯:《亲密关系的变革——现代社会中的性、爱和爱欲》,陈永国、汪民安等译,社会科学文献出版社 2001 年。

70. [英] 安东尼·吉登斯:《为社会学辩护》,周红云、陶传进、徐阳译,社会科学文献出版社 2003 年。

71. [英] 安东尼·吉登斯:《现代性的后果》,田禾译,译林出版社 2000 年。

72. [英] 安东尼·吉登斯:《现代性的后果》,田禾译,凤凰出版传媒集团、译林出版社 2011 年。

73. [英] 安东尼·吉登斯、克里斯多弗·皮尔森:《现代性——吉登斯访谈录》,尹宏毅译,新华出版社 2001 年。

74. [英] 安东尼·吉登斯:《现代性与自我认同》,赵旭东、方文译,生活·读书·新知三联书店 1998 年。

75. [英] 芭芭拉·亚当、[德] 乌尔里希·贝克、[英] 约斯特·房龙:《风险社会及其超越——社会理论的关键议题》,赵延东、马缨等译,北京出版社 2005 年。

76. [英] 彼得·卡雷特:《体态秘语——肢体语言手册》,季广茂、邱娟、丁洁如译,首都师范大学出版社 2006 年。

77. [英] 布莱恩·麦克奈尔:《政治传播学引论》(第 2 版),殷祺译,新华出版社 2005 年。

78. [英] 戴维·伯姆:《论对话》,王松涛译,教育科学出版社 2004 年。

79. [英] 戴维·米勒、韦农·波格丹诺:《布莱尔维尔政治学百科全书》,邓正来译,中国政法大学出版社 1992 年。

80. [英] 丹尼斯·麦奎尔:《麦奎尔大众传播理论》,崔保国、李琨译,清华大学出版社 2006 年。

81. [英] 杰奎琳·穆尔、史蒂文·桑西诺:《无障碍领导——价值导向的新文艺复兴观》,张来贵、卢玲冬译,经济管理出版社 2005 年。

82. [英] 罗素:《人类的知识——其范围与限度》,商务印书馆 1983 年。

83. [英] 诺曼·费尔克拉夫:《话语与社会变迁》,殷晓蓉译,华夏出版社 2003 年。

84. ［英］齐格蒙特·鲍曼：《后现代伦理学》，张成岗译，江苏人民出版社 2003 年。

85. ［英］齐格蒙特·鲍曼：《现代性与大屠杀》，杨渝东、史建华译，译林出版社 2002 年。

86. ［英］齐格蒙特·鲍曼：《寻找政治》，洪涛、周顺、郭台辉译，上海人民出版社 2006 年。

87. ［英］乔纳森·波特、玛格丽特·韦斯雷尔：《话语和社会心理学——超越态度与行为》，肖文明、吴新利、张擎译，中国人民大学出版社 2006 年。

88. ［英］W. I. B. 贝弗里奇：《科学研究的艺术》，陈捷译，科学出版社 1979 年。

89. ［英］约翰·肯尼思·加尔布雷思：《权力的分析》，陶远华、苏世军译，河北人民出版社 1988 年。

90. 邴正：《当代人与文化——人类自我意识和文化批判》，吉林教育出版社，1996 年。

91. 曹顺庆：《中国古代文论话语》，巴蜀书社 2001 年。

92. 陈成文：《社会弱者论》，时事出版社 2000 年。

93. 陈嘉映：《语言哲学》，北京大学出版社 2003 年。

94. 陈力丹：《舆论学——舆论导向研究》，中国广播电视出版社 1999 年。

95. 陈丽江：《文化语境与政治话语——政府新闻发布会的话语分析》，中国广播电视出版社 2007 年。

96. 陈晓明：《解构的踪迹：历史、话语与主体》，中国社会科学出版社 1994 年。

97. 高波：《政府传播论》，中国传媒大学出版社 2008 年。

98. 高宣扬：《福柯的生存美学》，中国人民大学出版社 2005 年。

99. 郭庆光：《传播学教程》，中国人民大学出版社 2002 年。

100. 洪向华：《媒体领导力——领导干部如何与媒体打交道》，中共党史出版社 2009 年。

101. 胡百精：《危机传播管理——流派、范式与路径》，中国人民大学出版社 2009 年。

102. 胡春阳：《话语分析：传播研究的新路径》，上海人民出版社 2007 年。

103. 胡状麟、朱永生、张德录：《系统功能语法概论》，湖南教育出版社 1989 年。

104. 黄华：《权力，身体与自我——福柯与女性主义文学批评》，北京大学出版社 2005 年。

105. 贺照田、赵汀阳：《学术思想评论（第五辑）》，辽宁大学出版社 1999 年。

106. 蒋晓丽：《传媒宣导抚慰功能——兼论在西部地区的特殊作用》，四川大学出版社 2008 年。

107. 孔繁斌：《公共性的再生产——多中心治理的合作机制建构》，凤凰出版传媒集团、江苏人民出版社 2008 年。

108. 刘革学、雍舰、李文良、高立忠：《美国总统的生活艺术》，天津人民出版社 1996 年。

109. 李宏、李民等：《传媒政治》，中国传媒大学出版社 2006 年。

110. 李惠斌：《全球化与公民社会》，广西师范大学出版社 2003 年。

111. 李希光、赵心树：《媒体的力量》，南方日报出版社 2002 年。

112. 李银河：《福柯与性——解读福柯〈性史〉》，山东人民出版社 2001 年。

113. 李永健、展江：《新闻与大众传媒通论》，中国人民大学出版社 2003 年。

114. 刘学义：《话语权转移——转型时期媒体言论话语权实践的社会路径分析》，中国传媒大学出版社 2008 年。

115. 刘岩：《风险社会理论新探》，中国社会科学出版社 2008 年。

116. 刘祖云：《社会转型解读》，武汉大学出版社 2005 年。

117. 陆德山：《认识权力》，中国经济出版社 2000 年。

118. 陆梅林、程代熙：《异化问题》下卷，文化艺术出版社 1986 年。

119. 罗钢、刘象愚：《文化研究读本》，中国社会科学出版社 2000 年。
120. 苗发勇、艾仁：《领导干部不可不读的精彩讲话》，广西人民出版社 2009 年。
121. 莫伟民：《莫伟民讲福柯》，北京大学出版社 2005 年。
122. 任平、陈忠：《当代视野中的马克思主义哲学》，人民出版社 2003 年。
123. 单晓红：《媒介素养引论》，浙江大学出版社 2008 年。
124. 邵培仁等：《媒介生态学：媒介作为绿色生态的研究》，中国传媒大学出版社 2008 年。
125. 史安斌：《危机传播与新闻发布》，南方日报出版社 2004 年。
126. 施旭：《文化话语研究——探索中国的理论、方法与问题》，北京大学出版社 2010 年。
127. 索燕华、纪秀生：《传播语言学》，北京师范大学出版社 2010 年。
128. 孙发友：《新闻文本与文化生态——媒介话语的框架性解读》，人民出版社 2009 年。
129. 平川：《危机管理——政府·企业·个人立于不败之地的关键》，当代世界出版社 2005 年。
130. 漆思：《现代性的命运》，中国社会科学出版社 2005 年。
131. 齐延平：《社会弱势群体的权利保护》，山东人民出版社 2006 年。
132. 秦德君：《领袖形象的政治艺术》，复旦大学出版社 2009 年。
133. 王沪宁：《比较政治分析》，上海人民出版社 1987 年。
134. 王健：《创新启示录：超越性思维》，复旦大学出版社 2003 年。
135. 汪民安、陈永国：《后身体：文化、权力和生命政治学》，吉林人民出版社 2003 年。
136. 王尚银：《中国社会问题研究引论》，浙江大学出版社 2005 年。
137. 汪行福：《走出时代的困境——哈贝马斯对现代性的反思》，上海社会科学院出版社 2000 年。
138. 王寅：《问鼎白宫——美国总统大选写真》，江西人民出版社 2003 年。

139. 王怡红：《人与人的相遇——人际传播论》，人民出版社 2008 年。

140. 王岳川：《后殖民主义与新历史主义文论》，山东教育出版社 1999 年。

141. 王治河：《福柯》，湖南教育出版社 1999 年。

142. 魏永征：《新闻传播法教程》，中国人民大学出版社 2002 年。

143. 吴猛：《福柯话语理论探要》，九州出版社 2010 年。

144. 谢进川：《传媒治理论：社会风险治理视角下的传媒功能研究》，中国传媒大学出版社 2009 年。

145. 谢立中：《西方社会学经典读本（下册）》，北京大学出版社 2008 年。

146. 谢立中：《西方社会学名著提要》，江西人民出版社 1998 年。

147. 谢立中：《走向多元话语分析——后现代思潮的社会学意涵》，中国人民大学出版社 2009 年。

148. 许丽萍：《吉登斯生活政治范式研究》，人民出版社 2008 年。

149. 徐友渔、周国平、陈嘉映、尚杰：《语言与哲学——当代英美与德法传统比较研究》，生活·读书·新知三联书店 1996 年。

150. 薛澜、张强、钟开斌：《危机管理——转型期中国面临的挑战》，清华大学出版社 2003 年。

151. 薛晓源、周战超：《全球化与风险社会》，社会科学文献出版社 2005 年。

152. 严强、张凤阳、温晋锋：《宏观政治学》，南京大学出版社 1998 年。

153. 杨进明：《权力的起源、本质、发展和运行》，中华国际出版社 1999 年。

154. 杨效宏：《媒介话语：现代传播中的个体呈现》，四川大学出版社 2007 年。

155. 杨雪冬等：《风险社会与秩序重建》，社会科学文献出版社 2006 年。

156. 喻国明、焦中栋：《中国传媒软实力发展报告》，同心出版社 2009 年。

157. 张光博：《社会学词典》，人民出版社 1989 年。

158. 张国良：《20 世纪传播学经典文本》，复旦大学出版社 2003 年。

159. 张学标：《风险社会的媒体风险建构》，新疆生产建设兵团出版社2007年。

160. 赵士林：《突发事件与媒体报道》，复旦大学出版社2006年。

161. 周平：《政治学导论》，云南大学出版社2007年。

162. 庄友刚：《跨越风险社会——风险社会的历史唯物主义研究》，人民出版社2008年。

163. 中共中央马克思恩格斯列宁斯大林著作编译局：《马克思恩格斯选集》第1卷，人民出版社1975年。

164. 中共中央文献研究室：《十六大以来重要文献选编（中）》，中央文献出版社2006年。

中文期刊：

1. ［德］乌尔里奇·贝克：《风险社会再思考》，郗卫东译，《马克思主义与现实》2002年第4期。

2. ［德］乌尔里希·贝克：《从工业社会到风险社会（上篇）——关于人类生存、社会结构和生态启蒙等问题的思考》，王武龙译，《马克思主义与现实》2003年第3期。

3. ［德］乌尔里希·贝克：《风险社会政治学》，刘宁宁、沈天霄译，《马克思主义与现实》2005年第3期。

4. ［荷］沃特·阿赫特贝格：《民主、正义与风险社会：生态民主政治的形态与意义》，周战超译，《马克思主义主义与现实》2003年第3期。

5. ［美］弗兰克·费舍尔：《乌尔里希·贝克和风险社会政治学评析》，孟庆艳译，《马克思主义与现实》2005年第3期。

6. ［瑞典］斯万·欧维·汉森：《知识社会中的不确定性》，刘北成译，《国际社会科学杂志（中文版）》2003年第1期。

7. ［英］斯科特·拉什：《风险社会与风险文化》，王武龙译，《马克思主义与现实》2002年第4期。

8. 车辚：《中国共产党的执政生态与执政安全》，《中共四川省委党校学报》2006年第4期。

9. 陈进:《语境的本质及其特征》,《西安外国语学院学报》1999年第3期。

10. 陈蕴茜:《身体政治:国家权力与民国中山装的流行》,《学术月刊》2007年第9期。

11. 丁关根:《在全国电影工作会议上的讲话》,《党建》1998年第6期。

12. 范玉刚:《“民间网络舆论场”改变中国舆论生态》,《青年记者》2010年第11期。

13. 方堃:《灵巧领导力:软硬权力的完美结合》,《领导科学》2010年第8期。

14. 关中平:《谈电视、网络与青年价值观》,《辽宁青年管理干部学院学报》2000年第1期。

15. 郭小平、秦志希:《风险传播的悖论——论“风险社会”视域下的新闻报道》,《江淮论坛》2006年第2期。

16. 韩书:《灾难事件三个环节中的媒介运用》,《中国记者》2004年第10期。

17. 贺建平:《新闻文本的建构与解读——评费斯克的新闻观》,《郑州大学学报(哲学社会科学版)》2004年第4期。

18. 胡超:《高语境与低语境交际的文化渊源》,《宁波大学学报(人文科学版)》2009年第4期。

19. 胡忠青:《论领导干部的媒介素养》,《新闻界》2006年第2期。

20. 黄四海:《罗斯福:四次“炉边谈话”与第一次新政》,《人民论坛》2004年第8期。

21. 纪秀生:《关于人类语言局限性问题的思考》,《吉林大学社会科学学报》2003年第1期。

22. 贾让:《转型期的社会风险与安全策略》,《法制与社会》2009年第5期。

23. 姜胜洪:《把握网络舆情规律　加强正面舆论引导——以杭州飙车案的网络舆情变动为例》,《中国党政干部论坛》2010年第7期。

24. 蒋晓丽:《“传媒化生存”研究》,《思想战线》2006年第3期。

25. 雷青松、黄红东：《执政合法性资源与党的先进性建设》，《理论探索》2006 年第 2 期。

26. 李建利：《话语分析与新闻语言》，《西北大学学报（哲学社会科学版）》2005 年第 6 期。

27. 李镭：《WEB 2.0 与美国总统选举政治的结构转型——奥巴马互联网战略的政治分析》，《国际新闻界》2008 年第 12 期。

28. 李忠、张涤新：《转型期社会风险问题探析》，《贵州社会科学》2009 年第 1 期。

29. 梁庆周、陈元中：《党的执政生态论略》，《理论探索》2006 年第 5 期。

30. 梁志明：《正确认识和应对风险社会》，《天府新论》2006 年第 B06 期。

31. 刘建明：《“第一时间”是什么时间?》，《新闻与写作》2006 年第 6 期。

32. 刘庆珍：《转型期的社会风险及防范机制》，《大连海事大学学报（社会科学版）》2007 年第 1 期。

33. 刘旭涛、周晓燕：《中国官员的“网络恐惧”——多少官员患有“网络恐惧”症——当代中国官员“网络恐惧”问卷调查分析报告》，《人民论坛》2010 年第 9 期。

34. 刘学英、张振江、尤秀斌：《网络民议与主流媒体的舆论引导力》，《新闻战线》2008 年第 10 期。

35. 刘岩：《风险意识启蒙与反思性现代化——贝克和吉登斯对风险社会出路的探寻及其启示》，《江海学刊》2009 年第 1 期。

36. 刘正荣：《网上舆论引导中的“议程设置”》，《新闻战线》2007 年第 5 期。

37. 刘志军：《构建和谐社会是中国共产党执政能力建设的新任务——兼谈加强党的执政生态园建设》，《河北北方学院学报（社会科学版）》2005 年第 2 期。

38. 匡文波：《手机媒体的用户定位》，《传媒》2006 年第 4 期。

39. 明铭：《一个诠释性典范：霍尔模式》，《新闻与传播研究》2002 年第 2 期。

40. 倪明胜、纪宁：《风险社会与风险治理》，《求知》2010 年第 8 期。

41. 秦德君：《领导者如何成为公共舞台上的优秀“艺术家”》，《中国党政干部论坛》2010 年第 3 期。

42. 邵培仁：《论媒介生态系统的构成、规划与管理》，《浙江师范大学学报（社会科学版）》2008 年第 2 期。

43. 沈春雷：《新媒体环境下地方政府信息把关的偏差》，《今传媒》2009 年第 2 期。

44. 石长顺、徐锐：《媒介话语的历史性超越与重建——汶川大地震报道的电视话语分析》，《现代传播（中国传媒大学学报）》2008 年第 3 期。

45. 宋晓阳：《日本电视新闻报道机制》，《电视研究》2004 年第 7 期。

46. 孙和平：《“风险社会”的传媒哲学阐释—— 兼论“应急响应机制”的新传媒视域》，《哲学研究》2009 年第 4 期。

47. 唐海江：《政治媒体化：当代西方媒体与政治关系的形态分析》，《求索》2003 年第 1 期。

48. 王积龙：《浅析美国媒体老人形象问题》，《国际新闻界》2007 年第 4 期。

49. 王绍光、胡鞍钢、丁元竹：《经济繁荣背后的社会不稳定》，《战略与管理》2002 年第 3 期。

50. 王石泉：《领导干部眼中的新闻媒体和新闻报道——来自中国浦东干部学院的调查报告》，《新闻记者》2010 年第 2 期。

51. 王秋馥、李铭：《由传媒生态危机引发的思考》，《新闻传播》2004 年第 12 期。

52. 王颖：《党的执政能力建设的社会生态分析》，《当代世界与社会主义》2005 年第 4 期。

53. 王晓芸：《巧权力理念及其对领导力提升的启示》，《领导科学》2009 年第 9Z 期。

54. 吴丰军、黄基秉：《主流舆论的概念辨析》，《成都大学学报（社会科学版)》2007 年第 5 期。

55. 吴九占:《党的执政能力评价指标体系研究》,《求实》2009 年第 1 期。

56. 吴素雄:《国家建构的社会逻辑:从权力结构的均衡考察——兼论哈贝马斯交往权力对社会权力的制约》,《浙江社会科学》2008 年第 12 期。

57. 夏玉珍、吴娅丹:《中国正进入风险社会时代》,《甘肃社会科学》2007 年第 1 期。

58. 肖培:《互联网成新舆论场》,《新闻与写作》2010 年第 5 期。

59. 肖巍:《"全球化风险"与中国的长期应对》,《学术月刊》2010 年第 1 期。

60. 许辉:《斯大林的红场演论》,《领导文萃》1996 年第 1 期。

61. 许文郁:《影视生成机制的受众心理分析》,《北京市政法管理干部学院学报》2003 年第 1 期。

62. 薛晓源、刘国良:《全球风险世界:现在与未来——德国著名社会学家、风险社会理论创始人乌尔里希·贝克教授访谈录》,《马克思主义与现实》2005 年第 1 期。

63. 郇庆治:《生态现代化理论与绿色变革》,《马克思主义主义与现实》2006 年第 2 期。

64. 杨亮才:《发展与风险:一种全球化视野中的探索》,《延安大学学报(社会科学版)》2005 年第 5 期。

65. 杨岩勇、曾蓉蓉:《从话语控效理论看广告语言》,《商情》2009 年第 4 期。

66. 叶皓:《美国政府的媒体应对机制及其启示》,《江海学刊》2008 年第 3 期。

67. 张成福、陈占锋、谢一帆:《风险社会与风险治理》,《教学与研究》2009 年第 5 期。

68. 张芹:《传媒功利性误读意欲何为》,《新闻实践》2010 年第 10 期。

69. 张云昊:《转型风险社会的特点及风险控制》,《武汉理工大学学报(社会科学版)》2009 年第 3 期。

70. 张陟遥、张惠玲：《论转型期社会结构分化与执政党社会整合功能》，《湖北社会科学》2006 年第 4 期。

71. 赵延东：《风险社会与风险治理》，《中国科技论坛》2004 年第 4 期。

72. 赵志立：《网络舆论：主流与草根如何对接?》，《网络传播》2010 年第 9 期。

73. 庄友刚：《从马克思主义视野对风险社会的二重审视》，《探索》2004 年第 3 期。

74. 周战超：《当代西方风险社会理论引述》，《马克思主义与现实》2003 年第 3 期。

75. 朱清河：《场域理论视野下弱势群体媒介势弱的形成及其救助》，《新闻大学》2010 年第 1 期。

76. 邹千江：《当前中国社会价值观的存在特点》，《社会科学辑刊》2005 年第 4 期。

77. CCTV《世界周刊》：《阿罗约的救赎》，《世界知识》2004 年第 15 期。

外文著作：

1. Bernard Cohen，*The Press and Foreign Policy*，NJ：Princeton University Press，1963.

2. R. L. Daft and R. H. Lengel，*Information richness*：*A new approach to managerial information processing and organizational design*，In B. M. Staw and L. L. Cummings，eds.，*Research in organizational behavior*，Greenwich，CT：JAI Press，1984.

3. D. C. Grettham，*Theories of the Text*，Oxford University Press，1999.

4. D. Hymes，*Models of the Interaction of Language and Social Life*，*Directions in Sociolinguistics*，New York：Holt，Rinehart & Winston，1972.

5. D. Sperber and D. Wilson，*Relevance*：*Communication and Cognition*，*Oxford*：*Basil Blackwell*，1986.

6. Giddens，*Modernity and Self—identity*：*Self and Society in the Late*

Modern Age, Combridge: Polity Press, 1991.

7. Ihab Hassan, *The Postmodern Turn: Essays in Postmodern Theory and Culture*, The Ohio State University Press, 1987.

8. Leon Sigal, *Reporters and Officials: The Organization and Politics of News-making*, Lexington, MA: D. C. Heath, 1973.

9. M. Foucault, *The History of Sexuality, Volume 2 : The Use of Pleasure*, New York : Vintage Press, 1984.

10. Michael Oakeshott, *On Human Conduct*, Charendon Press, 1975.

11. L. Quincy Mumford, *The myth of the machine I: Technics and human development*, New York, Publisher: Harcourt, Brace & World, 1967.

12. National Research Council, *Introduction: Improving Risk Communication*, Washington, D. C. : National Academy Press, 1989.

13. Nicholas O'Shaughnessy, *The Phenomenon of Political Marketing*, London: Macmillan, 1990.

14. Philip Pettit, *Made With Words: Hobbes on Language, Mind, and Politics*, Princeton University Press, 2008.

15. Piet Strydom, *Risk, environment and society: ongoing debates, current issues, and future prospects*, Buckingham: Open University Press, 2002.

16. N. W. Polsby, *Community Power and Political Theory*, 2nd edu. , New Haven, CT: Yale University Press, 1980.

17. Stuart Hall, ed. , *Representation: Cultural Representations and Signifying Practices*, London: SAGE Publications, 2002.

18. Ulrich Beck, *Risk Society: Toward a New Modernity*, London: SAGE Publications, 1992.

19. Ulrich Beck, *World Risk Society*, Cambridge: Blackwell, 1999.

20. Ulrich Beck, Anthony Giddens and Scott Lash, *Reflexive Modernization: Polities, Tradition, and Aesthetics in the Modem Social Order*, Stanford, Cliff, Stanford University Press, 1990.

21. Yoel Cohen, *Media Diplomacy, the Foreign Office in the Commu-*

nications Age, London, Frank Cass Publishers, 1986.

外文期刊:

1. Birkland. T. A, *Oliver Stone's Defense of JFK*, *Communication Quarterly*, 1997.

2. Casey Man Kong Lum, *Introduction: The Intellectual Roots of Media Ecology*, *The New Jersey Journal of communication*, Volume 8, Number 1, Spring, 2000.

3. W. T. Coombs, *Choosing the right words: The development of guidelines for the selection of the 'appropriate' crisis response strategies*, *Management Communication Quarterly*, 1995 (8).

4. Doris Graber, *Mass Media and American Politics*, 2nd edn., Washington, D. C.: *Congressional Quarterly*, 1984.

5. Eytan Gilboa, *Foreign Media Age: three Kinds of Uses and Effects Model*, *Diplomacy & Statecraft*, Volume 12, Issue 2, June, 2001.

6. Leonard Pitts, *Objectivity might be impossible, so we strive for fairness*, *Austin American-Statesman*, 17, December, 2001.

7. McHarg I, *Human ecological planning at Pennsylvania*, *Land-scape planning*, 1981 (8).

8. Postman Neil, *The Humanism of Media Ecology*, *Key note speech at the first annual convention of the Media Ecology Association*, 2000.

致 谢

本书是我个人独立完成的第一本专著。它的付梓出版，竟触碰了那么多回忆、人和事。

我出生在一个教育世家，家族三代 11 人，有 9 人在教育战线工作。自懂事起，我就立志要成为教师。有一天，爷爷刘鸿椿把我领进他的书房，小心翼翼地捧出他在复旦大学新闻系和南开大学中文系求学时的读书笔记，还绘声绘色地描述他在电视中看到的水均益采访基辛格的直播节目。嗅着满屋的墨香，我觉得自己的心里开出了一朵小花儿。2006 年，爷爷猝然离世，我双手颤抖着整理他的遗稿，并暗暗发誓一定要继承他的遗愿。那一年，我放弃了金融学专业保研的机会，考入四川大学文学与新闻学院。

也是 2006 年，我的生命中出现了一位重要的指路人——恩师蒋晓丽教授。由于缺乏新闻专业本科阶段的知识储备和学术素养，入学伊始恩师就煞费苦心地为我制定了详细的必读和选读书目，她不断帮助我整合研究资源，敦促我在夯实理论功底的基础上进一步思考、深究，培养问题意识和学术敏感。攻博以后，蒋老师有意识地通过学术课题培育和打磨我的研究能力。入职以后，我申报的每一个课题、每一点进步，都凝聚了导师的智慧和心血。转眼已十年，不变的是恩师严谨的治学态度、深厚的专业学养、诲人不倦的仁者胸怀，始终在影响我、鞭策我。

感谢尹韵公研究员在百忙中审读了我的著作，提出了许多精辟的指导意见，并在其后的修改过程中，不断提醒我更新文中的案例和素材；感谢李良荣教授曾多次通过电话询问我的课题进展，他的研究思路和方法使我深受启发；感谢蔡尚伟教授，我从本科起就常常去旁听他的课，他从不吝于分享自己宝贵的学术洞见，也时常把关于我选题的最前沿的研究成果传递给我；感谢张小元教授，在担任我专业课教师的期间，他把大部分的课间休息时间都奉献给了我这个“十万个为什么”；感谢邱沛篁教授，他的笑容和他的话永远那么振奋人心，让我感受到做学问是多么美好的事情，当园丁是多么神圣的职业；还要特别感谢曹顺庆教授，他的高尚师德和渊博学识令我钦慕，平日他就常常叮嘱我潜心求学、踏实为人，甚至我人生的每一个关键点和转折点，都离不开他的提携和帮助。

感谢本书的编辑们无比珍贵的意见与建议，他们的悉心指教和支持鼓励将对我未来的学术生涯发挥重大的影响；感谢课题组的所有成员，他们给我的建议和启迪都融在了本书之中；感谢四川师范大学的所有同事，他们用爱心与宽容组成了我日常工作的点点滴滴。

其实还要提到那些书，那些分不清哪些我精读过、哪些我翻阅过的印刷品。在往昔，写作中堆积在案头的“负担”，如今看来却很像一个歪歪斜斜的阶梯，它们让我的思考渐行渐上。有时候我也在想，即使在登高的时候摔下来，我也是掉进了知识的汪洋大海，在那里遨游。即使没有了高度，那种深度仍然让我眷恋求知者的花样泳姿。

最后的话留给赐予我生命的父母，是他们塑造和养育了我，对于他们，一切感激之词都显得太轻。

学术无涯，个人总是很渺小的，要真正做好学问非常非常难。但重要的是，我总是在努力，一步一步地向前走。

刘　路
2017 年 2 月　于川师桂苑